KB267077

빈 중심의 아름다움

빈 중심의 아름다움

이성희 지음


KSI 한국학술정보㈜

# 책 머리에

장자의 언어와 만난다는 것은 무척 곤혹스러운 즐거움이다. 장자의 언어는 언어의 한계에서 점멸하고 있다. 장자는 이 점멸하는 신호를 통해 우리를 어디로 초대하려는가? 장자를 만나기 위해 우리는 어쩌면 고대와 현대의 담론과 언어를 모두 동원해야 할지도 모른다. 그리하여 모든 담론과 언어가 절망한 자리에서 남는 여백, 그곳이 바로 장자가 소요하고 있는 광막한 무하유지향(無何有之鄕)일지도 모른다.

나는 시인을 꿈꾸었지만 철학이란 공부를 선택했다. 젊은 날의 열정은 이 둘을 모두 송두리째 껴안을 수 있을 것만 같았다. 그러나 그것이 어이없는 감정의 사치이며 철없는 오만이었음을 알게 되기까지는 그리 오랜 시간이 필요하지 않았다. 시와 철학은 이후 내 삶의 끊임없는 모순이었고, 삶의 분열이었다. 그것은 고통이었다.

그 고통 속에서 장자를 만났다. 놀랍게도 내가 만난 장자는 철학이면서 시였다. 그것은 질서이면서 혼돈이고, 체계이면서 해체이며, 몽상이면서 처절한 깨어남이었다. 장자와의 만남은 '황홀' 바로 그것이었다. 나는 아마 그곳에서 나의 분열을 치유할 수 있으리라는 예감을 느꼈던 것 같다. 그리하여 그 "종잡을 수 없는 큰소리와 터무니없는 말과 밑도 끝도 없는 언사"들 속으로 들어갔던 것이다. 그것은 내 인생에서 가장 치열하고 힘들었던 시간이었으며,

그러나 가장 행복한 만남의 순간이었다.

장자를 잡기 위해 장자 속으로 불쑥 들어서는 순간, 누구나 당황할지도 모른다. 왜냐하면 그곳은 텅 빈 들녘이기 때문이다. 뭔가를 잡았다고 하는 순간, 우리 손은 텅 비어 있다. 그러나 그 빈손을 아쉬워할 필요는 없다. 우리가 그 텅 빔을 받아들이는 순간, 잊혀졌던 생명의 무궁한 연기와 생생한 감응이 약동하는 무하유지향에 우리는 들어서게 되는 것이다. 그곳은 우주와, 생명과, 나란 존재를 관통하는 '빈 중심'이다. 그곳에서 모든 것은 '아름다움'이다. 그곳에서는 누구나 철학자이면서 시인이다. 나는 그곳이, 단순히 언어놀이하는 곳이 아니라 우리의 삶과 문명이 회복해야 할, 우리가 잃어버린 곳임을 느낀다.

이 책은 장자와 만났던 그 치열한 시간의 고통과 행복의 흔적이다. 이제 나의 작은 깨달음뿐만 아니라 오독과 집착도 이 흔적으로 남게 될 것임을 준엄하게 생각한다. 이 책을 있게 한 모든 것들에 대해 감사하고 모든 것들이 가진 아름다움을 느껴야 때이다.

해운대가 내려다보이는 장산 기슭에서

이성희 모심

　　모든 것은 '빈 중심'[無]을 통해서 온전하게 실재하게 된다. 그것을 통하여 부분으로 단절되고 고립된 환유적인 세계의 조각들이 한순간에 감응하면서 온전히 제유적 연결망(전체)으로 춤추게 된다. 전체와의 연결망을 잃고 고립된 부분은 참된 실재가 아니라 하나의 추상에 불과하다. '빈 중심'을 통하여 부분과 전체가 화해하고 주체와 세계가 감응하고 융합한다. 이러한 연결망으로 열리는 온전한 전체의 생성하는 춤[天地大美], 그것이 장자의 심미적 경계이며 궁극적 실재이다. 이는 별다른 것이 아니라 있는 그대로의 如如한 세계, 바로 그것이다.

# 차 례

# 제1장 서론: 장자와의 만남을 위하여

실재에 관한 문제는 중국의 고전적 사유 체계 속에서는 대체로 주변적인 것으로 취급되었다. 일반적으로 서양 철학은 자연계를 주요 과제로 삼았으며, 우주론(cosmology)과 존재론(ontology)을 중심으로 한 형이상학이 그 사유 전통의 핵심을 이룬 반면 중국의 철학 전통은 인간과 생명을 중심 과제로 삼고 있다. 세계의 실재에 관한 심각한 질문을 어느 정도 자각적으로 제시한 것은 老子와 莊子이며, 그리하여 그들은 중국 형이상학적 사유 전통의 결핍을 메운다. 특히 장자는 인간의 문제와 생명의 문제의 바탕에 세계를 어떻게 보는가 하는 관점의 문제가 깔려 있음을 깨닫고 이에 대해서 본격적으로 문제를 제기하고 있다. 따라서 그의 사유에는 그 자신의 끊임없는 부정적 언술에도 불구하고 누구보다도 세계에 대한 자연학적[1]이고 형이상학적 탐구가 진지하게 이루어지고 있다.

실재에 대한 서양 철학사의 오랜 논쟁은, 단적으로 요약하자면 관념론(idealism)이냐, 실재론(realism)이냐의 문제이다. 이들 각각에

---

1) 自然學(physica)은 고대 그리스에서 철학과 과학이 분류되기 이전에 이 둘을 모두 포괄하는 개념으로 사용된 자연 연구를 지칭하는 말이다. 장자가 자연과 세계에 대해서 행한 사유는 근대 이후 자연과학이나 자연철학이라는 분화를 거친 개념보다 통합적인 내포를 지닌 자연학이라는 개념에 보다 합당하다.

도 매우 복잡하고도 다양한 차이들이 있다. 예컨대 중세 보편논쟁을 통하여 다시 선명하게 부각되었던 플라톤의 이데아론에 따른다면 경험을 통해서 파악될 수 없는 보편 개념이 본래부터 존재한다는 것이다. 따라서 보편은 실재(현실)적이며, 개별적 사물보다 더 높은 존재이며, 사물들에 '앞서' 존재한다. 이러한 실재론을 '플라톤적 실재론' 혹은 '극단적 실재론'이라고 한다. 반면 '아리스토텔레스적 실재론' 혹은 '온건 실재론'에 따르면 보편자가 개별자에 '앞서' 존재하는 것이 아니라 개별자 '속에' 존재한다는 것이다. 그리하여 보편자는 사물 '속에' '실재'하게 된다. '앞'과 '속'의 차이에도 불구하고 여기에서 현상으로서의 개별자와 실재로서의 보편자의 구분은 엄연하다. 간단히 말하자면 실재론이란 우리의 인식과는 독립하여 있는 존재를 인정하고 그것이 우리의 지각이나 인식의 여부에 상관없이 실재한다는 입장이다. 반면 관념론은 우리의 지각·인식과 무관하게 실재하는 것을 인정하지 않는다. "존재는 지각이다(esse est percipi)."라는 버클리(Berkeley)의 말은 관념론을 웅변하고 있다.

세이어스(Sean Sayers)는 실재에 관한 논의를 유물론, 관념론, 이원론으로 나누고 유물론과 관념론을 기본적인 대립 범주로 상정한다. 유물론은 의식은 물질과 독립해서 존재하지 않고, 모든 실재는 궁극적으로 자연 속에 있는 물질로 보는 견해이며, 관념론은 실재는 궁극적으로 인격 속에 있는 관념이어서 단지 관념들, 해석들의 구성 혹은 창조라는 견해이다. 반면 이원론은 칸트로 대표되는데 이들은 유물론과 관념론 사이의 양자택일을 거부하고 그들 사이에 중도를 발견하고자 하는 시도라고 규정한다. 그들은 결국 물질과 정신의 양 실체를 인정한 셈이며 이 양 실체는 어느 하나에로 환원되지 않는다.[2] 이러한 논의들은 근본적으로 주관과 객관, 정신과 물질의 구분을 전제로 하고 있다. 즉 서구 실재론의 논의들을 환원해 들어가면 결국 정신과 물질 두 가지로 남거나 그중 하나로 남는다.

『장자』의 철학 체계 속에서 실재관의 문제는 서양에서 제기되어 온 자연학적이거나 형이상학적 질문과는 다른 배경을 갖는다. 그것은 단순히 세계에 대한 지적 호기심에서 시작된 것이 아니다. 여기에는 삶의 고통과 그 고통의 해결이라는 지극히 현실적인 관심에서 비롯된 것이다. 이런 점에서 장자는 인간과 생명을 중심 과제로 하는 중국 철학 전통을 또한 계승한다. 전국 시대라는 전대미문의 혼란 속에서 장자의 철학은 시작된다. 장자의 형이상학적 실재 탐구는 미증유의 현실적 고통을 해결하기 위하여 사유되고 있다.

그리하여 서양 실재론의 역사에서 남겨진 주관과 객관, 정신과 물질의 대립은 장자에게 오면 결론이 아니라 문제의 출발이다. 장자는 현실적 고통의 문제가 物과 自我의 '관계'에서 비롯된 문제임을 직시한다. 그리하여 이 물과 자아를 화해시키고 조화시키고자 하는 것이 장자 철학의 근본 과제가 되는 것이다. 여기서 물과 자아란 주관과 객관, 물질과 정신, 혹은 타자와 자기에 상응한다. 장자는 物我의 문제에 대해서 누구보다 치열하게 대결한 사람 중에

---

2) Sean Sayers, Reality and Reason, (NY. Basil Blackwell, 1985), 서두에 있는 "a note on terminology" 참조. Sayers 자신은 유물론적 입장에서 주관과 객관, 정신과 물질을 변증법적으로 통합하려 한다.

한 사람이다. 그의 인간적인 고뇌와 세계에 대한 염려의 근원은 여기에 있다. 이러한 物我 문제의 해법 속에 장자의 실재관이 드러난다. 역으로 말해서 장자는 그 자신의 실재관을 통해서 物我의 문제를 해결하기 위한 근원적 깨달음을 얻고자 한다.[3] 장자에게 있어서 物我 관계에서 야기되는 인간과 생명의 문제와 그 해법은 실재관의 규명을 통해서만이 구체적으로 드러나게 되는 것이다.

物我의 문제를 物이나 我 어느 한 측면에서만 보게 되면 전체의 한 부분에 치우치게 될 우려가 있다. 장자는 부분적인 지식을 추구하지 않았다. 오히려 부분적인 지식이야말로 物我 관계를 왜곡시키는 출발점일 뿐이다. 物 - 我라는 세계(타자) - 자아의 문제는 『장자』 이해에 있어서 정신 경지를 중시하는 견해와 氣化를 중시하는 견해라는 대립적이면서도 서로 착종되어 있는 두 관점으로 나타나고 있다. 장자가 추구하고 논의하는 세계가 정신적 경지라는 관점과, 장자 철학의 핵심은 氣이고 세계란 氣의 변화와 흐름이라고 보는 관점이다. 『장자』 전편을 통해 나오고 있는 '神'이라는 개념과 특히 외·잡편을 통해 나타나고 있는 '精神'이라는 술어는 장자의 사유를 정신적 경지에 대한 모색으로 보게 하는 단서가 되고 있다. 반면 外篇 「知北遊」 편의 "인간의 삶은 기가 모인 것이니, 기가 모이면 살게 되고 흩어지면 죽는다(人之生, 氣之聚也. 聚則爲生, 散則爲死)."라는 구절이나 "천하를 통하여 일기가 있을

---

3) 이후 서양 철학사에서 기록된 '소박한 실재론', '극단적 실재론', '온건한 실재론', '신실재론', '경험적 관념론', '선험적 관념론' 등 그 어떤 이론들도 장자의 관점과 잘 부합되지 않는다. 장자의 관점에 시험 삼아 굳이 이름을 붙이자면 '氣의 관념론', '境地의 실재론'이라고 부를 수 있을 법하다. 혹은 내가 이 책 전체를 통해 규정하고자 하는 '심미적 실재론'이라고 부를 수 있다.

따름이다(通天下一氣耳)." 등의 구절들은 기화론의 유력한 논거가 된다. 『장자』 속에 精神과 氣, 이들은 매우 모순적으로 보이면서 동거하고 있다.

『장자』에 관한 기존 논의들은 대체로 경지에 기울어져 있는 것 같다.[4] 경지는 일종의 정신주의이며 정신적 주체의 확립과 직결되어 있다. 정신 경지를 강조하는 견해에 따르면 장자 철학은 "형이상학적이고 본체론적인 道를 중심으로 하는 철학이 아니라 至人의 완성 곧 자아의 완성에 있는 것이며, (중략) 장자 철학에서 사용된 모든 범주와 개념과 논리는 지인의 자아 경지를 묘사"[5]하기 위한 방편적 도구들인 셈이다. 이러한 주관적 경지는 마르크스주의 틀의 제약 속에 있는 대륙의 해석자들에게 와서는 주관유심주의 혹은 주관적 관념론으로 이름이 바뀐다. 그들은 장자의 氣가 다분히 원시 물질적인 측면을 이루고 있는 것에 주목하면서도 장자를 주관유심론으로 보는 낡고 오래된 成見 때문에 장자의 체계를 氣化論으로 구성하는 연구로 본격적으로 나아가지 못하고 있는 듯하다. 한국의 사정도 거의 대동소이하여 경지 중시가 주류를 형성하고 있다.

그러나 최근 정세근은 장자 사상의 핵심이 氣化論에 있음을 강조하면서 기화론에 입각한 장자의 해석을 주장하고 있다.[6] 실로 『장

---

4) 牟宗三은 "노자의 도에는 객관성, 실체성, 및 실현성이 있고 적어도 이러한 모습이 있다. 그런데 장자에게는 이 세 가지 성질이 한꺼번에 소화되어 버려 순전히 주관적인 경지가 되었다. 그러므로 노자의 도는 '實有形態'가 되거나 적어도 실유 형태의 모습을 갖추는데 장자에게는 순전히 '境地形態'를 이룬다."(『才性與玄理』, 臺北 : 學生書局, 1983, p.58.)고 하였다. 그 외에도 馮友蘭, 方東美, 徐復觀, 陳鼓應, 湯一介, 김충열, 등 대부분 연구자들이 경지를 내세우고 있다. 또한 김만겸의 「장자 철학의 자아관」(영남대, 박사학위논문, 1997)은 이러한 경지를 강조하는 측면에서 장자의 자아관을 정립하고 있다.

5) 김만겸, 앞의 논문, p.3.

자』는『管子』,『易傳』과 더불어 중국 철학사에서 氣에 관한 철학적 고찰을 거의 최초로 수행했다고 할 수 있다. 이후 氣에 대한 고찰은 이 텍스트들에 뿌리를 두고 있지 않는 것이 드물다. 경지를 중시하는 견해는『장자』에 나오는 자연학적 개념까지도 경지의 은유로 해석하려 하고, 기화론은『장자』의 고도의 심리적이고 정신적인 개념도 기화의 틀 속에서 풀이하고자 한다.[7] 이 두 관점이 모두 해석의 타당성을 가진다. 그러나 일면적이다. 경지와 기화는 대립되는 개념이 아니다. 오히려 경지와 기화가 만나는 곳에서 장자의 실재를 찾아야 한다. 장자가 추구하는 궁극적 실재의 세계는 物과 我, 경지와 기화의 융합 속에 비로소 드러나고 있는 것이다. 장자의 세계에서 기화 없는 경지는 공허하며 경지 없는 기화는 맹목이다.

物과 我, 경지와 기화의 만남 속에 드러나는 장자의 실재는 서양의 관념론 혹은 유물론의 범주로 포착할 수 없다. 物과 我의 융합 혹은 和諧를 포착할 수 있는 범주로는 오히려 미학의 술어인

---

6) 이와 관련하여 정세근의 주목할 만한 저술과 논문으로는『莊子氣化論』,「노장과 그 주석가들의 자연 개념의 형성과 변천」,「장자의 기화우주론: 음양론」등이 있다.

7) 주 4)에서 인용한 牟宗三의 주장은 경지를 중시하는 견해를 대표하는 것으로 그에 따르면『장자』에 나오는 '道', '無', '自然', '一'은 모두 주관의 경지를 나타내는 개념이 된다(牟宗三, 앞의 책, p.179). 또한 徐復觀은 '道'와 '天'이 인생의 정신 경지임을 말하고 있으며(徐復觀,『中國人性論史·先秦篇』, 臺北: 商務印書館, 1985, p.370), '化'는 허정한 마음이 도달하는 효험으로 보고 있다(앞의 책, p.391). 반면 王世舜·王蒨에 따르면 '道'가 실제로 가리키는 것은 氣이며(王世舜·王蒨,「장자氣論發微」,『道家文化硏究』, 第八輯, 上海: 上海古籍出版社, 1995, p.101), '化'는 만물이 氣로부터 생성되는 것을 말하며(앞의 논문, p.104), '神明'은 氣가 만물을 화생하는 형상의 표현한 술어다(앞의 논문, p.105). 정세근에 따르면 '物化'란 '氣化'이며, 氣는 진정한 주체이다(鄭世根,『장자氣化論』, 臺北: 學生書局, 1993년, p.148). 그리고 '坐忘'은 ·'氣化'의 완성 상태를 말하는 것이며(앞의 책, p.182), '遊'는 심미적 관념이지만 氣化論의 근거에 의해서만 그 정당성을 가진다(앞의 책, p.198).

'審美'이다. '미적 체험'으로서의 審美는 주체나 객체 어느 한 측면에만 속할 수 있는 것이 아니다. 한편으로는 대상의 성질과 형태에 의거함과 동시에, 다른 한편으로는 주체의 태도와 활동에 의존한다.[8]

장자에게 있어서 주체와 세계의 화해는 심미적 경계, 예술적 경계로 드러난다. 장자 철학의 궁극적 경계는 이러한 예술적 지평 속에 비로소 온전한 모습을 갖추는 것이다. 그것이 또한 현실적 고통으로부터 해방으로 가는 길이기도 하다. 장자의 형이상학과 자연학 그리고 인생론은 이러한 미학적 태도와 심미적 향유로 직조되어 있다. 劉紹瑾은 장자의 인생론과 수양, 경계가 예술적 심미 특성과 동일한 특징을 가지고 있음을 간파하고 장자의 인생철학을 예술-인생철학이라 칭하고 있다.[9] 그리고 包兆會는 생존과 미학을 결합시켜 장자의 미학을 '생존론미학'이라고 명명하고 있다.[10] 이러한 미학적 織造를 간과할 때 우리는 장자의 한 부분이 아니라 장자의 전체를 놓치게 될 우려가 있다. 장자에게 드러나는 物我一體의 실재는 이러한 심미적 경계에 의해서 그 성격이 제대로 드러나게 되기 때문이다. 이것을 나는 '심미적 실재'라고 이름하고자 한다. 앞에서 '심미'라는 개념이 주객 양쪽에 관련된다고 했지만 일반적으로 '심미'라는 술어는 주로 주관의 미적 체험으로 간주되는 반면 '실재'는 주관과 독립된 객관적인 보편을 지칭한다. 따라서 '심미적 실재'라는 말은 형용모순이 될 위험이 있다. 그러나 장

---

8) 竹内敏雄, 『美學 藝術學 事典』, (안영길 외 역, 미진사, 1990, pp.215-216 참조).
9) 劉紹瑾, 『莊子與中國美學』, 廣東高等敎育出版社, 1992, p.34 참조.
10) 包兆會, 『莊子生存論美學硏究』, 南京: 南京大學出版社, 2004, p.4 참조.

자가 추구하는 최고 경계에서는 주관과 객관은 하나가 된다. 이러한 모순적 지평 위에서 '심미적 실재'가 가능하게 된다.

근년에 가장 종합적인 『장자』 연구를 수행한 劉笑敢과 崔大華는 이러한 장자의 미학적 측면을 유감스럽게도 간과하고 있다. 또한 『장자』에 대한 탁월한 해석자 중의 한 사람인 陳鼓應조차도 미학적 측면을 충분히 다루지 않고 있다. 장자의 형이상학과 미학의 연관을 폭넓게 다루고 있는 것으로서는 徐復觀의 『中國藝術精神』을 들 수 있지만 그러나 여기에는 아쉽게도, 제목 그대로 예술 정신에 논점이 치중되어 있어서 氣로 나타나는 자연학의 내용이 거의 무시되고 있다. 그리하여 자칫 장자에게 자연학적 부분이 따로 있고 미학적 부분이 또 독립해서 따로 있는 것 같은 교란을 줄 수 있다. 劉紹瑾에게서도 徐復觀에게서와 동일한 아쉬움을 느낄 수 있다. 심미성은 자연학과 씨줄 날줄을 이루면서 장자 철학의 전체를 직조하는 것이며, 『장자』라는 텍스트 전체를 엮고 있는 통사 구조다. 그 직조의 얽힘 속에서 장자의 존재론, 인식론, 인생론이 해석되어야 한다.

그러나 이 책에서 나는 일반적인 미학의 범주나 미학의 분석틀로 『장자』의 전체를 해부하고자 시도하지 않는다.[11] 다만 형이상학과 자연학, 인식론과 존재론, 우주론과 인간학 등등의 서구 학문의 분류 범주를 이루는 다양한 이름들이 『장자』 속에 미학적 직조에 의해 조화되어 있음을 밝히고자 하는 것이다. 장자에게 있어서

---

11) 미학적 측면에서 장자를 다룬 국내의 논문으로는 장문호의 「장자 사상의 미학적 연구」(동국대 박사학위논문, 1986), 조민환의 「노장의 미학사상에 관한 연구」(성균관대, 1991) 등이 있다. 특히 조민환은 노장의 사상을 미학적 분석틀로 재구성하고 있다.

형이상학과 자연학, 인식론과 존재론은 심미적 삶과 다른 이름이
아니다. 텍스트 전체를 엮고 있는 그 미학적 직조의 주어가 다름
아닌 심미적 실재인 것이다.

物我의 융합이라는 심미적 경계 위에서 드러나는 장자의 실재관
을 규명하는 것이 이 책의 목표이다. 따라서 본고에서는 주체와
세계, 物과 我의 틈과 긴장, 갈등과 상호 침투, 그리고 조화 속에
서 장자의 실재 세계를 규명하고자 한다. 다만 여기서 밝혀 두어
야 할 것은 이 책이 장자의 道論을 직접적으로 다루고자 하는 것
이 아니라는 점이다. 장자에게서 궁극적 실재를 지칭할 수 있는
술어는 그 무엇보다 道이다. 그러나 道는 '실재'라는 개념을 초과
한다. 道라는 개념은 언제나 모든 정의를 초과한다. 道는 항상 정
의 불가능한 그 무엇이다. 그러나 道의 가장 뚜렷한 특성이 실재
성일 때 실재에 대한 탐구는 장자 道의 가장 중요한 한 측면을 밝
혀 줄 것이다.

덧붙여서 장자의 심미적 실재를 해명하기 전에 먼저 규명되어야
할 논란거리가 있다. 상대주의 문제이다. 장자 철학은 궁극적인 것
에 대한 상대주의의 입장을 추구하고 있는가, 아니면 비상대주의의
입장을 취하고 있는가? 이 문제들은 지금까지 『장자』 해석자들의
다양한 해석의 역사 속에서 첨예하게 드러났던 것들이다. 어느 관
점을 취하는가에 따라서 『장자』는 전혀 다르게 해석될 우려가 있
기 때문에 매우 신중해야 한다. 이 문제가 극복되지 못할 때 『장
자』의 독해는 엉뚱한 미로에서 헤어나기 어렵고 그리하여 『장자』
는 매우 심각한 오해 속에 방치될 위험이 있다. 부분적인 이해란
왜곡에 다름 아니기 때문이다. 『장자』 속에는 상대주의로도 해석

가능하고 비상대주의로도 해석 가능한 진술들로 가득 차 있다. 이러한 모순적인 진술들이 어떻게 하나의 텍스트 속에 가능할 수 있는가? 이 문제는 세계 혹은 실재에 대한 인식의 문제와 이어져 있다. 인식의 문제는 동시에 언어의 문제와 얽히게 된다. 인식이란 무엇보다 언어의 지평 위에서 수행된다. 言語道斷, 언어의 지평을 넘어서는 것이 존재하는가? 존재한다면 언어의 지평을 넘어서는 것에 대해서 우리의 인식은 가능한가? 만약 가능하다면 그것을 어떻게 언어로 표현할 수 있을 것인가? 이러한 물음에 대해서 적절한 답이 주어질 때 『장자』의 모순적인 진술들이 해명될 수 있다. 이 진술들이 해명될 때 비로소 장자의 실재를 규명할 수 있는 지평이 마련될 것이다. 이 부분의 연구는 필연적으로 『장자』 텍스트에 기술된 언어의 논리, 의미론과 수사학에 대한 분석과 연결된다.

다음으로 고려되어야 할 것은 장자의 철학이 世間的인가 出世間的인가 하는 문제이다. 대체로 인정되듯이 장자의 사유는 세속 초월적인 것만은 틀림없다. 「逍遙遊」의 서두에 구만리 창천으로 날아오르는 새는 초월의 이미지를 만들어 낸다. 그러나 그 새가 끊임없이 지상을 내려다보고 있음도 잊지 말아야 한다. 장자를 탐구할 때 놓쳐서는 안 될 것이 장자의 가장 근원적인 고뇌가 무엇인가, 하는 것이다. 장자의 근원적인 고뇌는 현실적 삶의 고통에서 나온 것이며 그 고통으로부터 해방되고자 하는 매우 현실적인 문제이다. 장자가 체험한 대부분의 고통은 시대의 산물임에 틀림없다. 장자를 주의 깊게 읽어본다면 수많은 곳에서 "또한 슬프지 아니한가!(不亦悲乎!)"라고 한탄하는 장자의 생생한 고통의 목소리를 들을 수 있다.

중국의 역사에 있어서 춘추·전국 시대는 철제 농기구의 사용을 통해서 생산력이 비약적으로 증대되었으며 이에 따라 경제 구조의 급격한 변화와 이에 상응하는 사회 계급의 변동이 빠르게 일어나고 있던 시대였다. 여기에 周라는 기존의 권력 질서가 붕괴하면서 열린 보기 드문 격동의 시공간이었다. 이 열린 시공간의 역사 과정 전체의 가장 뚜렷한 특징은 욕망의 폭발적 확대이다. 이러한 욕망의 확대는 인간관계를 情誼관계에서 利害관계로 전환시킨다. 욕망의 폭발적 증대와 그에 따른 폭력[爭]이 전면적으로 삶을 위협하는 것에 대한 근원적인 반성이 장자 철학의 출발이다. 그는 「천하」편에서 분명 "홀로 천지의 정신과 왕래하며 만물을 얕보지 않고 시비를 가려 꾸짖지 않으며 다만 세속과 더불어 함께 산다."[12]고 말하고 있지 않은가. 장자의 철학이 현실을 망각한 초월처럼 보이는 것은 장자가 삶의 고통의 원인을 현실의 표층에서 찾은 것이 아니라 현실의 심층과 근원에서 찾았기 때문이다. 그리하여 그가 제시한 해결책은 일견 현실과 동떨어진 것처럼 보이지만 실상 그것은 고통에 대한 궁극적인 해결책을 제시하는 것이다.

요컨대 이 글의 연구 목적은 크게 두 가지로 나눌 수 있다. 첫째, 物我 관계 위에서 장자 실재관의 해명이다. 둘째, 그 장자의 실재관이 심미적 직조 위에 성립하고 있으며 그리하여 드러나는 실재가 심미적 실재임을 밝히는 것이다. 첫 번째 목적을 위해서 주관과 객관, 정신과 물질의 관계를 검토해야 한다. 이를 위해 장자의 氣 개념을 천착하면서 경지를 강조하는 견해와 기화를 강조

---

12) "獨與天地精神往來, 而不敖倪於萬物, 不譴是非, 以與世俗處." 『장자』 「天下」. 이하 『장자』에서 인용되는 것은 편명만 기재한다.

하는 견해를 모두 검토해야 한다. 그리하여 氣 개념의 바탕 위에서, 주관과 객관의 상호 작용으로 나타나는 실재관의 구조를 해명해야 한다. 두 번째의 목적은 단순히 미학적인 문제가 아니다. 장자의 인생론 문제와 연결되어 있음을 잊지 말아야 한다. 그리하여 장자의 심미가 인생론적 문제의 해결과 어떻게 연결되는지를 놓치지 말아야 한다. 이러한 규명 과정은 『장자』에 나타난 物我의 올바른 관계가 무엇인가를 살펴보는 것이 될 것이다. 장자의 궁극적 실재란 物我의 올바른 관계와 다른 무엇이 아니다. 동시에 物我의 올바른 관계는 장자에게 있어서 심미적 관계를 의미한다. 이에 본고는 物我의 심미적 관계가 함의하는 것이 도대체 무엇인가를 밝혀 볼 것이며, 그 현실적 가치를 가늠해 볼 것이다.

동양 고전 연구를 위한 기본 조건은 고증이다. 그러나 『장자』의 고증에 있어서는 『노자』에게서 나타났던 정도의 심각한 대립은 보이지 않는다. 우선 노자보다 장자라는 인물은 비교적 역사적 실존성이 의심되고 있지 않다. 노자에 관해서는 확정할 수 없는 다양한 설을 의심나는 대로 다 기재할 수밖에 없었던 司馬遷의 『史記』에서도 장자에 대해서는 매우 간명하다. 즉 蒙人이며 이름은 周이고 蒙에서 漆園吏를 지냈으며 梁惠王, 齊宣王과 같은 시대라는 것이다.13) 『장자』의 고증에서 비교적 문제가 되는 것은 역사적 실

---

13) "莊子者, 蒙人也, 名周. 周嘗爲蒙漆園吏, 與梁惠王, 齊宣王同時." 『史記』 「老莊申韓列傳」. 梁惠王·齊宣王과 동시대 인물이라는 점에 근거하여 장자의 생몰 연대를 추정해 본다면 그의 일생은 BC375~BC300년에 걸쳐 있다. 여기에다 『장자』 가운데 등장하는 인물이나 사건 등을 고려하여 馬叙倫은 『莊子年表』에서 장자의 생몰 연대를 BC369~BC286으로 추정한다. 이 시기는 孟子와 동시대이며 대체로 戰國時代에 본격적으로 돌입하는 시기이다.

존인 장자가 『장자』의 저자인가, 어디까지가 장자의 저작인가, 그
렇다면 장자 본인의 저작이 아닌 부분들은 누구에 의해서 언제 쓰
였는가 하는 등의 문제이다.

이 문제에 대해서 학자들마다 상당한 出入이 있다. 최근에 이러
한 고증을 비교적 치밀하게 하고 있는 연구물로서는 崔大華의 『莊
學研究』와 劉笑敢의 『莊子哲學及其演變』이 있다. 본고는 기존의
연구 성과를 바탕으로 가장 최근에 이루어졌으며 또한 매우 종합
적이고도 치밀하게 수행된 崔大華와 劉笑敢의 연구 성과를 정리
하고 그 성과를 대체로 취하고자 한다.

지금의 『장자』 33편은 晉代 玄學者인 郭象의 『莊子注』의 원문
과 일치한다. 그러나 『漢書·藝文志』에서는 "『장자』 52편"이라
하고 있다. 삼국시대 魏의 현학자인 向秀의 주해본은 27편이며,
李頤의 집해본은 30편이다. 崔大華의 연구에 따르면, 向秀의 27편
본은 『장자』 고본 52편 가운데서 주요하다고 생각된 편을 골라 주
해한 選注이다. 현재의 판본과 비교해 볼 때 여기에는 「天道」 등
6편이 빠져 있다. 그런데 이후에 郭象이 向秀의 주해본을 근거로
하면서 6편을 더 첨가하여 33편으로 만들었다.14) 내·외·잡편의
구분 역시 郭象에 의해서 확정된다. 이러한 구분의 기준이 무엇인
가에 대해서는 다양한 견해들이 있다. 唐代 초기의 도사인 成玄英
은 『莊子注疏·序』에서 "내편은 이치의 근본에 대해서 담론한 것

---

14) 崔大華, 『莊學研究』, 北京: 人民出版社, 1997, pp.44-45 참조. 郭象의 『장자』를 산
   정할 때 向秀의 주석본을 그대로 수용하거나 표절했다는 것은 잘 알려진 사실이다. 따라서
   본고에서는 郭象의 주를 向秀·郭象의 주로 표기한다. 牟宗三, 앞의 책, pp.169-170,
   小柳司氣太, 『老莊思想と道敎』, (김락필 역, 『노장사상과 도교』, 시인사, 1988), p.55
   참조.

이고 외편은 그 事迹을 말한 것이다(內則談于理本, 外則語其事迹)."라고 하여 내외를 내용으로 구분하였는데 이는 이후 많은 주석가들이 수용하는 바가 되었다. 그러나 宋代 林希逸과 淸代의 王夫之는 이에 대해서 비판을 가하고 있다. 王夫之는 오히려 "잡편은 미묘하고 지극한 말이 많아서 학자들이 그 정밀한 함축을 취하고 있으니 참으로 내편의 귀결(雜篇多微至之語, 學者取其精蘊, 誠內篇之歸趣)"이라고 주장한다. 그리하여 내용으로 구분하기보다는 송대 이후 대체로 내편은 장자 자신의 저술이며 외·잡편은 장자의 후학들의 저작이라는 구분이 더욱 보편화되고 있다.[15]

『장자』의 저술 연대에 대해서 劉笑敢은 개념의 분석을 통하여 내편이 외·잡편보다 시대가 앞선 글임을 논증한다. 예컨대 내편에는 道, 德, 命, 精, 神 등의 어휘들이 사용되고 있지만 외·잡편에는 道德, 性命, 精神 등의 복합사가 쓰이고 있다. 한문 단어 발전의 역사에서 한문 단어 중에 단순사가 먼저 나타나고 복합사는 뒤에 나타난다는 일반적인 경향으로 볼 때 내편이 외편보다 앞선다는 것이다.[16] 劉笑敢에 따르면 내편은 전국 중기의 작품, 즉 장자 자신의 저작으로 볼 수 있으며, 외·잡편 역시 하한선이 전국 말기를 넘어가지 않는다.[17]

그렇다면 외·잡편의 저자는 누구인가? 劉笑敢은 외·잡편의 저자들을 다음과 같이 3종류로 나눈다.[18] 즉 「秋水」, 「至樂」, 「達

---

15) 崔大華, 앞의 책, pp.62 - 65 참조.
16) 劉笑敢, 『莊子哲學及其演變』, (최진석 옮김, 『莊子哲學』, 소나무, 1990, pp.401 - 406).
17) 劉笑敢, 앞의 책, 8장 '『장자』 외잡편의 연대'를 참조할 것.
18) 劉笑敢의 앞의 책, p.301, p.334, p.364 참조.

生」,「山木」,「田子方」,「知北遊」,「庚桑楚」,「徐无鬼」,「則陽」, 「外物」,「寓言」,「列禦寇」은 述莊派의 저술이다. 술장파는 장자를 그대로 잇는 학파로서 주로 내편의 사상을 계승하고 있다. 「騈拇」,「馬蹄」,「胠篋」,「在宥」,「讓王」,「盜跖」,「漁父」은 無君派의 저술이다. 무군파는 현실을 도피하지 않고 격렬히 비판, 天의 자연보다 人性의 자연을 강조하고 있다. 「天地」,「天道」,「天運」, 「刻意」,「繕性」,「天下」은 黃老派의 저술이다. 황로파는 한대 이후 다양한 백가의 주장들이 도가 사상과 융합된 것이다. 劉笑敢의 이러한 분류는 논란의 여지가 없지 않으나 기존의 분류보다 비교적 치밀한 내용 분석을 통해 이루어지고 있다. 다만 「天下」 편에 대해서는 약간의 이견이 있다. 勞思光은 「天下」 편이 장자보다 늦은 어떠한 학설도 언급하지 않은 것으로 보아 내편보다 그다지 늦지 않으며 내편의 끝부분에 놓였던 『장자』의 부록 또는 後序로 보고 있다.[19] 徐復觀은 「天下」 편에 나오는 六經에 대한 언급들과 六經의 형성 시기 분석을 통해서 「天下」 편이 장자 자신의 저술임을 밝히고 있다.[20] 勞思光과 徐復觀의 견해를 받아들여서 「天下」 편은 장자 자신의 저술이거나 최소한 장자와 가장 가까운 시기에 쓰인 것으로 간주할 수 있겠다. 나는 이 글에서 가능한 한 내편과 술장파의 견해를 존중할 것이지만, 무군파와 황로파의 견해도 내편과 뜻이 크게 어긋나지 않는 한 다수 활용하였다. 이들은 의견의 차이에도 불구하고 한 권의 책으로 묶일 만한 충분한 이유를 분명 가지고 있는 것이다.

---

19) 勞思光, 『中國哲學史 古代篇』(정인재 역, 탐구당, 1987, p.236).

20) 徐復觀, 『中國人性論史』, 臺北 : 商務印書館, 1985, pp.359－360.

　　동양학의 전통적인 해석학적 방법은 오랜 세월 동안 집적된 주석의 검토이다. 郭象에서부터 가장 최근의 해석까지 긴 역사적 과정 속에서 덧붙여진 주석들은『장자』의 사상을 더욱 풍요롭게 해 주었으며『장자』를 읽는 사람에게 있어서 誤讀의 가능성을 줄여 준다. 나는 이러한 엄청난 양의 해석학적 집적인 주석에 대해서 가능한 한 성실하게 검토할 것이다. 이것은 동양학 연구에 있어서 양보할 수 없는 기본적 방법이다. 본고의『장자』에 대한 연구는 中華書局에서 출판된 陳鼓應의『莊子今注今譯』을 기본 텍스트로 삼았다. 그리고 고주석의 검토를 위해서는 富山房 漢文大系에 들어 있는 焦竑의『莊子翼』과 郭慶藩의『莊子集釋』을 참고하였으며 林希逸의『莊子鬳齋口義校注』, 王夫之의『莊子解』를 따로 검토하였다. 영역본으로는 Burton Watson의 *The Complete Works of Chuang－Tzu*를 주로 참고하였으며, 일역본으로는 福永光司의『莊子』를 참고하였다. 그리고 국역본으로는 안동림의『장자』와 김달진의『장자』를 참고하였다.

　　그러나 고주석에만 매달릴 때 그것은 자칫『장자』를 역사학의 대상이나 문헌학의 대상으로 넘겨 버리기 쉽다. 철학은 어디까지나 '철학함'이 중요하다. 철학을 한다는 것은 과거형이 아니라 현재형이며, 철학함의 주체가 실존으로 향유하고 있는 '지금 여기'의 사태다. 지금 여기서 장자를 논의함은 골동품적 취미가 아니다. 장자의 시대 속으로 우리가 옮겨 감이 역사학의 미덕이라면, 철학적으로 장자를 읽는다는 것은 '지금 여기'에로 장자를 옮겨 옴이다. 그리하여 장자는 미라나 화석이 아니라 지금 여기에 살아 있게 되는 것이다. 따라서 장자에 대해서 철학적으로 탐구하고자 하는 이 글에서는 가능한 한 장자의 진술을 '지금 여기'에다 옮겨 놓아 보고 자 한다. 그리하여 이 글에서는 가능한 한 현대의 다양한 철학적 담론 속에 『장자』를 옮겨 놓아 볼 것이며 그 속에서 상호 의사소 통의 가능성을 시론적으로나마 살펴볼 것이다.

이러한 시도에는 현재 인류가 직면한 총체적 위기에 대해서 장 자의 사유가 매우 의미심장한 함의를 가지고 있음을 전제하고 있 다. 장자를 좌절하게 만들었던 욕망의 폭발적 증대에 따른 경쟁과 폭력의 문명은 이천여 년이 지난 오늘날에도 그 동일한 기본 구조 를 공유한 채 증폭되고 있다. 따라서 춘추전국 시대를 통해 장자 가 가졌던 우환의식 혹은 위기의식은 놀랍게도 오늘날 인류가 겪 고 있는 위기의식과 매우 닮아 있다. 무엇보다 이 점이 전국 시대 의 장자와 현대의 우리가 그 가장 치열한 위기의식 속의 실존으로 상호 만날 수 있는 근거이다.

현대는 물질적 욕망과 욕망의 확대, 그 욕망을 쟁취하기 위한 경쟁을 주요 가치로 가진 남성적인 '陽 – 지향적'인 가치관에 지배 되는 문명이다. 이러한 가부장적인 남성적 가치관이 현대 문명의 위기에 있어서 근본적인 원인이 되고 있다. 이천여 년 전, 욕망의 폭발적인 증대 앞에서 고뇌했던 노자는 이미 모든 폭력의 근원에 욕망의 문제가 놓여 있음을 깨닫고 건강하고 행복한 삶은 인위적 욕망을 줄임으로써만이 가능하다고 생각했다. 이를 위해서는 우리 의 삶이 확대 지향이 아니라 축소 지향적이어야 하며, 딱딱함 – 힘 – 경쟁 – 지배가 아니라 부드러움 – 겸손 – 不爭 – 소박의 양식을 추구 할 것을 우리에게 권고하였다. 이러한 노자의 문명관을 여성적 문 명관이라고 이름할 수 있으리라.[21]

장자의 철학은 그 기본 흐름에서 노자를 이어받고 있으며 또 다른 측면에서 노자의 사유를 심화 발전시키고 있다. 그 다른 측면이란 바로 노자에게는 매우 빈약했던 심미적 측면이다. 특히 오늘날 환경오염에 의한 생태계의 위기에 대하여 장자가 세계를 바라보는 심미적 태도는 노자의 여성적 문명관 이상의 매우 깊고도 유익한 전망을 담지하고 있다. 그것은 도구적 목적성과 유용성의 척도에 의해 형성된 세계와 인간의 폭력적인 관계를 심미적인 화해의 관계로 재정립하고자 한다. 환경 위기, 생태 위기는 현대 문명이 가진 모든 모순이 응집되어 나타난 현상이다. 현대의 환경 위기를 극복하고자 하는 생태학적 상상력이라는 관점에서 볼 때, 노자의 여성적 문명관이 가진 생태학적 기획은 장자의 심미적 우주관을 통해서 심화된다고 할 수 있다.

본론에서 서술될 내용을 일별해 보면 2장에서는 『장자』의 올바른 독해를 위해서 텍스트가 가진 언어와 그 언어 속에 짜인 장자의 이중의 전략을 살펴볼 것이다. 여기에서 특히 상대주의와 비상대주의, 차이성과 동일성의 범주 속에 현대 해체주의의 언어 전략과 장자의 언어 전략을 비교해 볼 것이다. 나아가서 수사학적 분석을 통해 장자의 수사학, 그 수사학에 새겨진 실재에 대한 장자의 깨달음을 제유의 구조 속에서 규명할 것이다. 장자의 언어 전략과 수사학의 검토는 장자의 실재를 이해하기 위한 지평을 제공할 것이고, 이후 다른 논의의 바탕을 이루게 될 것이다. 3장에서는

---

21) 필자는 석사논문인 「老子 철학에 있어서 '反'과 '弱'에 관한 연구」(부산대, 1994)에서 현대 문명의 대안으로서 노자의 여성적 문명에 대하여 검토한 바가 있다.

『장자』에서 가장 논란의 여지가 많은 氣에 대해서 검토하게 될 것이다. 장자에게 있어서 기는 물질적 의미를 넘어서 매우 다층적인 의미망을 이루고 있는 장자 자연학의 핵심 개념이며 이에 대한 분석은 물아일체, 세계와 자아의 조화의 가능 근거를 이룬다. 이러할 때 우리가 장자의 철학을 氣의 철학이라고 명명하여도 크게 잘못된 것은 아님을 알 수 있게 될 것이다. 4장에서는 氣 분석의 토대 위에서 본격적인 장자 실재론에 관한 논의를 하게 될 것이다. 장자에게서 나타나는 세계 – 실재가 주객의 만남을 통해 다층적으로 드러나게 됨을 볼 것이다. 주객, 즉 物我는 세계 – 실재 속에 마주 보고 있는 분리된 양극이 아니라 오히려 物我의 만남이 실재를 이룬다. 참된 物我의 만남은 꿈에서 깨어나 새로운 현실로 진입하는 것이며 그러한 깨달음에 다름 아니다. 5장에서는 物我의 문제를 심미적 織造의 종횡의 얽힘 속에서 검토할 것이다. 그것은 미학적일 뿐만 아니라, 장자의 인생론적 고뇌의 해결과 직결된 것이다. 그리하여 장자에게 있어서 인생론적 고뇌의 해결은 궁극적으로 심미적 해결임을 보여주고자 한다. 그리고 이러한 심미적이고 미학적인 해결이 가질 수 있는 '지금 여기'에서의 함의를 오늘날 생태학 담론과 비교하여 간단하게나마 검토하게 될 것이다. 이는 대체로 서구 근대에 대한 비판과 그 극복에 관련된 내용이 될 것이며, 이는 또한 본고가 장자 철학을 통해서 이르고자 하는 지점이며 계속적인 연구가 필요한 대목이 될 것이다.

# 제2장 언어의 해체적 전략

『장자』는 매우 난해한 텍스트이다. 이러한 난해성은 적어도 두 가지 이유에서 초래된 것 같다. 즉 첫째로 『장자』의 서술 방식이 다의적 해석의 가능성에로 열려 있는 표현법을 현란하게 구사하고 있기 때문이다. 이를테면 우화, 과장법, 상징과 은유 그리고 고도의 역설적 표현 형식 등이 그것이다. 이러한 형식은 이러한 형식을 취할 수밖에 없는 내용과 깊이 연관되어 있다. 둘째, 『장자』의 내용과 언술 구조가 중층적인 복합 구조로 새끼줄처럼 꼬여 있기 때문이다. 이 복합적인 내용 구조는 『장자』의 저자라고 생각되는 장자[1]가 의도한 목표 달성에 이르기 위한 일종의 단계적 언어 전략과 관계가 있다. 이러한 단계적 전략을 위해 구성된 복합 구조를 읽어 내지 못할 때 『장자』라는 텍스트는 난해와 오해의 위험성 속에 방치될 것이다.

그렇다면 그 단계란 어떤 것이며 도대체 그러한 것이 왜 필요했는가? 그 단계적 전략을 통해 장자가 목표하고자 한 것은 무엇인

---

1) 전국 시대에 실존했던 역사적 존재로서의 장자가 『장자』라는 전체 텍스트의 저자가 아니라는 것은 서론에서 논의한 바다. 그러나 본 글은 문헌 고증을 행하려는 것이 아니기 때문에 편의상 역사적 존재로서의 장자를 『장자』의 저자로 서술한다.

가? 이러한 질문에 대한 대답을 통해 『장자』에 나타나고 있으며 동시에 장자가 추구하는 실재관을 이해하기 위한 언어적·논리적·수사학적 토대를 마련할 수 있다. 이러한 토대는 단순히 토대로 끝나지 않는다. 그 속에 이미 장자의 심미적 실재의 모습이 칼리그람(calligramme)처럼 새겨져 있다.[2]

『장자』의 중층 구조 속에 동시에 얽혀 있는 단계는 크게 두 가지로 나눌 수 있다. 엉킨 실타래의 복잡성이라는 혼돈 속에서 이 두 가닥의 조직을 조심스럽게 그리고 섬세하게 찾아내야 한다. 이 두 단계는 언어가 가진 특성과 긴밀히 연관되어 있다. 즉 존재[實]와 언어[名] 사이의 괴리에 대한 장자의 심각한 반성이 그 근거를 이루고 있다. 언어가 실제적 대상을 반영할 수 있다는 언어관에 대한 불신과 반성이 『장자』의 이중 전략을 불가피하게 한 것이다.

우선 개략적으로 그 이중 전략을 살펴보면 다음과 같다. 첫 번째 단계는 반성과 비판을 거치지 않은 언어관에 근거하여 형성된 편협한 믿음과 인식·지식을 해체시키는 것이다. 이 해체를 위해 장자 그 특유의 문학적인 과장법과 우화의 수사법, 우리를 미로 속에 헤매게 하는 역설의 논리들이 동원된다. 장자가 보기에 당대 현실의 혼란은 그릇된 언어관에 바탕한 그릇된 믿음과 인식 그리고 지식 때문에 생긴 것이었다. 그러나 해체[3]를 위해 구사된 언어

---

2) 20세기 인문사회과학의 텍스트 독해의 기본 모델은 언어학이었다. 소쉬르, 야곱슨 등에 의해 정치하게 발전된 언어학은 구조주의의 분석틀로 자리잡으면서 이후 인문사회과학의 토대 과학을 이루게 된다. 본 글은 이러한 언어학의 최근 성과나 언어철학을 분석의 틀로 수용할 의도는 별로 없다. 다만 여기서 장자의 언어와 언어 전략, 전략적 수사학 등을 논하는 것은 언어에 대한 반성이 장자 철학의 출발점을 이루고 있으며 이에 대한 면밀한 검토 없이는 장자의 심미적 실재관을 제대로 이해할 수 없기 때문이다. 장자의 궁극적 실재는 언어를 통한 언어의 극복 속에서만이 그 은폐된 모습을 드러낸다.

3) 해체(deconstruction)는 서유럽의 전통적 형이상학, 로고스 중심주의적인 철학을 비판하고

역시 그것이 언어인 한 해체되어야 할 언어적 속성과 그에 따른 믿음·인식·지식의 한계에서 결코 자유롭지 못하다. 그리하여 장자는 두 번째 단계로 해체를 위해 자신이 동원한 언어를 그 자체로 다시 해체시키고자 한다. 이것은 첫 번째 단계보다 훨씬 미묘하고 은밀하다. 그러나 두 번째 단계의 해체를 통하여 장자는 언어의 한계를 극복하고 실재와 보다 높은 차원의 모종의 심미적이고 직접적 관계를 획득하고자 한다. 『장자』를 극단적 상대주의, 회의주의, 혹은 허무주의로 치부하는 많은 오해는 두 번째 단계를 소홀히 취급하거나 혹은 보지 못하는 데서 생긴다.

첫 번째 단계가 언어적·인식론적 차원의 문제라면 두 번째 단계는 실천적인 인생론적·심미적 차원으로의 변경을 함의한다. 그것은 해체이면서 해방이며 동시에 새로운 차원의 열림이다. 우리는 이 차원의 변경 속에서만이 참으로 장자가 언어를 넘어서 표현하고자 했던 심미적 지평의 실재를 깨달을 수 있을 것이다. 그러나 어쨌든 이러한 심미적 실재의 경계 역시 언어를 통해서만이 가능하다는 데 문제의 복잡성이 있다. 즉 언어로써 언어를 돌파해 나가고자 하는 데 『장자』라는 텍스트 전체의 언어적·논리적인 긴장과 역설과 모험이 있다.

---

상대화(相對化)시키고자 하는 Derrida의 술어이다. 이러한 해체는 장자의 사유 방식을 규정하는 데도 적절하게 사용될 수 있다. 『장자』에 있어서 자주 언급되고 있는 '無己', '無知'의 '無'와 「大宗師」 편 "墮肢體, 黜聰明, 離形去知", "回忘禮樂矣", "回忘仁義矣"에서의 '墮', '黜', '離', '去', '忘' 등과 「胠篋」 편 "絕聖棄知", "殫殘天下之聖法", "毀絕鉤繩而棄規矩"에서의 '絕', '棄', '殫殘', '毀絕' 등은 유가를 비롯한 기존의 담론들을 해체시킨다는 측면에서 데리다와 비교될 수 있겠다.

# 1. 해체의 언어

## 1) 成心과 언어

장자가 살았던 전국 시대는 혼란의 시대이면서 동시에 개방적 문명이 난만하게 꽃피던 시대였다. 소위 제자백가의 다양한 주장들이 이미 충분히 성숙되어 인구에 회자되고 있던 시대였다. 『장자』의 「천하」 편이 장자 자신의 저작일 것이라는 徐復觀의 가설이 옳다면 장자 자신이 이들 다양한 사상적 경향을 충분히 숙지하고 있었다고 보아야 한다. 그러나 장자는 이러한 다양하고 난만한 주장들이 결코 인간을 행복하게 해 주지 못했을 뿐만 아니라 오히려 시대적 혼란과 깊은 상호 연관을 가지고 있다고 생각한다. 그가 볼 때 그러한 주장들은 문제의 해결이 아니라 오히려 해결되어야 할 문제들이다. 그는 이러한 현상에 대하여 심각한 우려를 표명한다.

> 천하가 크게 어지러워져서 현인과 성인은 모습을 감추고 도덕이 하나가 되지 못하고 천하의 학자들은 대개 道의 一端을 살피고 그것으로 스스로 만족하고 있다. (중략) (도의 일단에 치우친 학자들은) '천지의 전체 그대로의 아름다움'[天地大美]을 분할하여 찢고 (온전한 전체로서) 만물의 이치를 쪼개어 분석하고 옛사람들의 온전한 덕을 편벽되게 얻게 되어 천지의 아름다움을 구비하여 신명의 모습을 가졌다고 불릴 수 있는 자가 별로 없게 되었다. (중략) 천하의 사람들은 각자 자기가 욕구하는 대로 행하여 스스로 方術이라 여긴다. 슬프다! 많은 학자들은 자기가 뜻하는 쪽으로 나아갈 뿐 근본으로 돌아올 줄 모르니 결코 道와 하나가 될 수가 없다. 후세의 학자들은 불행히도 천지의 순일한 아름다움과 옛사람의 전체를 보지 못하고 있다. 道術이 장차 천하에 분열되려 하고 있다.[4]

『장자』의「천하」편은 장자가 단순한 몽상가가 아님을 잘 보여준다. 그가 그 시대의 담론들에 대한 매우 넓은 견문과 치밀한 분석력까지 갖춘 사상가임을 당대 다양한 사상가들에 대한 예리한 분석 비판 속에서 보여준다. 百家들이 道의 일단만을 얻을 수밖에 없는 이유는 그들이 '천지의 전체 그대로의 아름다움'[天地之美]을 그 전체로 보지 못하고 쪼개고 분석[判, 析]해 버렸기 때문이다. 그리하여 그들은 분별과 차별을 통한 편견에 빠지게 된 것이다. 여기서 더욱 중요한 것은 그들이 자신의 협애하고 편벽된 깨달음에 스스로 만족하여 자기 견해를 옳게 여기고 고집하여(往而不反) 다른 사람의 견해를 그른 것으로 비난하는 데서 생기는 혼란이다. 김충열에 의하면 장자의 철학이란 "이러한 一曲之士들의 잘못된 편견과 오만을 치유해서 다시 大圓으로 되돌리고 또 그렇게 하여 全體大用의 기능(이것을 자유 생명의 일대 연주라고 보아도 좋다)을 회복하여 거기서 생명 정신을 향유"5)하고자 하는 것이었다.

전체 그대로의 아름다움을 쪼개어 분별과 차별을 통한 편견을 가지게 됨으로써 끊임없는 是非 분쟁을 일으키는 원인이 되는 것을 장자는 '成心'이라고 하였다. 그것은 모든 분쟁의 뿌리다. 그는 말한다.

가령 그 成心에 따라 그것을 스승(판단적 표준)으로 삼는다면 어느 누군들 그 스승이 없겠는가? 어찌 반드시 '자연 변화의 이치'[代]를 깨달은 지혜로운

---

4) "天下大亂, 賢聖不明, 道德不一, 天下多得一察焉以自好. (중략) 判天地之美, 析萬物之理, 察古人之全, 寡能備於天地之美, 稱神明之容. (중략) 天下之人各爲其所欲焉以自爲方. 悲夫, 百家往而不反, 必不合矣! 後世之學者, 不幸不見天地之純, 古人之大體, 道術將爲天下裂."「天下」.

5) 김충열, 『노장철학강의』, 예문서원, 1995, p.260.

자만이 그것을 가진다고 하겠는가? 어리석은 자라도 그것을 가진다. 마음에 (견해가) 이루어지지 않았는데도 是非가 생긴다는 것은 오늘 월나라로 떠나 어제 거기에 도착했다는 것(과 마찬가지로 궤변)이다.[6]

성심이란 마음속에 주관적으로 생겨서 굳어진 일정한 견해[成見]이다.[7] 슈월츠는 한 걸음 더 나아가서 "일종의 자기 폐쇄를 통하여 道의 흐름으로부터 완전히 차단된 자신만을 위한 자기 존재를 수립하는 능력"[8]을 가진 것이라고 한다. '成'이란 것은 他와 구별되는 어떤 중심을 '구성'하는 것이며 '成心'이란 남과 구별되는 개체의 중심, 자기 아이덴티티 혹은 주관성을 구성하고 있는 것으로 볼 수 있다. 그렇다면 성심은 타에 대하여 끊임없이 자기를 정립하고자 하는 매우 근원적인 존재의 충동과 맞닿아 있다. 그러나 장자에 의하면 이러한 충동은 근원적인 만큼 매우 위험하다. 이러한 마음은 다양한 세계의 여러 측면 중의 하나에 집착하여 그것을 고정된 견해로써 고집함으로써 그것을 통하여 자신의 존재를 구성하고 주장한다. 여기에서 시비의 분쟁과 다툼이 발생한다. 장자 철학의 일차적인 과정은 이 성심을 극복하고자 하는 데 있다. 그는 이 성심을 이론적으로 해체시키고자 할 뿐 아니라 이 성심으로부터 실천적으로 해방되고자 한다.

---

6) "夫隨其成心而師之, 誰獨且无師乎? 奚必知代而心自取者有之? 愚者與有焉. 未成乎心而有是非, 是今日適越而昔至也." 「齊物論」

7) 成玄英은 "제한된 情이 막히고 쌓여서 一家의 편견에 집착하게 된 것을 성심이라고 한다 (域情滯著, 執一家之偏見者, 謂之成心)."고 하였고(郭慶藩, 『莊子集釋』, 臺北: 中華書局, 1978, p.61.) 김항배는 성심을 "주관적으로 구성한 관념"(김항배, 『莊子哲學精解』, 불광출판사, 1992, p.53.)이라고 하였고 錢穆은 "일정하게 굳은 마음, 즉 시비와 선악이 생겨나는 근거"(안동림, 『莊子』, 현암사, 1996, p.56.)로 파악하였다.

8) Benjamin I. Schwartz, *The World of Thought in Ancient China*, (나성 역, 『중국고대사상의 세계』, 살림, 1996), p.326.

성심은 언어와 뗄 수 없는 관계 속에서 구성되고 발전한다. 언어의 토양 위에서 성심은 자란다. 장자가 생존한 시기에는 소위 名家들이 그들의 재기발랄한 재능을 유감없이 발휘하고 있던 때이며 장자의 절친한 친구이자 논쟁 상대였던 惠子(惠施)는 그 名家의 대표자이기도 하다. 장자는 그러한 문화적 분위기 속에서 언어에 대해서 성숙하고 깊은 고찰을 할 수 있었다.

장자의 언어관은 기본적으로 노자의 관점을 계승하고 있다. 노자와 마찬가지로 그는 세계의 실상을 잠시도 쉬지 않고 끊임없이 움직여 변화 생성하는 것으로 파악한다.[9] 生生不息의 역동성 속에 놓여 있는 자연 세계에 대해서 장자는 노자보다 훨씬 더 다양한 변화 그 자체를 긍정하고 있다. 그는 무한한 우주의 무궁한 변화 속에 서 있다. 이러한 역동적 세계 실상을 포착하기에 언어는 근본적으로 한계를 가진다. 우리가 그 실상에 대하여 언어로 규정하면 할수록 그것은 오히려 실상에서 멀어지고 실상을 왜곡할 뿐이다.[10] 왜냐하면 우리 언어의 대부분은 일반 술어이며 이 일반 술어는 특정한 존재물에서 시간성과 공간성을 분리시켜 추상·고정화해 놓은 것이기 때문이다. 언어는 기본적으로 개념화·고정화·고착화를 위한 명사적[名] 성격을 다분히 가진다. 전국 시대 언어와 언어에 의해 형성된 개념 등에 관한 광범위한 반성과 논의는 소위 名實論 속에 나타나는데 『說文解字』에 의하면 "名은 命으로부터 이루어진다. 'ㅁ' 字와 '夕' 字로 이루어졌다. 夕이란 어두움이고 어두우면 보이지 않는다. 그러므로 입(ㅁ, 즉 말)으로써 이름 붙이

---

9) "物之生也, 若驟若馳, 無動而不變, 無時而不移"「秋水」.
10) "可言可意, 言而愈疏."「則陽」

는 것이다".11) 어둠 속에서 이름을 붙이는 것은 구분과 분별을 위해서이다. 다시 말해서 그것은 쪼갬과 분석[判, 析] 속에서 일어나는 것이다. 쪼개고 분석할 때 역동적으로 이어지는 동사적 세계는 사라진다.12) 따라서 장자는 名이 세계의 실상을 인식하고 포착하는 데 적당하지 못하다고 판단한다.13)

언어[言, 名]는 동적 세계의 실상을 인식하는 데 적당하지 못할 뿐만 아니라 그것은 成心이 구성되는 바탕이 된다. 林雲銘은 "성심이란 인간의 마음이 (대상에) 이르자마자 의식 속에 구성되는 견해[成見]를 말하는데 그것은 우뢰로도 부술 수 없으니 무지한 자와 어리석은 자가 모두 그러하다."14)라고 말하고 있다. 임운명의 말은 일반적인 인간의 인식 과정을 말하는 것인데 이러한 인식 과정은 언어적 지평 속에서 이루어진다. 즉 이름을 부르는[命名] 행위 속에 이루어진다. 언어적 지평 속에서 구성된 成心은 곧 쪼개지고 편벽된 지식[成見, 知]을 낳게 되고, 이 지식이 시비와 다툼을 낳고, 이것이 다시 사람의 마음을 왜곡시켜 올바른 행위를 할 수 없게 만드는 것이다. 이렇게 될 때 사회는 혼란에 빠지게 된

---

11) "名, 自命也. 以口夕, 夕者冥也. 冥不相見, 故以口自名."

12) 예컨대 형식 논리의 바탕에 깔려 있는 것은 요소론적 세계관이며 명사적 세계관이다. 명사적 세계관은 운동이나 변화를 설명하기 곤란하다. 운동과 변화 그 자체는 명사화될 수 없기 때문이다. 명사적 세계관에 바탕한 논리가 한계를 노출시킨 것이 역설이며, 그 대표적인 것이 제논(Zenon)의 역설이다. 그의 역설은 운동, 변화, 생성을 기하학적 量으로써 시각적으로 개념화하려고 함으로써 야기된 것이다. 이러한 제논의 역설과 장자의 역설은 대조적인 성격을 가진다. 제논은 동사(세계)를 명사(언어)화함으로써 현실적 상식과 모순을 이루는 역설이다. 반면 장자는 명사(언어)를 동사(세계)화함으로써 언어(名)에서 모순이 발생하는 역설이다.

13) "道不可言, 言而非也. 知形形之不形乎! 道不當名."「知北遊」

14) "成心, 謂人心之所至, 便有成見在胸中, 牢不可破, 無知愚皆然." 陳鼓應, 『莊子今注今譯』, 北京: 中華書局, 1994, p.50.

다.[15] 그리하여 장자는 끊임없이 '成心의 해체'[無己], '지식의 해체'[無知]를 주장하게 된다. 이것은 오늘날의 탈구성주의, 탈중심주의의 해체론과도 상당히 유사성을 가지게 된다.[16] 그러나 '無己'는 해체론과 장자가 만나는 곳이지만 동시에 헤어지는 곳이기도 하다. 이 점에 대해서는 이후 살펴보게 될 것이다.

장자는 천지만물의 전체 그대로의 아름다움이 언어적 지평을 넘어서 있다고 보았다.[17] 당연하게도 언어를 넘어서 있는 것을 언어를 통하여 파악할 수는 없다. 장자가 추구하는 것이 그러한 언어를 넘어서 있는 것이라면 장자는 침묵해야만 한다. 그러나 장자는 『장자』 속에서 언어적 지평을 넘어서 있는 것에 대하여 끊임없이 말하고 있으며, 그 자신의 언어를 통해서 독자가 그러한 것에 이르게 되기를 암암리에 기획하고 있는 듯이 보인다. 다시 말해서 장자는 언어를 넘어서 있는 것에 관하여 그 자신의 언어는 무엇인가 말할 능력이 있다고 주장하고 있는 셈이다. 그에게 있어서 "말할 수 없는 것에 대해서는 침묵해야 한다."는 비트겐슈타인의 금언은 별로 존중할 만한 것이 못 되는 것 같다. 언어가 가지는 이러한 모순적 상황 때문에 장자는 이중 전략을 기획한다. 장자는 말한다.

---

15) "德蕩乎名, 知出乎爭. 名也者, 相軋也. 知也者, 爭之器. 二者凶器, 非所以盡行也." 「人間世」

16) 이에 관해 김형효의 「J. Derrida와 莊子」, 「老子와 莊子의 思惟文法」『데리다와 노장의 독법』, 그리고 이광세의 「로티와 莊子 − 반표상주의, 다원주의 및 대화의 개념」『데리다와 푸꼬, 그리고 포스트모더니즘』의 말미에 계재되어 있는 성중영의 「포스트구조주의와 포스트모더니즘에 대한 동양사유적 이해의 일례」 등의 논문이 있다.

17) "天地有大美而不言, 四時有明法而不議, 萬物有成理而不說." 「知北遊」

道란 사물의 극치다. 언어로도 침묵으로도 죄다 설명할 수 없다. 언어로부
터 떠나고 또한 침묵으로부터 떠난 것(非言非黙)이 논의의 극치다.[18]

"非言非黙", 이 모순과 역설이 뒤섞인 말이 이 장을 통해서 해명되어야 할 장자의 傳言이다. 이 전언의 해독을 통해서 장자에게 붙여진 상대주의, 회의주의, 불가지론 등의 많은 오해들을 해소하고 장자의 심미적 실재를 이해하기 위한 지평을 확보할 수 있을 것이다.


## 2) 해체의 언어


언어의 한계성 내에서 구성된 성심·성견이란 앞서도 말한 것처럼 역동적 전체 그대로의 실상 가운데 한 부분을 떼어 내어 분석하고 파악하여 거기에 집착하는 것이다. 이광세는 다음과 같이 말한다.

> 모든 판단이 개념적 분화를 전제로 하고, 개념적 분화나 이를 전제로 하는 모든 개념적 행동은 특정한 전망(관점)에 상대된다. 그러나 모든 개념 체계나 전망이 유한성을 띠고 있어 일정한 체계 안에 머물러, 이것을 영구화 및 절대화하면 독선과 독단이 나오게 된다.[19]

이러한 독선과 독단이란 '명분논리'나 배타적이고 규범적인 하나의 이데올로기가 된다. 장자가 볼 때 이것은 매우 치명적이며 위

---

18) "道物之極, 言黙不足以載. 非言非黙, 議有所極." 「則陽」
19) 이광세, 「로티와 莊子 - 반표상주의, 다원주의 및 대화의 개념」. 『철학과 현실』(27), 1995, 겨울, p.262.

험한 것이었다. 이러한 성심과 성심에 근거한 이데올로기를 해체하기 위하여 장자가 취한 방법은 성심에 의해 고정관념화된 일상적 지식을 일단 흔들어 놓는 것이다. 이러한 흔들기는『장자』전체를 통해서 매우 해학적이면서도 치열하게 이루어지고 있다. 즉 우리가 일상적으로 진리라고 생각하고 있던 지식을 반성하여 상대화시키고, 그것이 하나의 관점에 불과하다는 것을 보여주는 것이다. 여기서 장자의 관점주의(perspective)가 구축된다. 「秋水」편에서 장자는 '~의 관점에서 보면' 하는 식의 논법으로 다양한 관점의 실례를 보여주고 있다.[20] 관점에 따라서 세계는 다르게 나타난다. 장자는 관점주의를 통해 구성된 成心의 사유 체계를 해체시키려는 것이다.

劉笑元은 이러한 장자의 관점주의를 경험적·논리적(사변적)·형이상학적 관점의 세 단계로 나누어 고찰하고 있다. 그의 논의는 적지 않은 유익함을 가지고 있다. 그에 따르면 경험적 관점주의란 경험 중에 나타나는 인지와 가치판단의 유효성이 절대적·보편적이 아니고 언제나 일정한 관점을 받아들인 것이라는 점을 지적한다. 예컨대 毛嬙과 麗姬가 인간의 눈에는 미인이지만 물고기나 새의 눈에는 그렇게 비치지 않으며, 오리의 다리가 비록 짧지만 그것을 길게 이어 주면 괴로워하고, 학의 다리는 길지만 그것을 짧게 잘라 주면 슬퍼한다는 것이다. 여기서 말하고자 하는 것은 하나의 절대적 가치 표준을 같지 않는 다양한 개체들에 강제로 부가하는 것에 반대하는 것이다. 이러한 강제적 부가는 프로크루스테스의 침대와 같은 폭력을 야기한다. 차이를 가진 物性을 억지로 동

---

20) 「秋水」편에서 장자가 보여주고 있는 다양한 관점의 예는 '以道觀之', '以物觀之', '以俗觀之', '以差觀之', '以功觀之', '以趣觀之' 등이 있다.

일하게 만들려고 하면 반드시 "殘生傷性"을 초래하기 때문이다. 이런 측면에서 그는 경험적 관점주의를 物性相對主義라고 부르기도 한다. 그에 따르면 경험적 관점주의를 제시할 때 장자의 주요 목적은 일체의 지식·가치의 객관성을 부정하고자 하는 것이라기보다는 그것들이 모두 일정한 관점에 제한을 받고 있다는 것을 강조함으로써 오히려 심령의 개방·초월과 자유를 얻고자 하는 것이다.[21] 즉 고정화된 일상적 지식의 절대성을 해체함으로써 그 지식의 근거가 되는 성심으로부터 해방되고자 한다.

두 번째 사변적 관점주의는 추상적 사유의 입장으로부터 제출된 일종의 상대주의이며 그 내용은 '이것'과 '저것'은 서로 對待관계 속에 상생하고 있기 때문에 어떠한 변론도 모두 승부를 결정할 절대적 기준을 제시할 수 없다는 것이다.[22] 이 역시 상대주의의 입장이 된다.

그러나 여기에 중대한 문제점이 내재해 있다. 이러한 관점주의·상대주의의 최대의 난점은 그것이 철저해지면 질수록 장자 자신이 유가나 묵가 등의 견해를 비판할 수 없게 될 뿐 아니라 장자가 추구하는 더 나은 가치란 도대체 주장될 수가 없다는 것이다. 왜냐하면 관점주의를 제시하는 장자의 생각 역시 하나의 상대적 관점에 불과하기 때문이다. 이러한 난점은 상대주의가 가질 수밖에 없는 자가당착이다. 따라서 장자의 인식론을 철저히 상대주의로 파악하는 논자들은 장자의 상대주의가 결국 가장 좋은 것은 인식하

---

21) 劉昌元, 「莊子的觀點主義」, 『道家文化研究』(第六輯), 上海: 上海古籍出版社, 1995, p.105.
22) 劉昌元, 앞의 논문, p.108.

지 않는 것이라는 결론에 도달하게 되는 것이라고 비판한다. 그들이 볼 때 장자가 행하고 있는 논의의 대부분은 불가지론적 논증이다 – 이러한 주장도 하나의 관점이다. 그리하여 그들은 상대주의를 인식론의 기초로 삼고자 하는 태도는 필연적으로 절대 회의론이나 불가지론, 회의론에 빠지게 되어 주관주의로 흐르게 된다는 레닌의 지적을 결론으로 제시한다.[23] 이러한 비판은 어느 정도 타당하다.

관점주의가 가지는 이러한 난점에 대해서 취할 수 있는 길은 세 갈래가 있다. 첫째, 이 모든 비판을 수용하고 침묵하는 것이다. 그것은 철저한 주관주의·허무주의·회의주의의 길이다. 두 번째의 길은 좀 더 미묘하다. 그것은 유창원이 형이상학적 관점으로 규정하고 있는 길이다. 그것은 피차, 시비의 대립을 초월하여서 무한한 道의 관점으로 사물을 보는 것이다.[24] 유창원은 이 길이 장자의 길이라고 보고 있다. 장자는 다음과 같이 말하고 있다.

> 物은 저것 아닌 것이 없고, 이것 아닌 것도 없다. 저것으로부터 보면 (이것을) 알 수 없으나, 이것에서 보면 이것을 알 수 있다. 그러므로 저것은 이것에서 나온 것이요, 이것도 또한 저것에 말미암는다고 말한다. 곧 이것과 저것은 方生(상대적으로 나란히 함께 생김)한다는 설명이다. (중략) 이 때문에 聖人은 이런 상대적인 것에 말미암지 않고 (모든 대립을 넘어선) 자연[天]에 비추어 본다. 또한 자연의 도리에 따른다.[25]

---

23) 任繼愈(主編), 『中國哲學史』, (이문주 외 옮김, 청년사, 1989), pp.271–274.

24) 劉昌元, 앞의 논문, p.110.

25) "物无非彼, 物无非是. 自彼則不見, 自是則知之. 故曰彼出於是, 是亦因彼. 彼是方生之說也. (중략) 是以聖人不由, 而照之於天, 亦因是也." 「齊物論」. 대부분의 판본이 밑줄 친 부분이 "自知則知之"로 되어 있으나 陳鼓應은 嚴靈峯의 주장의 의거 知를 是로 교정하고 있다(陳鼓應, 앞의 책, p.55 참조.) 내용상으로 볼 때 陳鼓應의 교정은 타당성이 있다고 본다. 또한 陳鼓應은 끝부분의 '是'가 앞 구절인 '照之於天'을 가리킨다고 본다.

유창원이 말하는 형이상학적 관점은 상대적인 것에 말미암지 않고 대자연에 비추어 보는 것이다. 대자연의 관점은 부분에 얽매이는 상대적인 관점이 아니라 전체를 보는 보편적이고 절대적이라는 것이다. 이러한 형이상학적 관점주의는 대립을 넘어서 있기 때문에 하나의 절대주의요, 신비주의적 경향이라고 할 수 있다.

그러나 형이상학적 관점주의 역시 앞의 비판으로부터 완전히 자유롭지 못하다. 다른 관점의 견해를 가진 사람의 입장에서 볼 때는 대자연의 관점 역시 여전히 또 다른 하나의 관점인 '저것'이거나 '이것'일 수 있기 때문이다. 모든 철학이 하나의 관점에 제약되어 있다면 장자의 道에 관한 통찰 역시 언제나 그의 관점에 제약되어 있는 것이다. 따라서 유창원의 형이상학적 관점주의에 근거할지라도, 장자의 주장은 장자 자신이 부정하고자 하는 편협한 견해인 바로 그 成心·成見에로 전락할 위험성으로부터 결코 자유롭지 못한 것 같다. 상대주의·관점주의가 전제될 때 그 속에 어떠한 절대도 오히려 상대주의를 강화시킬 뿐이다. 상대주의의 바다에서 절대는 하나의 작은 파도에 불과하다.

상대주의·관점주의가 가진 자기모순적 난점을 해소하는 세 번째 길은 모순과 역설을 해결하고자 하는 것이 아니라 그 자체에 논리적·존재론적인 적극적 의의를 부여하고 인정하는 길이다. 이 길 위에서 우리는 동일성의 철학을 벗어나 차이의 철학으로 나아가는 현대의 해체론자들과 만나게 된다.

니체는 장자와 흡사한 관점주의를 보여주고 있다. 니체는 『힘에의 의지』에서 "바로 사실인 것은 없으며, 있는 것은 오직 해석뿐"이라고 말한다. 그에게 있어서 우리의 해석을 넘어서는 어떤 단일한 물리적 실재란 없다. 있는 것이란 단지 개인의 시각들뿐이다. '사실'은 없고 다양한 관점과 해석만이 있을 뿐이다. 여기에는 최종적인 결론이란 존재하지 않는다는 생각이 묵시적으로 자리하고 있다.[26] 해체주의를 대표하는 데리다는 니체의 이러한 문제의식을 상속받고 있다. 그리고 그는 여기서 말하는 세 번째의 길을 통해 니체의 문제를 해결하고자 한다.

김형효는 그의 주목할 만한 두 편의 논문 「J. Derrida와 莊子」, 「老子와 莊子의 思惟文法」과 저서 『데리다와 노장의 독법』에서 현대 해체주의의 대표자인 데리다와 장자가 유사한 사유 과정과 구조적 유사성을 가진 것으로 비교 기술하고 있다. 김형효는 "그 (데리다)가 플라톤에서부터 훗설에 이르기까지 서양 철학사를 일관하여 지배해 온 (중략) '現存의 형이상학'(la metaphysique de la presence)을 해체시키는 사유의 방법이 곧 바로 동양의 노장철학이나 불교철학의 사유세계를 역설적으로 밝혀 주는 계기가 된다."[27]고 주장한다.

데리다가 비판하고자 하는 형이상학은 정신의 자기 충족감이나 만족감을 추구하는 나르시스적 '自家愛'의 성질을 지닌다. 즉 그것은 하나의 중심을 향하여 구성되는 고유성·자기 동일성과 보편성을 추구한다. 그리하여 타자와 타자의 차이를 지우고자 한다. 데리다의 철학은 이러한 自家性을 해체하고자 하며, 이성중심 문화의 위선을 고발하고자 하는 것이 된다. 김형효는 데리다의 해체주의

---

26) Madan Sarup, 『데리다와 푸꼬, 그리고 포스트모더니즘』, (임헌규 편역, 인간사랑, 1999), p.37 참조할 것. 니체의 관점주의에 대해서 매우 잘 정리된 것으로는 다음 책이 있다. 『니체 다시 읽기』(다케다 세이지, 윤성진 옮김, 서광사, 2001).

27) 김형효, 「J. Derrida와 莊子」, 『정신문화연구』(45), 1991, p.97.

문맥 속에서 『장자』라는 텍스트를 새롭게 분석하고자 한다. 그에 따르면 장자의 가장 핵심적인 논리를 보여주는 「제물론」의 내용은 상호 배척도 무관심도 그리고 종합도 아닌 差延(la defférance)의 관계로밖에 해독할 길이 없다. (데리다적 문맥에서) 타자들 상호간의 흔적은 이미 지금의 현실을 구성할 뿐만 아니라, 지금의 현실과 동거하고 있다. 현실은 타자들 상호간의 흔적들의 緣起다. 이러한 차이와 연기의 끝없이 이어지는 흔적 관계를 데리다는 差延이라고 하였다. 차연은 '아무것도 의미하지 않는 사유'이다. '의미'란 것은 하나의 중심을 향하여 모든 방계적 뜻이 동심원적인 초점을 모을 때 생긴다. 그러나 차연은 적어도 중심이 둘이든지 또는 그 둘도 아니기에 아무 중심도 없다. 김형효에 따르면 차이와 흔적의 관계, 즉 차연은 兩價性의 개념을 형성한다. 그것은 둘을 동시에 고려하는 'both~and'의 논리와 둘을 동시에 부정하는 'neither~nor'의 논리를 겨냥하고 있다. 이러한 논리는 결국 '결정불가능성'을 뜻하고 선택불가능성을 말한다. 결정불가능이란 양면 긍정이 낳는 양가의 '同居論理'이다. 김형효는 『장자』의 「제물론」이야말로 불가결정의 동거논리의 전형이라고 본다.28) 여기서 불가결정론이란 진리에 대한 믿음을 전제하고 진리에의 도달을 인식론적으로 확증시켜 주는 방편이 없음에서 생기는 회의주의가 아니라 존재론적 진리 자체에 대한 부정과 그 진리에 대한 모든 지식의 허망을 뜻한다. 「제물론」 속에 나오는 "삶이 있으면 죽음이 있고 죽음이

---

28) 김형효, 「老子와 莊子의 思惟文法」, 『정신문화연구』(53), 1993, p.177. 김충열 역시 兩行을 "둘 다를 긍정하고 둘 다를 부정하는(兩是兩非) 병행의 논리"라고 규정하고 있다(김충열, 같은 책, p.286).

있으면 삶이 있다. 가능한 것이 있으면 불가능한 것이 있고 불가능한 것이 있으면 가능한 것이 있다(方生方死, 方死方生, 方可方不可, 方不可方可)."[29]고 하는 '方生의 설'은 대표적인 양가의 동거논리이다. 이러한 동거논리에 의하면 각각은 이미 타자의 증여로서 성립하고 있다. 즉 같은 것은 이미 자기성이나 자가애의 고유성이 아니고 타자성에 의해 매개되고 있다. 그런데 이러한 동거의 문법은 『장자』속에서 '天鈞' '兩行'으로 표현되고 있다.

兩價(혹은 그 이상의 多價)가 서로 얽혀서 이루는 논리 속에서는 택일된 하나의 자기 동일성이 유지되지 않는다. 서로가 서로에게 증여되고 흔적 지워져 있는 것이다. 김형효는 "至人無己" 속에서 자기 말소와 자기 부정, 즉 자기 동일성의 부정을 본다.[30] 이것은 곧 차이의 사유이며 차연의 구조라는 것이다. 이러한 김형효의 견해는 일견 매우 설득력이 있어 보인다. 장자는 말한다.

> 그 좋아하는 것도 하나의 입장이요, 그 좋아하지 않음도 하나의 입장이다. 하나인 것(동일성)도 하나의 입장이요, 하나 아닌 것(차이성)도 하나의 입장이다. 하나인 것은 하늘과 한 무리가 되고, 하나 아닌 것은 사람과 한 무리가 된다. 하늘과 사람은 서로 이기지 않으니 이것을 眞人이라고 한다.[31]

---

29) 方生의 설을 勞思光은 相反의 논리로 본다. 이는 일면이 생장 중에 있으면 다른 일면이 쇠퇴 중에 있음을 말한다(陳鼓應, 앞의 책, p.55). 陳鼓應은 여기서 윤회사상의 내용을 추측하는 舊注의 내용을 비판하면서 이러한 논리는 혜자의 명제를 이어받은 것으로 상대주의적 관점이라고 규정한다(상동). "'저것이 있으면 이것이 있다.'라는 논리는 방생의 설과 동일하다. (중략) 대개 삶은 반드시 죽음을 가지고 이 둘은 서로 분리할 수 없다."라는 林希逸의 주장 역시 勞思光, 陳鼓應의 견해와 같다.

30) 김형효, 앞의 논문, p.122.

31) "故其好之也一. 其弗好之也一. 其一也一. 其不一也一. 其一與天爲徒. 其不一與人爲徒. 天與人不相勝也. 是之謂眞人"「大宗師」. 陳鼓應, 김항배, 福永光司는 '故其好之也一'의 '一'을 동일한 것, 齊一性의 의미로 해석하나 안동림은 '하나의 입장'으로 번역하고 있다.

여기서 장자는 상대주의·관점주의의 입장을 견지하면서 차이성과 동일성을 양면 긍정의 동거논리(天與人不相勝) 속에 얽어 놓고 있다. 이것은 데리다의 차연과 닮아 있다. 양면 긍정, 양면 부정을 통한 동거논리는 양자택일의 가치 선택 논리를 수용하지 않음으로써 택일 논리의 존재론적 현존의 근거를 파괴시켜서 택일 논리의 가치론적 우월성의 근거를 무효화시키는 역할을 한다.[32] 장자의 입장에서 볼 때 택일 논리야말로 成心에 근거한 것으로서 자아중심주의적 형이상학을 형성한다. 그는 바로 이 중심을 찾아 들어가서 구성되는 형이상학을 탈중심으로 해체하고자 한다. 장자는 「제물론」의 한 단락에서 우리 몸을 구성하는 부분의 기관들 중 어느 것이 중심이 되는 우두머리인가에 대해 의문을 던지면서 중심을 찾아 들어가는 일체 견해의 이론적 무장을 해체시키고자 한다.[33] 중심을 찾아 들어가는 주장 속에는 권력적 욕망과 배척 의지가 숨어 있다. 장자의 해체주의는 이러한 당대의 권력적 이데올로기들, 중심의 자리들을 전복시키고자 한다. 동시에 당시의 봉건 사회 질서 전체에 의문을 던지고 그 질서를 근저에서 와해시키려는 정신적 모험을 감행한다.

차이 자체에 적극적인 논리적·존재론적 가치를 부여하는 이러한 해체주의적 측면은 상대주의 – 관점주의가 가진 자기모순적 난점을 해소하는 세 번째의 길이며 동시에 가장 적극적인 논리적 함의뿐만 아니라 심각한 사회적 함의까지 내포한 길이다. 그렇지만

---

32) 김형효, 앞의 논문, p.174.

33) "百骸·九竅·六藏, 賅而存焉, 吾誰與爲親? 汝皆說之乎? 其有私焉? 如是皆有爲臣妾乎? 其臣妾不足以相治乎? 其遞相爲君臣乎? 其有眞君存焉? 如求得其情與不得, 無益損乎其眞." 「齊物論」

과연 장자가 추구한 것은 여기서 머무는가? 섣불리 단정하기엔 『장자』 속에는 이러한 해체론만으로는 해독되지 않는 아직도 많은 암호 같은 진술들이 떠다니고 있다. 우리는 섣불리 속단해서는 안 된다. 우리가 좀 더 세심히 그 암호들을 들여다보면, 그 속에는 또 다른 차원이 표층 밑에 숨어 있다. 장자에게 있어서 상대주의 – 관점주의(해체주의를 포함해서)는 그 또 다른 모종의 차원[大覺]을 위한 하나의 전략이며 작은 깨달음[小覺]에 불과하다.

장자의 상대주의와 해체주의적 측면은 언어적 지평 속에서 수행된다. 그러나 그것이 언어적 지평에 있는 한 그는 언어의 속성이 가지는 고착화와 쪼갬으로부터 결코 자유로울 수 없다. 더구나 『장자』 텍스트가 해체를 위한 부정의 광범위한 문맥 속에 있다고 할 때, 오히려 그 부정 문제만큼 언어적 차원의 문제인 것은 드물다. 부정은 대상에 대한 반성적 의식을 전제로 하고 있으며 반성적 의식은 언어적 차원에서 수행된다. 결국 장자는 그가 해체시키고자 하는 바로 그것에 의해 오히려 그것의 지평을 재차 견지하게 될 위험성에 놓여 있다. 그리하여 장자는 자신의 해체적 언어가 열어 놓은 언어적 지평 그 자체까지 다시 無化시키려고 기획한다. 즉 장자의 해체 철학은 스스로의 해체 작업 자체를 다시 해체시키고자 하는 것이다.

예컨대 데리다의 전략 중의 하나인 '抹消하에 둠'(sous ratue)은 어떤 낱말을 쓰고 나서 그것에 삭제 표시를 해 둠으로써 낱말을 쓴 부분과 삭제된 부분들 모두를 인쇄하는 것이다.[34] 이와 유사한

---

34) 마단 사럽, 앞의 책, p.18 참조.

장자의 역설적 표현인 "非言非默"을 보자. 이 말은 단순해 보이지만 매우 복잡한 구조를 가지고 있다. 우선 여기에는 言과 默이 의미상으로 서로를 삭제하고 있으며 서로를 말소하에 두고 있다. 동시에 言에 대해서 非言이, 默에 대해서는 非默이 재차 각각을 서로 말소하면서 동거한다. 그러나 이러한 이중의 부정 혹은 이중의 말소하에 둠을 통해서 도리어 非言과 默, 非默과 言이 만나면서 전체가 뫼비우스의 띠를 이루며 이어진다. 그리하여 기어코 言과 默이 만나고, 非言과 非默이 같이 기이한 융합을 이루면서 차원이 변경된다. 이것이 전형적인 장자의 논법이다. 이것은 차이의 사유를 넘어선 새로운 차원의 동일성을 열려고 한다.


## 2. 언어의 해체


　장자는 언어를 통해서 두 개의 단계를 기획한다. 즉 기존의 언어적 행위 - 『장자』라는 텍스트의 표면적 진술 - 를 통하여 成心에 바탕한 형이상학과 是非를 해체시키는 것이 그 첫 단계라면, 표면적 진술의 심층에서 재차 그 자신의 언어를 無化시키고 언어를 넘어가도록 하고자 하는 것이 두 번째 단계이다. 그러나 그것도 바로 그 언어를 통해서. 그렇다. 문제의 복잡성은 언어의 해체도 언어를 통해서 이루어진다는 데 있다.

　이미 살펴보았듯이 언어와 언어적 지평 위에 이루어지는 인식론이란 한계를 가지고 있다. 「則陽」 편에서 만물의 근원을 묻는 少

知의 질문에 大公調는 상호 연기적 관계 속에 얽혀 있는 자연 현상을 설명한 뒤 "道를 보는 사람은 사물이 끝나는 곳을 좇지 않고 사물이 생겨나는 근원을 찾지도 않는다. 여기가 언어를 통한 모든 의논이 끝나는 곳이다."[35]라고 말한다. 인간의 인지적 능력으로 알 수 있는 것이 있고, 그것으로 알 수 없는 것이 있다. 비트겐슈타인의 말처럼 언어가 끝나는 곳, 알 수 없는 것에 대해서 우리는 침묵해야 한다. 그러나 장자는 침묵하지 않는다. 알 수 없는 것에 대하여 말하고 있는 장자의 말은 도대체 어떻게 가능한가?

앨린슨(Allinson)은 『장자』 속에는 상대주의적 진술과 비상대주의적 진술이 공존하고 있다는 점을 인정한다. 만약 우리가 『장자』를 단순한 상대주의로 해석하고자 한다면 비상대주의적 진술 때문에 『장자』라는 텍스트가 자기모순적이거나 혹은 궁극적으로 이해할 수 없는 것이 되므로 장자의 말이 유의미하기 위해서는 어떤 식으로든지 상대주의적 입장은 극복되어야 한다고 그는 주장한다. 다양한 『장자』 해석 가운데 『장자』를 상대주의로 해석하는 5가지 양식을 그는 세심하게 분류한다. ① 견고한 상대주의(Hard Relativism, HR로 약칭) ② 부드러운 상대주의(Soft Relativism, SR로 약칭) ③ 상대주의도 아니고 비상대주의도 아닌 것(Neither Relativism nor Non–Relativism, NN으로 약칭) ④ 상대주의이면서 비상대주의(Both Relativism and Non–Relativism, BN으로 약칭) ⑤ 비대칭적(Asymmetrical) 상대주의, 상대주의이거나 비상대주의 이면서 비상대주의(Either Relativism And Non–Relativism, EA로 약칭)[36]

---

35) "觀道之人,不隨其所廢, 不原其所起, 此議之所止." 「則陽」
36) 이러한 상대주의 분류는 Robert E. Allinson의 저서 『장자–영혼의 변화를 위한 철학』(김

먼저 HR은 극단적 상대주의다. 그러나 만약 모든 입장이 비교할 수 없는 것이라면 어떤 하나의 입장이 다른 것보다 낫다고 주장할 근거가 없다. 따라서 장자는 유가나 묵가보다 자기의 견해가 더 가치 있다는 것을 주장할 수 없게 된다. 극단적 상대주의의 끝은 침묵이어야 한다. SR은 윤리적 행위를 취급할 때 장자의 상대주의적 측면을 덜 강조한다. 가치적 질서를 어느 정도 허용하는 것이다. 그렇다면 SR은 상대주의가 어떤 특수한 조건에서 포기되어야 하기 때문에 도대체 상대주의가 무엇인지를 명확하게 이해하지 못하게 한다. 즉 이것은 이미 상대주의가 아니다. NN은 우리가 일종의 관점주의·상대주의를 벗어날 수 없지만 모종의 깨어남(awakening, 覺)을 인정하는 것이다. 그 (꿈에서) 깨어남이란 우리가 항상 어떤 관점에 구속되어 있다는 어쩔 수 없는 사실을 깨닫는 것이다. 단순히 관점에 얽매인 상태와 관점에 얽매여 있음을 깨달은 상태는 분명 다르지만 그러나 깨어남 이후에도 역시 관점을 초월하지 못한다. NN의 입장을 대표하는 파커스(Graham Parkes)는 다음과 같이 말한다.

> 경험은 항상 필연적으로 관점적이라는 것을 강조하는 니체처럼, 장자는 우리가 일종의 '관점 없이 봄'을 얻을 수 있다고 믿지 않는다. 우리가 깨어난다는 것은 우리가 항상 어떤 관점에 속박되어 있다는 것을 깨닫는 것이다. 이러한 깨어남은 그 자체 하나의 관점이다.[37]

---

경희 옮김, 그린비, 2004)의 '8장 상대주의의 문제'와 그의 논문 "On the question of relativism in the Chuang-Tzu"을 참조.

[37] Graham Parkes, *The Wandering Dance: Chuang-Tzu and Zarathustra*, (Robert E. Allinson, "On the question of relativism in the Chuang-Tzu" p.18에서 재인용).

　'깨어남' 그 자체도 하나의 관점이라는 파커스의 입장에 따를 때 여전히 『장자』 속의 비상대주의적으로 보이는 진술들은 방치된다. 따라서 『장자』 속에 상대주의적 진술과 비상대주의적 진술이 공존하고 있다는 것을 인정한다면 NN는 그 모순적 상태를 전혀 해결하지 못한다. BA는 『장자』 속에 있는 상대주의적 진술과 비상대주의적 진술 양쪽을 충분히 취하면서 한 부류를 다른 부류로 환원하고자 시도하지 않는다. 즉 장자 속에서 세계에 대한 회의주의와 세계의 향유·긍정 양 측면을 다 읽는다. 상대주의와 비상대주의를 양가적으로 다 허용한다. 이러한 견해는 사실 텍스트에 대해서 어떠한 해석도 하지 않는 셈이 된다. 어떠한 해석도 하지 않는 것을 해석으로 여긴다. 이는 어떤 점에서는 데리다의 차연을 통해 『장자』를 읽는 김형효의 관점과 유사하다.

　마지막으로 앨린슨이 자신의 견해로서 주장하는 EA는 실상 문법적으로 오류이지만 앨린슨 자신이 의도적으로 왜곡시킨 문형이다. 그 의도는 상대주의와 비상대주의의 양쪽 진술을 허용하면서 동시에 양쪽을 가치론적으로 동등하게 여기지 않고자 하는 것이다. 그에 따르면 비상대주의적 진술과 함축은 깨어난 상태, 즉 보다 높은 가치론적 수준에 존재하는 상태를 지시한다. 모든 가치의 상대성은 깨어나지 못한 정신의 의견·논쟁의 세계에서만 적용된다. 'And'는 상대주의와 비상대주의의 양쪽 진술을 허용하고 있으며 'Either'는 깨어난 상태와 꿈속의 상태 사이의 선을 그으며 서로 동등하지 않다는 것, 그리고 상대주의가 아닌 知의 상태를 지시한다. 그러나 한번 깨어나면 깨어난 정신은 그 자신을 깨어난 것으로 말하지 않는다. 심지어 그 자신을 비상대주의자로도 말하지 않

는다. 왜냐하면 그런 언어의 한계를 이해하기 때문이다. 상대주의
는 단지 聖人이 구도자나 지원자에게 말하는 대화적 상황에서 교
육적 기능으로 존재한다. 그리하여 우리가 성인의 이해를 획득하게
되면 상대주의의 개념은 단지 그 과정의 발견적 (학습법의) 가치를
가졌던 것으로 이해될 수 있다.[38]

앨린슨의 주장에 따르면 상대주의적 진술들은『장자』속에서 교
육적 목적으로 채택된 하나의 전략인 셈이다. 그러나 앨린슨의 주
장에도 모호한 난점이 있으며 그는 이에 대해서 만족스러운 해명
을 하지 않고 있다. 깨어난 자는 언어라는 상대적 지평을 넘어가
있는 반면 깨어난 경지에 이르지 못한 자는 그 경지를 알지 못한
다. 그렇다면『장자』안에 깨어난 경지에 관해서 묘사된 많은 언
어들은 누가 구사한 것들인가? 이러한 문제 때문에 앨린슨은 양
영역의 '희미한 경계 구역'(the twilight zone between ignorance and
knowledge)에 존재하는 '철학자'(philosopher)라는 존재를 설정한다.
철학자는 꿈에서 완전히 깨어난 자는 아니지만 꿈을 해석할 수 있
는 자이다. 꿈속에서 꿈을 해석하는 자이다. 앨린슨에 따르면『장
자』전체 텍스트 속의 언어는 이 철학자의 언어다.[39] 그러나 이러
한 희미한 경계 구역을 인정한다면 상대적 경지와 비상대적 경지
는 단절이 아니라 연속선상에 있다는 것인가? 만약 그렇다면 상대
니 비상대니 하는 개념 규정이 과연 가능한가? 만약 그것이 상대
주의도 아니고 비상대주의도 아닌 별도의 다른 영역이라면 그 영

---

38) Allinson, 앞의 논문, p.23.
39) 앨린슨, 앞의 논문, pp.23 - 24. 그리하여 그는 장자를 이러한 철학자의 위상으로 파악하고
    있는 셈이 된다. 그의 앞의 책에서는 "실제로 본문 전체에 나타난 장자의 말은 철학자의 말
    이다."(앞의 책, p.249.)라고 규정하고 있다.

역은 또 어떤 것인지? 이러한 물음들은 해결되지 않은 채 여전히 남아 있다. 앨린슨은 비상대주의적 진술(혹은 영역)의 성립 근거를 '철학자'라는 존재에 의해 확보하려고 하지만 '철학자'라는 개념과 '희미한 경계 구역'이라는 개념 자체가 매우 '희미'하며 또한 비상대주의적 진술의 교육적 기능을 간파하지만 그것이 언어적으로 어떻게 기능하게 되는지에 대해서는 별로 설명하고 있지 않다. 다만 『장자 - 영혼의 변화를 위한 철학』에서 『장자』의 어법 가운데 이항 물음에 대해 그 효과를 이렇게 말하고 있다. "이항 물음의 결과는 개념의 마비다. (중략) 역설적인 의문문 전체의 기능은 분석적 측면에서 해체적으로 작용하지만 심미적인 측면에는 협력적으로 작용한다."(58쪽) 이 점에 관해서 우리는 좀 더 세밀하게 천착해 볼 필요가 있다.

장자의 언어가 가지는 교육적이고 전략적인 기능에 대한 앨린슨의 주장은 타당성이 있다. 그러나 우리는 장자 속에서 그 이상의 것을 발견할 수 있다. 그것은 '꿈속에서 꿈을 해석하는' 한계를 넘어서 있다.

설결이 왕예에게 물었다. "선생님은 모든 존재가 다 같이 옳다고 인정하는 것[同是]을 아십니까?" "내가 어찌 그것을 알겠나?" "선생님은 자신이 알지 못함을 알고 계십니까?" "내가 어찌 그것을 알겠나?" "그렇다면 사물이란 본래 알 수 없는 것입니까?" "내가 어찌 그것을 알겠나? 비록 그러하나 시험 삼아 일단 말해보리라. 어찌 내가 안다고 하는 것이 실은 알지 못하는 것이 아닌 줄 알 수 있겠는가? 어찌 내가 알지 못한다고 하는 것이 알고 있는 것이 아닌 줄 알 수 있겠는가?"40)

---

40) "齧缺問乎王倪曰,「子知物之所同是乎?」 曰,「吾惡乎知之!」「子知子之所不知邪?」 曰,「惡乎知之!」「然則物无知邪?」 曰,「吾惡乎知之! 雖然嘗試言之. 庸詎知吾所謂知

‘同是’란 모두가 다 같이 인정하는 ‘옳음’이다. 일종의 보편성을 가진 참이다. 이를 질문하는 설결의 태도는 전형적인, 중심을 추구하는 형이상학적 태도이다. ‘同是’는 (데리다적 의미에서의) 형이상학의 존재 근거를 묻는 것이다. 반면에 왕예의 대답은 철저히 탈중심적(반개념적)이다. 전반적인 불가지론에까지 질문해 들어가는 설결의 계속된 질문에 왕예는 세 번이나 ‘모른다’고 대답한다. 그러나 그는 침묵만 하지 않는다. 알 수 없는 것에 대해서 시험 삼아 말을 하는 것이다. ‘시험 삼아 말해본다.’는 것에는 분명히 앨린슨의 주장처럼 언어를 넘어선 보다 고차원의 세계를 위한 언어의 ‘교육적 가치’가 전제된다. ‘모르는 것’, 언어를 넘어서 있는 것에 대해 언어로 시험 삼아 말할 수 있는 이런 모순이 도대체 어떻게 『장자』 속에서 가능하게 되는가?

　침묵은 말에 대립하는 것이다. 그것들이 서로 對待관계 속에 있고, 서로 대립하는 한 침묵과 말은 같은 차원에 있는 것이다. 따라서 말이 진리를 전할 수 없다면 침묵도 진리를 전할 수 없다.[41] 뿐만 아니라 침묵 그 자체가 하나의 기호로 작용하지 않는 한 그것은 아무것도 전하고 있지 않기 때문이다. 침묵이 하나의 기호로 작용한다면 그것 역시 이미 언어(말)의 차원이다. 그렇다면 「則陽」편에서 말하는 ‘非言非默’이라는 역설의 가능성만이 남게 된다. 진정 언어를 넘어선 경계라는 것은 언어도 아니지만 침묵도 아니

------

之非不知邪? 庸詎知吾所謂不知之非知邪? ……」"「齊物論」

41) 「知北遊」에서, 구도자인 知가 깨어난 경지에 있는 無爲謂에게 道를 물었을 때, 無爲謂는 말을 잊어버려서 대답을 하지 못한다. 그는 침묵한다. 그러나 이러한 無爲謂의 침묵도 언어로 표현되어 있다는 점을 놓쳐서는 안 된다. 우리는 『장자』에서 두 가지 측면을 보아야 한다. 서술된 내용의 측면과 그 내용을 서술하고 있는 언어의 측면이다.

다. 침묵과 언어의 대립을 넘어서 이 둘을 하나로 관통시킬 때 열리는 또 다른 경계이다. 도대체 말하지도 않고 침묵하지도 않는다는 것은 무엇인가? 그리고 그것을 통해 무엇을 얻을 수 있는가? 이것을 알기 위해서는 다음의 대화를 신중하게 들어 보는 것이 매우 중요하다.

구작자가 장오자에게 말하기를, "내가 저 공자에게서 들은 말인데 聖人은 세속적인 사무에 종사하지 않고, 이익을 도모하지도 않으며, 해로운 일이라도 회피하지 않고, 기쁨을 구하지도 않고, 道에 연연하지도 않으며, 말하지 않는 가운데 말하는 바가 있고, 말을 해도 말하지 않는 것같이 해서, 티끌세상 밖에 노닌다고 합니다. 공자는 이것을 허튼소리라고 하지만 저는 이것을 오묘한 도[妙道]를 체득한 행위라고 여겼습니다. 선생님께서는 이것을 어떻게 생각하십니까?"

장오자가 말하기를, "이는 黃帝가 듣더라도 어리둥절할 말이거늘 하물며 공자가 어찌 알 수 있겠는가. 또한 자네도 마찬가지로 너무 빠른 속단이니, 마치 계란을 보자마자 때를 맞추어 우는 닭을 구하는 것과 같고, 탄환을 보자마자 구운 새를 먹으려는 것과 같다. 그러나 내가 자네를 위하여 妄言을 한번 해 볼 테니, 자네도 그런 줄 알고 들어 보게나. (중략)

내 어찌 알겠는가, 저 죽은 사람이 처음에 살려고 애쓴 일을 후회하지 않는 줄을. 꿈에 술을 마신 자가 아침에는 哭泣을 하는 수도 있고, 꿈에 슬피 울었던 사람이 아침에는 사냥을 나가기도 한다. 꿈속에 있을 때는 그것이 꿈인 줄 알지 못한다. 꿈속에서 다시 꿈을 해몽하다가 깨어난 후에야 그것이 꿈인 줄을 안다. 또한 '큰 깨어남'[大覺]이 있은 연후에야 그것이 큰 꿈인 줄을 안다. 어리석은 사람들은 자기들이 깨어 있다고 여겨서 모든 것을 확실히 안다고 하여, 이것이 임금이고, 이것은 신하라고 하지만 참으로 고루한 생각이다.

공자나 자네는 모두 꿈을 꾸고 있는 것이며, 내가 자네의 꿈을 말하는 것도 또한 꿈이다. 이런 말은 매우 괴이한 궤변[弔詭]이다. 만세 후라도 한번 큰 성인을 만나서 그 뜻을 알게 되면, 이는 아침저녁에 만나는 것과 다름없는 것이다."42)

---

42) "瞿鵲子問乎長梧子曰,「吾聞諸夫子,『聖人不從事於務, 不就利, 不違害, 不喜求, 不緣道. 无謂有謂, 有謂无謂, 而遊乎塵垢之外.』夫子以爲孟浪之言, 而我以爲妙道之行. 吾子以爲奚若?」長梧子曰,「是黃帝之所聽熒也, 而丘也何足以知之! 且汝亦大早計, 見卵

공자가 허튼소리라고 부정한 내용은 실상 『장자』 속에서 흔히 만날 수 있는, 궁극의 경지를 묘사하는 상투적인 내용이다. 그런데 왜 장오자는 구작자가 이러한 내용을 '오묘한 도를 체득한 행위'라고 하였을 때 '속단'이라고 책망하였을까? 이 속단이라는 책망이 올바른 것이라면 『장자』 전체 도처에 기술되어 있는 이와 유사한 모든 진술에 대해서 우리가 그 진술들이 궁극의 경지를 서술한 것이라고 판단할 때 예외 없이 적용되어야 하는 책망이다. 왜 속단일까? 그리고 공자가 들려준 기이한 말과 동일한 차원에 있는 듯한 자신의 진술을 장오자는 妄言이라는 전제하에 하고 있다. 그는 왜 妄言일 수밖에 없는 언어 행위를 하고 있을까? 동시에 장자는? 이러한 의문은 그가 그 자신의 말(공자가 허튼소리라고 한 말을 포함해서)을 '弔詭'라고 한 데서 해결의 실마리를 찾을 수 있다. 弔詭를 焦竑은 '지극히 기이한 것'[至異]이라고 하고 왓슨(Watson)은 '궁극의 사기'(Supreme Swindle)라고 번역하고 있다. 말할 수 없는 것을 말하고 있는 弔詭는 일종의 역설(전형적인 예로는 "無謂有謂, 有謂無謂", "非言非默" 등등)이요 황당한 사기다. 이 사기치는 궤변에 속아 妙道라고 판단하게 되면 '속단'이 될 뿐만 아니라 자칫 또 하나의 成見이 될 수 있다(劉昌元 형이상학적 관점의 경우가 여기에 해당된다). 그래서 장오자는 공자도 꿈꾸고 있는 것이고 너도 꿈꾸는 것이며 네가 꿈꾸고 있다고 장오자 자신이 말하

____

而求時夜, 見彈而求鴞炙. 予嘗爲女妄言之, 女以妄聽之奚? (중략) 予惡乎知夫死者不悔其始之蘄生乎! 「夢飮酒者, 旦而哭泣. 夢哭泣者, 旦而田獵. 方其夢也, 不知其夢也. 夢之中又占其夢焉, 覺而後知其夢也. 且有大覺而後知此其大夢也. 而愚者自以爲覺, 竊竊然知之. 君乎, 牧乎, 固哉! 丘也與女, 皆夢也. 予謂女夢, 亦夢也. 是其言也, 其名爲弔詭. 萬世之後而一遇大聖, 知其解者, 是旦暮遇之也.」"「齊物論」

는 것도 또한 꿈일 수 있다고 하는 것이다. 이 꿈의 말인 사기를 진리라고 여긴다면 속단이 아닐 수 없다. 그러나 '속단'이라는 말은 좀 더 신중하게 생각한다면 그런 판단에서 발전하여 올바른 판단에로 나아갈 수 있음을 시사하고 있다. 계란은 닭이 아니지만 닭이 될 수 있다. 사기지만 이러한 올바른 깨달음에로 나아갈 수 있는 方便으로서 역설 속에 놓여 있는 것이 바로 弔詭인 것이다.

崔宜明은 모순과 역설을 구분하면서 장자의 논리는 모순이 아니라 역설이라고 주장한다. 그에 따르면 모순은 논리 규칙을 위반하며 피해야 할 착오인 반면에 역설은 언어적 논리 자체의 내재 모순을 계시한다.[43] 예컨대 라일(Ryle)에 따르면 역설을 이루는 '지금 이 진술은 거짓이다.'라는 진술은 '지금 이 진술(즉 지금 이 진술 ……<즉 지금 이 진술 ……{즉 지금 이 진술……[즉 지금 이 진술……등등]}>)은 거짓이다.'로 풀어 써야 하며 따라서 완전한 진술에는 도달할 수 없다고 논한다. 즉 역설은 끊임없이 반복되는 '자기 의존성(self-dependence)'의 되먹임 때문에 무의미해진다.[44] 이러한 반복 점진적인 되먹임의 패턴은 혼돈(chaos)을 야기한다. 컴퓨터의 경우에는 반복 점진적인 모순은 혼돈을 유발시켜 연산 기능을 마비시키게 된다. 그러나 인간의 경우에는 오히려 혼돈 속에서 그에 대응하는 창조적 직관을 일으킬 수 있다. 혼돈은 언어의 한계를 넘어선 직관을 불러일으키는 작용을 한다. 가령 선불교에서 자가당착적인 화두는 학승의 마음을 진동시켜서 새로운 觀, 혹은

---

43) 崔宜明, 『生存與知慧』, 上海, 上海人民出版社, 1997, p.21.

44) Susan Haack, *Philosophy of Logic*, (김효명 역, 『論理 哲學』, 종로 서적, 1986, p.179, p.185 참조).

무상의 경지가 터져 나오게끔 어떤 조건을 일궈낸다.[45] 그리하여 명사적 언어의 그물 너머에 있는 새로운 경계를 불러온다.

이러한 역설을 장자는 전략적으로 사용하고 있다. 즉 그것은 弔詭을 통하여 弔詭를 돌파해 나감으로써 참다운 大覺에 이르고자 하는 것이다. 그래서 그는 수없이 많은 '궁극적 사기'들을 배치해 두고 있는 것이다. 弔詭를 통하여 弔詭를 돌파해 나간다는 것은, 즉 언어를 통하여 언어를 넘어선다는 것이다. 成心과 세속적 상식·이성적 논리를 해체시키면서, 그것을 해체시키는 그 자신까지 해체되어 無化되기를 기획하고 있는 것이 弔詭이며 장자의 역설적 언어이다. 그것은 언어이면서 언어를 넘어서 있다. 그래서 "말하되 (성심에 얽매인) 말을 하지 않으면 평생 말을 해도 말하지 않은 셈이 되고, 평생 말을 하지 않는다 해도 침묵하고 있다 할 수 없다."[46] 고 장자는 말한다. 이것이 非言非默이다. 왕예의 '시험 삼아 하는 말'이나 장오자의 '妄言'은 이러한 非言非默을 말하는 것이다. 이러한 언어를 구사할 수 있는 자는 앨린슨이 주장하는 것처럼 애매한 경계 지역이 있는 철학자가 아니라 상대주의와 비상대주의의 대립을 넘어서 있는 至人이다. 그는 언어와 침묵의 대립도 넘어서 있는 것이다.

그는 언어를 통해서 언어를 넘어설 수 있음을 알고 있다. 그리

---

45) 초기 조건의 자기 참고적 반복 점진 과정이 나중에 거대한 예측불가성의 혼돈을 야기한다는 것을 통찰함으로써 그 예측불가능성의 혼돈을 과학적으로 탐구하고자 하는 것이 소위 오늘날의 '혼돈 과학(Chaos Theory)'이다. John Briggs & F. David Peat, *Turbulent Mirror*, (김광태 외 역, 『혼돈의 과학』, 범양사, 1990) pp.76 - 77 참조. 이 장의 결론을 통해서 얻을 수 있는 것 중에 하나는 장자의 언어는 禪佛敎 언어, 즉 화두의 원형적 형태를 담고 있다는 것이다.

46) "言無言, 終身言未嘗言. 終身不言, 未嘗不言."「寓言」

하여 그는 道의 차원에서 고도로 치밀하게 구도자를 위한 언어 전략을 세우고 있는 것이다. 呂吉甫는 다음과 같이 주를 달고 있다.

구작자가 공자가 허튼소리라 생각하는 말을 들었으나 자기는 오묘한 도라고 생각했다. 그러나 둘 다 그르다. 도란 것은 非言非黙으로 담을 수 있는 것이다. (중략) 오묘한 도는 들은 것(언어적 행위)에 인하나 들은 것이 곧 오묘한 도는 아니다. 지금에 도를 들은 자는 스스로 깨달았다고 여겨서 날마다 덜어내어 무위에 이르는 것을 모르니 모두 구작자와 같은 무리다. 도는 말로 전하고 귀로 들을 수가 없다. 내가 말하고 네가 듣는 것은 모두 망령된 것일 뿐이다. 그 말을 잊으려는 노력을 통해서 마음으로 합치되어야 한다.[47]

呂吉甫는 "도는 들은 것에 인하나" 결국 "그 말을 잊으려는 노력을 통해서" 깨달음이 가능하다고 말한다. 언어를 통해서 언어를 넘어서야만 오묘한 도에 이를 수 있다는 것이다. 여기서 언어는 그 자체의 이해를 넘어서서 다른 차원으로 넘어가는 하나의 관문이다.

① 시작이 있으면 그 앞에 '아직 시작되지 않음'이 있고, 또 그 앞에 '아직 시작되지 않음도 시작되지 않음'이 있다. 有가 있고 無가 있으면, 有·無가 시작되지 않음이 있고, 또 그 앞에 有·無가 시작되지 않음도 아직 시작되지 않음이 있다. ② 갑자기 有와 無(의 對待관계)가 있다. 有·無의 對待가 과연 있는지 없는지 알 수 없다. ③ 지금 나는 이미 (앞의 말들을) 말했지만 내가 한 말이 과연 말을 한 셈이 되는 걸까, 말을 안 한 셈이 되는 걸까?[48]

---

47) "瞿鵲子嘗聞夫子言之, 以爲孟浪, 而己則以爲妙道. 然二者皆非. 夫道, 非言非黙所載. (중략) 妙道因於所聞, 而所聞非妙道也. 今之聞道者, 者以爲悟, 而不知日損以至於無爲, 皆瞿鵲之徒也. 道不可以言傳耳聽. 予言之而汝聽之, 皆妄而已. 欲其忘言而心契之也." 焦竑, 『莊子翼』「齊物論」 p.43.

48) "有始也者, 有未始有始也者, 有未始有夫未始有始也者. 有有也者, 有无也者, 有未始有无也者, 有未始有夫未始有无也者. 俄而有无矣, 而未知有无之果孰有孰无也. 今我則已有謂矣, 而未知吾所謂之其果有謂乎, 其果无謂乎?"「齊物論」

위 구절들은 세 개의 차원을 보여주고 있다. 우선 ①의 차원은 상식의 차원을 해체하기 위한 그 기원에 대한 부정, 그리고 그 부정의 부정이라는 연속적 과정을 보여준다. 모든 의미에는 고정점으로서 기원과 토대가 있어야 한다. 그러나 무한 소급, 무한 부정은 그러한 의미의 고정점을 끝없이 연기시키거나 무화시킴으로써 일체의 의미의 확정을 불가능하게 한다. 그리하여 일반적으로 믿고 있는 成見의 토대를 무너뜨린다. ②의 차원은 이러한 해체 과정을 통해서 문득 깨닫게 되는 有와 無의 모순이 양립하는 양가적 상황, 즉 데리다적 의미에서의 차연의 차원이다. 이것은 有로부터도 벗어나 있고 無로부터도 벗어나 있다. 그러나 더욱 중요한 것은 ②에서 ③으로의 비약이다. 그것이 장자의 두 번째 전략이다. 즉 ③의 차원은 재차 ②의 차원을 전복시킨다. 왜냐하면 확정적인 언어적 의미가 성립되지 않는다는 것을 말하는 차연의 상황 역시 언어적 논리 속에 있음을 ③은 폭로한다. 그리하여 ③은 근본적으로 언어적 상황 자체를 해체시키고자 한다.

道라는 것, 궁극의 경지는 말하고 듣는 언어적 의사소통을 통해 전달될 수는 없지만 그 언어적 상황 속에서 언어적 행위를 통해 촉발되어서 나아가 그 언어를 해체하고 돌파해 나갈 때 비로소 마음으로 합치되어 전해지는 것이다. 이것을 장자는 "고기를 잡았으면 통발을 잊고, 뜻을 얻었으면 언어를 잊는다(得魚而忘筌 得意而忘言)."(「外物」)라고 하였던 것이다. 이는 언어가 뜻을 얻기 위한 수단이어서 언어를 통해 뜻을 얻을 수 있다는 것을 말하지만 동시에 궁극적으로 수단이 되는 언어를 해체하고 돌파해야만 뜻을 얻을 수 있다는 말이다.[49]

弔詭는 언어가 실재를 반영한다고 하는 '반영론적 언어관'을 벗어나 있지만 차연 운동이 남긴 흔적도 아니다. 그것은 그 지시 기능을 無化할 뿐만 아니라 기호(기표)로서의 자신을 無化할 때만이 다른 세계를 열어 주는 門[道樞]과 같은 것이다. 문은 닫혀 있을 때는 한 공간의 벽이 되지만 스스로를 무화하면 다른 공간으로 열린다. 門은 다른 세계를 직접적으로 지시하지는 않지만 다른 세계로 통하는 통로이다. 장자는 텍스트 안에 머물지 않는다. 그는 끝없이 텍스트를 통하여 텍스트를 초월하고자 한다. 장자에게 있어서는 '텍스트 밖은 없다.'가 아니라 '텍스트는 밖이다.' '텍스트는 문이다.'[50] 여기에 장자의 언어가 가진 두 번째 전략이 놓여 있다. 그렇다면 그 부정과 초월을 통해서 드러나는 지평은 무엇인가?

우리는 이 지평을 통해 동아시아 미학과 예술의 풍요로운 숲과 만나게 된다. 장자의 嫡子는 불로장생의 신선을 꿈꾸는 도교가 아니다. 도교의 마스터인 갈홍 자신이 "(장자)와 신선의 거리는 이미 천억 리다."[51]라고 천명한 것을 보면 짐작할 수 있다. 장자의 진정한 적자는 禪宗과 예술, 특히 산수화이다. 산수화는 장자 정신의 가장 생생한 육화이며 '생성하는 무'의 이미지화이다. 이에 대해서는 뒤에 상술할 것이다.

---

49) 이러한 장자의 언어관을 이어받아 '得意而忘象'을 주장하는 王弼은 『周易略例』에서 '의를 얻었으면 상을 잊는다.'는 것이 곧 '상을 잊어야 의를 얻을 수 있다.'는 것임을 보여주고 있다("然則忘象者乃得意者也. 忘言者乃得象者也. 得意在忘象, 得象在忘言." 『中國哲學史資料選輯』, p.122).

50) 吳光明은 禪宗의 '無門'의 비유로 장자의 정체성을 설명한다. 그는 '無門關'은 無門之門이지만 장자는 모든 곳이 門이라고 하였다(葉舒憲, 『莊子的文化解析』, 武漢: 湖北人民出版社, 1997, p.81 참조). 약간 다른 맥락 속에 제시된 비유지만 장자 텍스트 전체가 門이라는 데서 필자의 견해와 상통한다.

51) "其去神仙, 已千億里矣." 『抱朴子』「釋滯」

# 3. 언어의 지평을 넘어서 심미적 지평으로

## 1) 차이성과 동일성의 和諧

장자의 언어가 궁극적으로 기도하고 있는 것은 언어를 넘어서고 자 하는 것이다. 언어는 자아와 세계를 매개하고 있다. 그리하여 언어의 지평을 넘어선다는 것은 언어의 매개 없이 자아와 세계가 직접적으로 만난다는 것을 의미한다. 언어와 언어를 통한 개념·지식을 매개하지 않는 세계와의 직접적인 만남이라는 것은 장자에게 일종의 미적 직관(aesthetic intuition)을 통한 심미 체험 형식을 취한다. 우선 장자와 혜자의 매우 시사적인 다음 일화를 보자.

(1) 장자와 혜자가 함께 호수의 다리 위에서 노닐고 있었다. 장자가 말했다. "피라미가 한가롭게 헤엄치고 있소. 이것이 물고기의 즐거움이란 거요." 혜자가 말했다. "당신이 물고기가 아닌데 어찌 물고기의 즐거움을 안단 말이오." 장자가 말했다. "당신은 내가 아닌데 어찌 내가 물고기의 즐거움을 알지 못한다는 걸 안단 말이오?" 혜자가 말했다. "나는 당신이 아니니까 물론 당신을 알지 못하오. (마찬가지로) 당신이 물고기가 아니니까 당신이 물고기의 즐거움을 알지 못한다는 게 확실하지요."
(2) 장자가 대답했다. "자 근본으로 돌아가 봅시다. 당신은 '어찌 당신이 물고기의 즐거움을 안단 말이오.'라고 했지만 이미 그것은 내가 안다는 것을 알고서 내게 물은 거요. 나는 (바로) 호수 위에서 (물고기의 즐거움을) 알았단 말이오."[52]

---

52) "莊子與惠子遊於濠梁之上. 莊子曰, 「儵魚出遊從容, 是魚之樂也.」 惠子曰, 「子非魚, 安知魚之樂?」 莊子曰, 「子非我, 安知我不知魚之樂?」 惠子曰, 「我非子, 固不知子矣, 子固非魚也, 子之不知魚之樂, 全矣.」 莊子曰, 「請循其本. 子曰『汝安知魚樂』云者, 旣已知吾知之而問我, 我知之濠上也.」"「秋水」. 여기서 '儵'은 마땅히 '鯈'가 되어야 한다. 陳鼓應, 앞의 책, p.444 참조.

이 흥미로운 장자와 혜자의 대화는 장자가 두 번째 전략을 통해 돌파하고자 하는 지평과 획득하고자 하는 심미적 지평을 시사해 준다. 혜자가 제시하고 있는 입장은 인식론적 한계를 논리화하고 있다. 그는 그 한계를 통하여 하나의 중심으로 모든 의미와 관점을 통합하고자 하는 이데올로기적인 절대성·동일성을 해체시키면서 물고기와 장자와 혜자 자신이 각각 다른 인식의 영역 속에 있다는 상대성·차이성·관점의 문제를 제기한다. 이것은 앞서 이미 살펴본 장자의 첫 번째 전략과 상응한다. 아마 장자가 혜자에게 영향을 받았다면 이러한 상대적 인식, 차이성의 논리적 인식일 것이다. 그러나 장자는 여기서 머물지 않는다. 첫 단계에서는 이러한 혜자의 입장이 성공하는 듯이 보인다. 그러나 장자가 "근본으로 돌아가 봅시다."라고 할 때 반전과 비약이 일어난다. 장자는 대화의 방향을 완전히 전환하여 혜자의 인식론적 차원과는 다른 차원을 제시하려는 것이다. 정종잉(Chung-ying Cheng)은 모든 현실적인 것은 유한성과 상대성·차이성 속에 놓여 있지만 그러한 사실을 안다는 것이 궁극적 진리인 道를 아는 것은 아니라는 점을 명확히 하고 있다.[53]

모든 자연 속에 '서로 이어지는 패턴'을 찾으려고 기획했던 생물학자 베이트슨은 자연의 언어가 본래 은유라고 말한다. 그는 삼단논법과 다른 은유의 논리를 제시한다.

(가) 사람은 모두 죽는다./소크라테스는 사람이다./소크라테스는 죽는다.

---

53) Chung-ying Cheng, "Nature and function of Skeptocism in Chinese Philosophy", pp.141-142.

(나) 사람은 죽는다./풀도 죽는다./사람은 풀이다.

여기서 (가)는 삼단논법이고 (나)는 은유의 논리이다. (가)는 주사(主辭)를 일치시킴('소크라테스'는 '사람'이다)으로써 소속 부류를 확정 짓고, (나)는 빈사(賓辭)를 일치시킴(사람은 '죽는다' – 풀은 '죽는다')으로써 소속 부류를 결정한다. 즉 (가)는 항목을 일치시키고 (나)는 패턴을 일치시킨다.[54] (가)는 대전제가 이미 결론을 포함하고 있는 일종의 동어반복으로써 전혀 항목들 간의 새로운 관계를 낳지 못한다. 반면 (나)에서는 사람과 풀이 이어지는 전혀 새로운 관계가 도출되고 있다. 그리고 (가)에서는 대전제와 결론을 이어 주는 매개 개념인 '사람'이 있다. 반면 (나)에서는 매개 개념이 없다. 매개가 없는(im – mediate) 것, 즉각적(immediate)인 것, 이것이 직관(intuition)이다. 직관은 즉각적으로 사람과 풀을 이어 준다.

호수의 다리 일화를 다시 논리적으로 보자. (1)의 내용은 혜자가 절묘하게 장자를 논리적으로 곤경에 빠뜨리는 장면이다. 여기서 혜자의 논법은 베이트슨이 말하는 삼단논법적인 논리에 근거하고 있다. 혜자의 논리를 정리하면 이렇다. (A) 혜자와 장자는 서로 다른 존재다./따라서 혜자는 장자를 모른다. (A)에 근거해서 혜자는 다음 결론으로 넘어간다. (B) 장자와 물고기는 서로 다른 존재다./따라서 장자는 물고기를 모른다. 여기에는 (A)와 (B)의 대전제를 이루는 것이 감추어져 있다. 그것은 '서로 다른 존재는 서로를 알지 못한다.'는 것이다. 일견 궁지에 몰린 듯한 장자는 그러나 (2)에서 역전을 꾀한다. "근본으로 돌아가 봅시다."라고 할 때 그 근본은 혜자

---

54) 카프라, 『탁월한 지혜』, 홍동선 옮김, 범양사출판부, 1993, pp.95 – 96 참조.

의 대전제를 뒤집고자 하는 것이다. 대전제를 뒤집는다는 것은 전혀 다른 지평으로 나아가기 위한 것이다. 그 지평이 바로 심미적 感應의 차원이다. 그 감응이란 직관적이다. 직관은 논리의 발전이나 연장에 있는 것이 아니라 지평을 달리하는 것이다. 그래서 다시 근원으로 돌아가는 것이 필요하다.

장자가 "당신은 '어찌 당신이 물고기의 즐거움을 안단 말이오.'라고 했지만 이미 그것은 내가 안다는 것을 알고서 내게 물은 거요."라고 말할 때 그는 혜자와는 달리 '서로 다른 존재는 서로를 알지 못한다.'는 것이 아니라 '서로 다른 존재는 감응한다.'는 다른 대전제, 즉 다른 지평을 제시한 셈이다. 이는 차이를 분별하는 논리적 이성에서 동일성과 유사성을 찾는 심미적 상상력으로 전환을 의미한다. 그리고 장자는 자신이 물고기의 즐거움을 안다는 것을 증명하기 위해 단호하게 한 마디만을 한다. "나는 호수 위에서 알았단 말이오." 이것은 전혀 삼단논법과 같은 추론에 근거한 증명이 아니다. 그것은 아무런 매개 없는 결론이다. 매개 없는 직관이다. 아무런 매개도 필요로 하지 않는 만물 사이의 직접적인 교감이다.

여기서는 더 이상 언어로 설명이 불가능해진다. 徐復觀은 이것을 "미적 관조 중의 직관이고 통찰"이라고 하였다.[55] 이러한 상황 속에서 직관은 類의 차이를 뚫고 주객의 직접적인 만남에 의한 새로운 동일성의 차원을 열어 주고 있다. 이것이 道의 세계이다(道通爲一).

슈월츠에 의하면 혜자는 그저 단순한 논리학자가 아니라 논리를

---

55) 徐復觀, 『中國藝術精神』, (권덕주 역, 서울: 동문선, 1993, p.133).

이용하여 '사물들'의 세계에 대한 우리들의 사고방식을 뒤흔들어 놓을 의도를 갖고 있었다. 그렇게 하기 위하여 그는 우리가 사물들에 부여하는 수많은 절대적 賓辭, 속성 또는 성질들을 부정한다. 그리하여 고·저, 대·소에 대한 상대화, 끊임없는 시간의 변화에 대한 강조, 그리고 분류화에 대한 회의를 보여준다.[56] 이러한 과정을 통해서 그는 모든 분별과 분류를 넘어서 "만물을 널리 사랑하라. 천지는 한 몸을 이룬다."("汎愛萬物, 天地一體"「天下」)라는 결론에 도달한다. 그러나 徐復觀에 따르면 이러한 결론은 同異를 합함(合同異)이라는 논리적 조작에 불과하며 지식을 통한 해석으로 얻은 것일 뿐이다. 즉 무한 관념으로써 유한 속에 있는 物의 분별상을 타파하는 것이다. 그리하여 徐復觀은 이것을 '양적'인 일체라고 부르며 질적인 일체를 추구하는 장자와 구별한다.[57] 요컨대 혜자의 '天地一體'는 무한 속에서 개별적이고 상대적인 사물의 차이란 무의미하다는 논리적 추론의 결과이다. 이러한 개념적 인식을 통한 일체는 참된 일체가 아니다. 그는 천지일체를 추론했지만 체험하지는 못했다. 그래서 그는 피라미와 장자의 감응을 진정으로 이해할 수는 없었던 것이다. 장자가 물고기와 직접 만나고 있었다면 혜자는 장자의 언어(논리, 개념)를 만나고 있었던 것이다. 그렇다면 혜자의 천지일체는 '속단'이다. 그리하여 이런 개념적 인식을 타파하기 위해 장오자는 구작자에게 '속단'이라고 책망을 한 것이다. 이러한 언어적·개념적·인식론적 차원을 넘어서는 곳에 장자의 또 다른 차원이 열려 있다.

---

56) 슈월츠, 앞의 책, pp.317 - 319.

57) 徐復觀, 앞의 책, p.107.

黃帝가 赤水 북쪽을 노닐다가 곤륜산에 올라가서 남쪽을 바라보고 돌아와 보니 玄珠를 잃었다. 知로 하여금 찾게 했으나 얻지 못하고 離朱를 시켜서 찾게 해도 얻지 못했으며 喫詬를 시켜 찾게 해도 찾지 못했다. 그래서 象罔을 시켰더니 상망이 곧 찾았다. 黃帝는 말했다. "기이하구나. 상망이 그걸 찾아낼 수 있다니!"58)

馮友蘭은 '知'는 일반적 지식(knowledge)을 가리키는 것이고 '離朱'는 인지(perception)를 나타내는 것이며, '喫詬'는 변증법(dialectic)을 지시하는 것이며 '象罔'은 無相(without features)과 같은 말로 보았다.59) 반면 呂吉甫에 따르면 象罔이란 有도 아니고 無도 아닌 것, 非有非無이다.60) 이 우화는 지식과 인식의 한계 그리고 형식적 사유와 논리의 한계를 은유하고 있다. 그러나 이것은 任繼愈가 비판하는 불가지론도 아니고 김형효가 지적하는 불가결정도 아니다. 왜냐하면 道를 상징하는 玄珠란 실재하며 또한 어떤 방법으로든 간에 '얻을[得]' 수 있는 것이기 때문이다. 다만 그것은 우리의 감각기관 혹은 이성을 통한 인식, 논리적 추론이라는 지평의 변경을 요구한다. 상망이 현주를 얻는 것은 일반적인 의미의 인식론적 지평에서 일어나는 일이 아니다.61) 상망, 즉 '있지도 않고 없

---

58) "黃帝遊乎赤水之北, 登乎崑崙之丘而南望, 還歸遺其玄珠. 使知索之而不得, 使離朱索之而不得, 使喫詬索之而不得也. 乃使象罔, 象罔得之. 黃帝曰,「異哉! 象罔乃可以得之乎?」"「天地」

59) 馮友蘭, Sprits of Chinese Philosopy, (정인재 역, 『中國哲學史』, 서울: 형설출판사, 1981, p.73). 成玄英은 '喫詬'를 '언어로 분변하는 것[言辨]'이라고 하였고, 唐의 陸德明은 『釋文』에서 '喫詬'를 '多力'이라고 보았다(郭慶藩, 앞의 책, p.415). 成玄英의 견해와 馮友蘭의 견해는 상통한다.

60) "象則非無, 罔則非有. 非有非無." 焦竑, 앞의 책,「天地」편 p.35. 陸德明은 '상망'을 "형체가 있는 것 같기도 하고 없는 것 같기도 하다(若有形, 若無形)."고 하고 있는데(郭慶藩, 앞의 책, p.415.) 이는 呂吉甫의 견해와 상통한다.

61) 成玄英은 상망을 無心을 일컫는 것으로 본다(郭慶藩, 앞의 책, 415). 無心이란 心齋의 氣와 상통하는 것이며, 이 역시 인식의 차원을 넘어서는 것을 의미한다.

지도 않다는 것'(非有非無)은 도대체 무엇이겠는가? 그에 의해서만 포착되는 현주란 무엇인가? 그것들은 이미 자기 자신의 부정과 초월을 지시하는 하나의 弔詭들이다. 다만 우리는 그 초월이 어떻게 가능한지를 살펴봄으로써 꿈속에서나마 꿈을 해몽해 볼 수 있을 따름이다. 그러나 해몽의 과정에서도 우리는 우리의 해몽이 망언을 벗어나지 못함을 잊지 말아야 한다.

「知北遊」편에는 다음과 같은 우화가 있다. 泰淸이 無窮에게 道를 묻자 무궁은 모른다고 한다. 無爲에게 묻자 무위는 안다고 하면서 일련의 道의 속성을 이야기해 준다. 태청이 無始에게 누가 맞는지를 묻자 무시는 다음과 같이 말한다. "모른다 한 쪽이 깊고, 안다고 한 쪽이 얕다. 모른다 함은 內요, 안다 함은 外다(不知深矣, 知之淺矣. 弗知內矣, 知之外矣)." 안다는 것은 인식 주체 밖에 대상이 설정됨으로써 가능하다. 그러나 이러한 대상적 인식은 낮은 단계의 것이다. 모른다는 것은 주객의 분리가 사라져 버린 상태다. 이것은 높은 단계의 것이다.[62] 道, 혹은 궁극적 경계에 이르기 위해서 그 道는 인식 주체와 합일되어 모르는 것(대상성의 상실)이 되어 버려야 한다. 이것은 이미 일반적인 의미에서 인식이 아니다. 그리하여 안다고 하면 모르는 것이 되고 모른다 하면 아는 것이 되는 역설 속에 道는 놓여 있다 - 이 역설은 앞서도 언급했듯이 언어적 지평의 '넘어섬'(초월)을 기도한다. 언어적 지평을

---

62) 成玄英은 "이치와 합하는 것을 알지 못하므로 깊고 오묘하여 內에 처하게 되고, 그것을 알게 되면 도와 괴리되므로 조악하고 얕아서 外로 멀어진다(不知合理, 故深玄而處內. 知之乖道, 故粗淺而疏外)."라고 하였고(郭慶藩, 앞의 책, p.757), 林希逸은 "內는 自得함이고 外는 道와 더불어 둘이 되는 것이다(內, 自得也. 外, 與道爲二也)."라고 하였다(林希逸, 『莊子鬳齋口義校注』, 北京 : 中華書局, 1997, p.344). 여기에서 '外'란 道가 주체와 분리된 분석과 지식의 대상이 됨을 말하고 있다. 반면에 內란 자득하여 道와 합일함을 말한다.

넘어선 곳이 곧 '內'이다. '內'란 곧 '心'으로의 전환이다. "그 지식으로써 그 마음을 터득하고, 그 마음에 근거하여 常心을 터득한다."[63]고 할 때의 知→心→常心의 과정이 참된 인식, 外→內의 과정을 구체화시켜 주고 있다. 언어적 지평에서 이루어지는 인식을 넘어서는 과정이란 心으로 전향된 수양과 체험임을 나타내고 있다. 이 과정은 분별적 인식을 오히려 버려 나가는 실천적 공부이며 직관을 통해 체득하는 공부이다. 여기서 인식과 직관은 대립되기조차 한다. 이미 노자는 "학문을 닦는 것(인식)은 날로 보태는 것이요, 도를 닦는 것은 날로 덜어내는 것이다."[64]라고 말하고 있다. 인식이 학문과 연결된다면 직관은 도와 이어지는 것이다.

關鋒은 장자 철학의 기본 구조를 有待→無己→無待의 삼단식으로 제시한다.[65] 有待는 自와 他의 구별이 있어 서로 對待관계에 있는 상대적 차원을 말하고 있는데 이는 전술한 '外'에 해당된다. 반면 '無待'는 자타, 주객이 통합되어 대립이 사라져 버린 비상대적 차원, 즉 '內'에 상응한다. 이 두 차원 사이를 연결해 주는 곳에 '無己'가 있다. 無己란 유대와 무대 사이의 '문'이다. 앞의 논의의 틀 속에서 보자면 유대가 언어적 차원이라면 무대는 언어적·논리적 개념을 넘어선 도의 차원이다. 이 두 차원을 나누면서 연결시켜 주는 無己는 그 언어적 지평을 돌파해 나가는 弔詭에 상

---

63) "以其知得其心, 以其心得其常心". 「德充符」. 陳鼓應에 따르면 '心'은 분별작용하는 마음이고, '常心'은 분별작용이 일어나지 않는 마음이다(陳鼓應, 『莊子今注今譯』, p.145).

64) "爲學日益, 爲道日損." 『노자』 48장.

65) 關鋒, 『莊子內篇譯解和批判』, 北京, 中華書局, 1962, p.2. 관봉은 여러 가지 측면에서 장자를 오해하거나 의도적으로 곡해하고 있으나 이 삼단의 도식은 장자 전체 체계를 관통하는 명쾌함이 있다.

응한다. 즉 非言非默의 언어이다. 無己는 언어가 끝나는 자리이며
실천적 수양과 직관적 체험이 시작되는 門이다. 이러한 전환은 外→
內로의 전환과 상응한다. 언어적 차원과 인식론적 차원을 떠날 것
을 지시하는 '無己'는 '無記'이기도 하다. 그것은 기호(언어)로부터
의 해방과 초월을 지시하는 기호다. 이러한 전환을 통해 드러나는
실천적 수양과 체험이 장자에게 있어서는 심미적인 것으로 드러나
고 있음을 보여주는 것이 濠梁의 일화이다. 그것은 다리 위에서
장자와 피라미 사이에 이루어진 심미적 직관의 지평이다. 이러한
심미적 체험이 無待, 문 밖의 세계를 연다. 이 세계는, 실상은 하
나의 관점에 불과하면서도 권력에 의해 자신의 관점을 중심으로
모든 관점을 통합시키는 동일성도 아니고, 나의 너의 待對에 의한
차이성(혜자와 데리다의 경우)도 극복되는 새로운 통합의 세계이
다. 그 세계가 장자의 실재이다.

「山木」편에서 장자는 쓸모없음[不材] 때문에 천수를 누리는 나
무와 쓸모없음 때문에 죽게 된 오리에 대해서 의아해하는 제자의
질문에 대하여 다음과 같이 말하고 있다.

> 나는 쓸모 있음과 쓸모 없음의 중간에 머물고 싶다. 그러나 그것은 (道와)
> 비슷하면서도 실은 (참된 道가) 아니므로 화를 아주 면하지는 못한다. 만약
> 道와 德을 타고 유유히 노닌다면 그렇지 않게 된다.[66]

여기서 材와 不材의 중간이란 양면 긍정, 양면 부정의 동거논리
(차이성)와 통한다. 그러나 장자는 그곳에서 머물지 않는다. 그 논
리 속에는 참된 진리가 없다. 그 논리를 진리라고 믿으면 '속단'이

---

66) "材與不材之間, 似之而非也, 故未免乎無累. 若夫乘道德而浮游則不然." 「山木」

된다. 그 동거논리조차 돌파해 나가야만 우리는 "乘道德而浮游"할 수 있게 되는 것이다. 道德은 쓸모 있음도 아니고 쓸모없음도 아니며, 그 중간도 아니다. 그것은 여기, 저기 혹은 중간이라는 분류를 넘어선 것이다. 그 모두를 관통하여 하나로 화해시키는 '自然'의 경계이다. 그것은 동일성과 차이성을 극복한 보다 고차적인 동일성의 경계이며, 차이성을 감싼 동일성이라 할 수 있다. 시인 옥타비오 파스의 말처럼, 돌과 깃털이 돌은 돌이고 깃털은 깃털인 채로 합일되는 순간이다.[67]

언어적·인식론적 차원에서는 궁극적으로 타자의 흔적을 완전히 지울 수가 없다. 따라서 우리가 언어적·인식론적 차원에서 동일성을 추구해 가면 결국 파탄에 이르기 마련이다. 여기서 장자는 이 파탄을 넘어서 동일성[一]을 획득할 수 있는 비약이 예술적·시적·심미적 차원임을 우리에게 보여준다. 그 차원을 장자는 逍遙遊라고 한다. 그것은 고도의 심미적 정신 경계 속에서 가능하다. 그 속에서만이 세계와 나 사이에 분리와 대립과 배척이 아닌 진정한 자유와 생명의 和氣가 가득 차게 되는("與物爲春" 「德充符」) 조화를 이룰 수 있다.


## 2) 깨달음의 수사학

라코프와 존슨은 우리가 생각하고 행동하는 관점이 되는 일상적 개념 체계의 본성은 근본적으로 은유적이라고 본다. 은유가 단순히

---

67) 옥타비오 파스, 『활과 리라』, 김홍근·김은중 옮김, 솔, 1998, p.132 참조.

언어의 문제, 즉 낱말들의 문제가 아니라는 것이다. 오히려 인간의 사고 과정의 대부분이 은유적이라는 것이다.[68] 매우 정교한 개념적 조작을 요구하는 철학에서도 사정은 마찬가지다. 니체는 플라톤에서부터 지금까지의 철학이 언어의 본질이 은유적이라는 사실을 억누르고 있다고 주장한다.[69] 이와 같은 주장들은 우리의 언어 활동 중에서는 논리적 과정보다는 오히려 수사학적 과정이 중요한 역할을 하고 있음을 말해주고 있다. 사유가 언어 활동에 의존해 있다면 따라서 진술된 사유 체계를 이해하기 위해서는 논리적 분석 못지않게 수사학적 분석이 중요할 수 있다. 일반적으로 고대 중국인들은 보편성에 의한 지각보다는 개별적인 것, 특수한 사례들의 유비를 통한 깨달음을 중시해 왔다. 이러한 사실에 의하면 보편성에 입각한 서구적 논리학 내지는 논리적 분석이 중국의 고전을 이해하는 데 얼마나 유익할 수 있을지 의문이다. 특히 "종잡을 수 없는 큰소리와 터무니없는 말과 밑도 끝도 없는 언사"로 이루어진 『장자』 속에서 서양식 논리를 찾는다는 것은 매우 힘들 뿐만 아니라 그리 유익해 보이지도 않는다. 오히려 수사학적 패턴을 찾아봄으로써 우리는 장자 사유의 패턴에 대한 보다 깊은 이해를 얻을 수 있다. 우리는 또한 여기에서 그의 수사학적 양식 속에 담겨 있는 그의 실재관을 엿볼 수 있을 것이다.

예컨대 김형효는 「소요유」 편을 분석하면서 장자는 노자의 논리성보다 오히려 초월적인 상상력을 더 자기 자유의 생리로 삼고 있으며 이는 과장법으로 나타나고 있음을 밝히고 있다. 그에 따르면

---

68) George Lakoff & Mark Johnson, *Metaphors We Live By*, (노양진, 나익주 역, 『삶으로서의 은유』, 서광사, 1995, pp.21 - 23).

69) 마단 사럽, 앞의 책, p.39.

과장법은 인간의 이성적 사유가 만드는 절대성이나 전체성을 파괴하고 이성의 제한적 사고방식의 울타리를 벗어나는 초과의 사유를 표현하려는 의도에서 생긴다. 장자가 사용하는 과장법은 결국 초현실의 세계를 상상케 하는 방편이다. 그는 이러한 수사법이 「소요유」 전체의 의미 구조와 상응함을 보여주고 있는데 이러한 분석은 장자를 이해하는 데 꽤 도움을 줄 수 있을 것 같다.[70] 그러나 『장자』 텍스트 전체에 약동하고 있는 장자의 풍요로운 사유를 포착하기에는 과장법은 너무 지엽적이다.

앨린슨은 『장자』 전체에 현저한 수사법을 은유라고 보면서, 은유의 사용이 잠재의식적인 함의를 갖는다고 본다. 그에 따르면 은유를 사용하는 이면에 깔린 전략은 정신의 직관적이고 전일적인 인지능력들을 끌어들이기 위한 것이다.[71] 앨린슨은 은유를 일체의 모든 유비적 언술을 지칭하는 넓은 개념으로 사용하고 있다. 그러나 이것만으로는 장자의 수사법 속에 숨어 있는 전략과 함의를 온전히 드러내기 힘들다. 우리는 장자 자신이 자신의 수사법을 규정한 「寓言」을 통해서 좀 더 치밀하고 구체적으로 수사법의 전략을 살펴볼 필요가 있다.

「寓言」 편에서 장자는 자기의 서술 방법을 수사학적으로 寓言, 重言, 巵言으로 분류하고 있다.

> 寓言은 열 가운데 아홉이고 重言은 열 가운데서 일곱이며 巵言은 날마다 생겨나 是非를 초월한다. 우언은 다른 사물을 빌려 도를 말한다. (중략) 열 가운데 일곱의 중언은 (시비의) 언쟁을 그치게 하기 위해서인데 이는 노인의 말

---

70) 김형효, 『데리다와 老莊의 독법』, 한국정신문화연구원, 1994, pp.200 ~ 209 참조.
71) 앨린슨, 앞의 책, p.75 참조.

이기 때문이다. 나이만 들었지 經緯와 本末이 없고 단지 나이에만 의존하는 사람은 선각자가 아니다. 사람으로서 남에 앞서는 덕을 갖추지 않으면 人道가 없다. 사람으로서 人道가 없는 자를 진부한 사람이라고 부른다.

　① 巵言이란 날마다 무궁하게 나와서 天倪(만물 자연의 변화, 자연적 균형)에 합하는 것이며 曼衍(구속 없는 무궁한 변화)에 따르는 것이어서 천수를 다하게 한다.

　② 말을 하지 않으면 (물리 자연과) 무차별하게 된다. 말과 무차별은 차별이 있다. 그러므로 無言이라고 한다. 無言을 말하면 평생 말한들 말하지 않은 셈이 되고 평생 말하지 않아도 말하지 않음이 없는 셈이 된다. (중략)

　③ 만물은 모두 種인데 서로 종류가 다르므로 서로 이어 간다. 처음과 끝이 고리와 같아서 그 순서를 알 수 없다. 이를 天均이라 한다. 天均은 天倪다.[72]


우언은 열에 아홉이고 중언은 열에 일곱이라는 양으로 규정되어 있는 반면 치언에 대해서는 그러한 구체적인 양적 규정이 없다. 김충열은 치언을 하나의 화법으로 보고 우언과 중언 사이에 끼여 있다고 보았지만[73] 장자의 설명 방식은 그것이 중언·우언과 동일한 층위에 있는 수사법이 아님을 보여준다. 『莊子解』에서 王夫之의 해석은 이 관계를 명확히 보여준다. "우언과 중언, 그리고 비우언과 비중언은 하나이다. 모두 치언이고 모두 천예이다(寓言重言與非寓非重者, 一也. 皆巵言也, 皆天倪也)." 여기서 치언은 『장자』 전체를 규정하는 근본적인 수사학적 개념이며 우언과 중언은 치언의 하위 개념으로서 치언이 서술 속에서 구체적으로 나타나는 모

---

72) "寓言十九, 重言十七, 巵言日出, 和以天倪. 寓言十九, 藉外論之. (중략) 重言十七, 所以已言也, 是爲耆艾. 年先矣, 而无經緯本末 以期年耆者, 是非先也. 人而无以先人, 无人道也. 人而无人道, 是之謂陳人. 巵言日出, 和以天倪, 因以曼衍, 所以窮年. 不言則齊, 齊與言不齊, 言與齊不齊也. 故曰(言)无言. 言无言, 終身言, 未嘗言. 終身不言, 未嘗不言. (중략) 萬物皆種也, 以不同形相禪, 始卒若環, 莫得其倫, 是謂天均. 天均者天倪也." 밑줄 친 부분은 焦竑의 『莊子翼』에서는 "故曰无言", "未嘗言"로 되어 있고, 郭慶藩의 『莊子集釋』에서는 "故曰无言", "未嘗不言"으로 되어 있으나 전체 의미 맥락과 부합되는 陳鼓應의 교석을 따름.

73) 김충열, 앞의 책, p.235.

습임을 알 수 있다. 치언이 텍스트의 근본적 수사법이란 점이 가질 수 있는 함의는 치언이 서술의 기법을 넘어서 『장자』를 지배하는 사유 패턴이라는 것이다. 葉舒憲 역시 卮言이란 혼돈된 원을 이루어 끝이 없는 것이며 무궁한 언어로 표현되는 기술이어서 우언과 중언을 포괄하는 것이라고 말하고 있다.[74] 卮言은 장자 언어의 생성이고 동시에 부정(非言非默)이며, 언어의 행간이고 초월이다. 그것은 장자의 언어가 언어로서 기능하도록 하는 근거이면서, 동시에 그 언어의 초월의 근거인 弔詭와 '得意而忘言'의 문법이다. 중언과 우언은 그 구체적인 형식이다.

중언에 대해서 成玄英은 "重이란 원로를 존중하는 것이다. (중략) 나이가 많은 사람들의 이야기에는 참된 내용이 많다(重, 尊老也 (중략) 耆艾之談, 體多眞實)."라는 주석을 달고 있다. 『장자』에서 이러한 노인은 공자로 대표된다. 그 외에도 그 역사적 실존이 의심되는 숱한 노인들이 등장하고 있다. 成玄英과 같은 해석은 매우 일반화되어 있다. 그러나 중언을 단순히 노인들의 말을 빌리는 것이라는 일반적 해석으로만 결론짓기에는 그 뒤에 따르는 설명이 자못 기이하다. 장자는 자기가 활용할 노인의 말이 가지는 신뢰성을 강조하기보다는 어쩌면 그것이 '진부한 사람'의 말일 수도 있는 가능성을 일부러 보여주려는 듯이 보인다. 자신의 수사법이 설득력이 있고 타당성이 있음을 설명해야 할 대목에서 오히려 자신의 말이 허황한 것일 수 있음을 설명한 셈이 된다. 중언의 수사법이 사용되는 언술의 주인공인 숱한 등장인물들은 사실 대부분 허구의

---

74) 葉舒憲, 앞의 책, p.59 참조.

인물이다. 이 점 역시 그 모든 언술 행위가 허구일 수도 있음을 나타낸다고 하겠다. 사람들이 자신의 말을 신뢰하도록 하기 위해 사용한 수사법이 오히려 말의 불신을 초래할 수 있다. 이것은 일반적으로 사람들이 말(예컨대 노인의 말이나 관습이라는 사회적 말)에 대해서 가지는 신뢰의 토대를 허문다. 예컨대 장오자가 구작자에게 일장 진리를 설파한 다음, 바로 지금 그 자신의 말도 꿈속의 말(허구)일 수 있음을 말하는 대목과 상응한다. 이것은 자못 역설적이며, 장자의 표현을 빌리자면 弔詭的 논법이다. 그것은 암암리에 언어 자체의 부정과 초월을 지시하고 있다.[75]

우언은 훨씬 더 수사학과 깊은 관련을 가진다. 우언은 일종의 알레고리적인 설화이다. 맥퀸에 의하면 플라톤은 『티마이오스』에서 알레고리적 설화인 우화를 많이 사용하고 있는데, 이는 확대된 메타포로서, 논리적인 지성이 미치지 못하는 진실을 나타내는 구실을 한다.[76] 서양에서 알레고리는 흔히 4가지 의미의 층을 가지는 것으로 분석되고 있다. 1) 역사적 의미, 2) 豫表的 의미 3) 비유적 의미(흔히 도덕적인 행동에 관한 것) 4) 秘義的 의미[77]가 그것이다. 장자의 우언은 여기서 주로 3)과 4)의 의미를 가진다. 그러나 장자 우언의 근본적인 성격은 고대 중국인 특유의 사유방법에서 기인된 것 같다. 중국인들은 어떤 것에 대해서 일반적인 명제로써 대답해 주는 대신에 구체적·일상적·경험적인 사물이나 혹은 사

---

75) 그 논증의 과정은 별로 설득력이 없지만, 중언이란 긍정과 부정을 병거함으로써 언어 자체가 가진 모종의 역설성의 언설 방식을 전시하는 것이란 崔宜明의 결론은 필자의 견해와 유사하다. 중언에 관한 崔宜明의 견해는 『生存與知慧』, pp.27-30을 참고할 것.

76) John MacQueen, *Allegery*, (송락헌 역, 『알레고리』, 서울대학교출판부, 1983, p.8).

77) MacQueen, 앞의 책, p.59.

태(혹은 고사)를 제시하여, 그것에 의해 구상적·직관적·정서적으로 파악하기를 요구할 때가 많다.[78] 이러한 사유의 연장선 위에 장자 특유의 신화적 상상력이 결합되어 이루어진 것이 우언이다. 따라서 이 우언의 비의적 의미는 이성적·논리적인 분석보다는 정서적·직관적 깨달음을 요구한다. 여기서 우리의 주의를 끄는 것은 『장자』속에서 열에 아홉을 차지한다는 우언들의 구성이다. 일반적으로 우언들은 하나하나의 독립된 우언 고사를 이루고 있다. 그렇지 않으면 『韓非子』의 矛盾 고사(혹은 『티마이오스』속의 설화)와 같이 일정한 문맥 가운데 이해를 돕기 위하여 끼워진다. 그러나 『장자』속에서 우언들은 각각이 독립된 줄거리와 문맥을 형성하면서도 텍스트 전체의 우언들이 하나의 '전일적 체계'[整體]를 구성한다. 하나의 우언을 따라서 들어가면 또한 다른 하나의 우언을 따라서 나올 수 있으며 A란 우언을 통하여 B, C, D ……의 우언들을 만나고 관통할 수 있다. 마치 닫힌 채 무궁하게 서로 이어져 있는 미궁처럼 우언들이 서로 이어져 있다.[79] 나아가서 葉舒憲은 『장자』 전체가 하나의 순환 구조로 혼연일체를 이루고 있다고 보았다. 이를테면 내편 7편 전체가 하나의 순환 구조를 이루는데 그 속의 각 편들도 제각각 하나의 작은 순환 구조를 이루며, 또

---

78) 이에 대해서는 中村元의 『東洋人の思惟方法2』(김지견 옮김, 『중국인의 사유방법』, 까치, 1990)의 4장 '개별성의 강조'를 참고할 것. 이러한 방식은 詩學에도 나타난다. 漢詩는 정서를 직설적으로 토로하는 것이 아니라 대체로 경물이나 사건을 빌려서 표현하려고 한다. 시에서 경물로 감정을 표현하는 방식은 산문에서의 우언의 서술 방식과 상응한다.

79) 崔宜明, 앞의 책, p.36. 『장자』라는 텍스트가 오랜 기간에 걸쳐서 역사상의 장자 외에도 많은 후학들에 의해 편집되고 첨삭되었다는 것을 인정한다면, 물론 이러한 우언의 체계는 『장자』 전 텍스트에 적용될 수는 없다. 『장자』 안에는 전체적인 흐름과는 판이한 사상 경향을 가진 내용조차 산만하게 보인다. 그러나 이러한 산만한 부분들에 예외로 한다면, 특히 장자 자신의 저술로 생각되는 내편에 대해서는 우언의 이러한 체계가 충분히 적용된다.

작은 순환 구조 내에 또 많은 미세 순환 구조들이 있어서 전체가
순환 왕복하는 유기체적 구조를 이루고 있다는 것이다.[80] 이것은
마치 현대 과학의 카오스 이론을 연상시키는데 카오스 패턴이 가
장 뚜렷하게 드러나는 것이 유기체이다. 따라서 이러한 서술 구조
에는 장자의 유기체적인 실재관이 칼리그람처럼 아로새겨져 있다.

위 인용문의 치언을 설명하는 대목에서 ①은 우언과 중언을 포
함하는 치언의 일반적인 운동의 모습이라면 ②는 끝없이 언어를
넘어서는 역설적 언어, 장자의 논법의 弔詭的 특성을 보여주고 있
다. 반면 ③은 이 부분이 수사학적 특성을 설명하는 자리라는 점
을 염두에 두고 볼 때 매우 돌연한 느낌을 준다. 그것은 생명의
연쇄로 이어져 있는 자연의 모습을 묘사하고 있는 것 같기 때문이
다. 실제로 대부분의 주석들도 여기서 자연의 실상의 모습을 본다.
그러나 그러한 것이 왜 하필이면 이 대목에 끼워져 있는지를 생각
해 보아야 한다. 장자는 여기서 그의 수사법들이 무궁한 연쇄의
순환 속에 있는 자연의 패턴과 상응함을 보여주고 싶은 것이다.
본고에서는 이러한 자연의 패턴에 상응하는 장자의 수사학적 장치
를 ‘제유’로 규정하고자 한다. 이 제유의 수사법은 단순한 문식이
아니라 장자가 세계를 보고 해석하는 방식이며, 그리하여 드러나는
실재의 모습이기도 하다.

일반적으로 오늘날 언어학과 심리학, 철학 등에서 주로 문제가
되는 수사법은 은유와 환유이다. 로만 야콥슨(Roman Jakobson)은
그의 중요한 논문인 「언어의 두 양상과 실어증의 두 유형」에서 언

---

80) 葉舒憲, 앞의 책, p.79 참조.

어 기호의 배합 양식을 결합과 선택으로 나누고 있다. 결합의 축은 인접성에 의해 형성되고, 선택의 축은 유사성에 의해 형성된다. 그가 결합의 축을 환유에, 선택의 축을 은유에 배당하고 있는 것은 잘 알려진 사실이다.[81] 인접성과 유사성이란 가장 일반적인 연상의 기본 성질이기 때문에 은유와 환유는 우리의 일반적인 사유 패턴 전체를 지배한다고 할 수 있다. 그러나 노자와 장자에게서 나타나는 사유 패턴은 은유라고도 할 수 없고 환유라고도 할 수 없다. 그것은 은유이면서 동시에 환유이다.

화이트(H. White)는 수사학의 비유법을 역사 설명 전략에 적용하면서 隱喩, 換喩, 提喩, 아이러니 4가지로 나누고 있다. 그에 따르면 은유는 재현적이며 두 대상 사이에 존재하는 유사성을 강조하며 동일성의 성격을 가진다. 환유는 기계론적 방법에 의해 환원된 각각의 부분과 부분이 외재적으로 이어지는 것이다. 반면, 제유는 전체 내의 통합이라는 유기체론적 방법으로 두 부분을 해석하는 것으로 내재성을 특징으로 한다.[82]

은유가 한 이름과 다른 이름을 하나로 연결시키는 동일성의 운

---

81) Roman Jakobson, 『문학 속의 언어학』, (신문수 편역, 문학과지성사, 1989), pp.96 – 110 참조.

82) H. White, *Metahistory: The Historical Imagination in 19th Century Europe*, (천형균 역, 『19세기 유럽의 역사적 상상력』, 서울: 문학과지성사, 1991, pp.47 – 54 참조). 구모룡은 이러한 화이트의 논의와 K. 버크의 견해(K. Burke, A Grammar of Motives, University of California Press, 1969, pp.503 – 517.)를 종합하여 다음과 같이 분류하고 있다.
① 隱喩 – 再現的 · 대상과 대상 · 동일성 · 형식주의
② 換喩 – 還元的 · 부분과 부분 · 외재성 · 기계론
③ 提喩 – 統合的 · 대상과 전체 · 내재성 · 유기론
구모룡, 「한국문학비평과 유기적 전통」, p.269 주 16) 참조. 구모룡은 여기서 유기론의 비유법으로 제유를 내세운다. 장자의 우주가 유기체적 우주관이라고 볼 때 제유의 수사학은 장자의 우주를 밝히는 데도 매우 유익할 수 있다.

동이라면, 환유는 '안'의 유대가 없는 외재적인(밖) 인접의 연결인 차이성의 운동이다. 은유가 하나의 중심을 향하여 강조될 때 개체의 차이성은 무시되고 동일성의 폭력이 될 가능성이 있다. 예컨대 중세에서 모든 자연이 신의 은유라고 할 때, 여기에서 개체 고유의 가치는 상실될 우려가 있다. 반면 환유는 그 본성상 이미 상대주의다. 상대주의는 내적으로 이어진 전체를 인정하지 않는 데 있기 때문이다. 동일성의 수렴점인 중심이 다름 아닌 근대적 이데올로기 혹은 권력일 때 탈근대 철학의 '중심 해체'는 이데올로기와 권력의 해체라는 사회적·정치적 의의를 획득한다. 중심을 통해 강요된 동일성이 해체될 때, 개별자들은 자율성을 획득한다. 이것은 개별자들이 가지고 있는 차이성의 긍정이 된다. 그러나 차이성 속의 개별자들은 동일한 중심을 가지고 있지 않기 때문에 서로 아무런 내적 연관이 없이 그저 인접해 있는 환유들이 된다. 중심이 없이 떠도는 환유들은 끝없이 대체되는 욕망의 운동이기도 하다.[83]

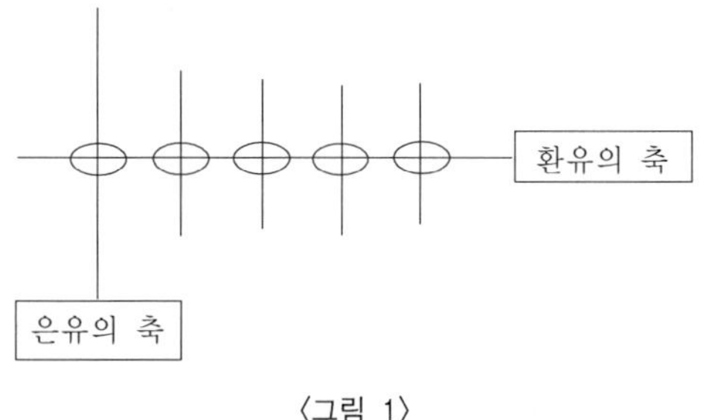


〈그림 1〉

---

83) '중심'이라는 것은 엘리아데에 따르자면 聖(거룩함)의 공간이다. 중심의 상실은 성의 상실이다(엘리아데, 이동하 역, 『성과 속』, 1장 거룩한 공간과 세계의 성화 참조). 중심의 해체라는 포스트모더니즘은 일체의 세속화 속에 부유하는 현대 사회의 욕망을 잘 반영하고 있다. Lacan에 따르면 "욕망은 환유이다."(딜런 에반스 지음, 김종주 외 역, 『라깡 정신분석 사전』, 인간사랑, 1998, pp.439 – 41 참조.)

환유의 차이성과 은유의 동일성을 화해시키면서, 부분과 전체를 화해시키는 것이 제유다. 부분은 전체에 동일화되지 않고 차이성을 가지면서 동시에 전체를 반영한다. 그리하여 전체가 부분을 포함하되 각 부분이 또한 전체를 함축하는 패턴이 제유이다. 환유와 은유의 축을 생각해 보자. <그림 1>에서 보는 것과 같이 각각의 개체들은 수평의 결합축에 내적 연관 없이 그저 인접한 채로 이어져 있다(환유). 환유적으로 인접해서 결합되고 있는 각각의 개체들은 또한 각각 수직의 선택축(은유)을 가지고 있다.

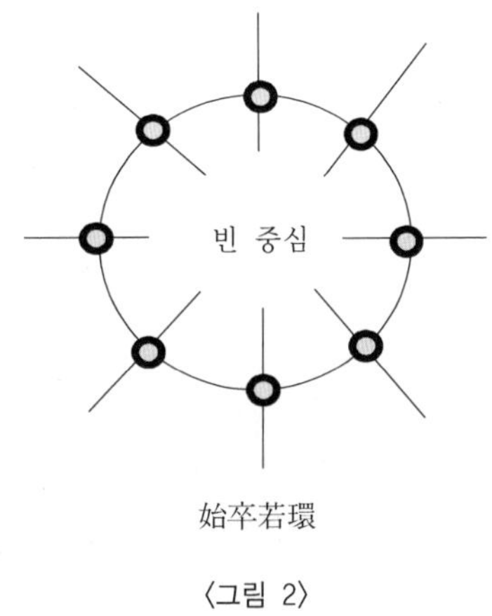



始卒若環

〈그림 2〉

그런데 이 직선의 결합축의 처음과 끝이 이어져서 <그림 2>와 같이 원을 이룰 때(始卒若環) 각각의 개체들이 가지고 있는 수직의 선택축들은 중심에서 만나게 된다. 그리하여 각각의 개체들은 개체성을 유지한 채 전체로 이어지는 네트워크를 가지게 된다. 이것이 제유의 위상학이다. 위에 인용한 「寓言」 편 ③의 天均의 위상이 그러하다. 方東美가 『中國人生哲學』에서 제시한 道家를 표현하는 도식의 위상이 또한 그러하다.[84] 이러한 위상은 마치 "서른 개의 바퀴살이 하나의 바퀴머리에 모인다. 그 바퀴머리의 빔에 의해 수레의 쓰임이 생긴다(三十輻共一轂, 當其無有車之用)."는 노자 11장의 도상적 이미지와 상응한다. 여기서 중요한 것은 중심이 비어 있다는 것이다. 이 '빈 중심'이야말로 노장 사상의 요체이다. 데리다(J. Derrida)를 필두로 한 해체주의 혹은 포스트모더니즘은 근대 문명을 지배해 온 특권적 중심을 해체하고자 한다. 중심의 해체는 중심을 통해 강요된 동일성의 해체라고 할 수 있다. 동일성을 강요하는 권력의 중심이 해체될 때 개별자들은 자율성을 획득하게 된다. 그리고 개별자들이 가지고 있는 차이성이 긍정된다. 그러나 여기서의 개별자들은 동일한 중심을 가지고 있지 않기 때문에 서로 내적 연관을 상실하여 환유화된 사적 언어와 공간에 갇히게 될 우려가 있다. 장자에게 있어서는 '중심이 없음'이 아니라 '없음이 중심'이 되는 '빈 중심'이다. 모든 개별자들은 하나의 중심을 통해 내적 연관을 가지지만 이 중심은 '빔'이기 때문에 개별자에게 아무것도 강요하지 않고 각자의 다양한 자발성을 포용한다. 이 '빈 중심'의 작용이 무위(無爲)이다. 따라서 개별자들은 '빈 중심'을 통해 상호 연관되면서 동시에 각자의 독자성을 유지하게

---

84) 方東美, 『中國人生哲學』, (정인재 역, 『中國人의 生哲學』, 탐구당, 1984, p.111). 이 대목에서 도식을 설명하는 구절을 요약하면 다음과 같다. 중심의 작은 원은 우주의 핵심이다. 노자가 말한 "衆妙之門"이며 장자의 道樞이다. 일체만유는 모두 서로 포함하고 포섭되면서 얽혀 짜인 화해의 계통을 이루었다. 개별적 세계는 모두 둘씩 서로 對待하여 피차 서로 필요로 하고 있다. 그러므로 알지 못하는 사이에 만물과 내가 평등하고 서로 포섭하고 융화하여 한 몸뚱이가 되어 장애가 없다. 일체만유는 모두 大化의 흐름에 몰입하여, 천지가 같은 뿌리이며 만물이 한 몸뚱이임을 깨닫는다. 모든 커다란 변화의 흐름은 妙道의 운행이 아님이 없다. 이 때문에 大道는 만물을 빠짐없이 온전히 할 수 있으며 존재하지 않는 데가 없다.

된다. '빈 중심'을 통하여 고립된 환유의 조각들은 타자와 은유로
써 소통하고 통합된다. 이 중심은 부분과 전체의 즉각적인 반영을
가능케 하는 구멍[無]이다. 여기에 차이성과 동일성이 동시에 작용
하면서 융합된다. 빈 중심을 통하여 환유의 조각들은 개체이면서
동시에 전체로 연결되는 제유로 환골탈태를 하게 되는 것이다. 그
리하여 환유의 조각들은 세계 전체 혹은 우주 전체로 연결되는 제
유의 상상력에 닿게 된다. 빈 중심은 노자가 말하는 "衆妙之門"(1
장)이며 장자의 "道樞"이다. 다음 崔宜明의 말은 제유적 양식이
장자의 우주관 속에 어떻게 표현되고 있는지를 잘 말해주고 있다.

> 개체 사물은 그 부단한 변화 생멸로서 우주 大化의 한 고리를 구성한다.
> 각각의 한 고리 역시 우주 大化의 전일적 전체를 현시하며, 변화하여서 日新
> 하는 것은 개체 사물의 존재 방식이다. 우주 대화의 정체 존재는 각각의 하나
> 하나 개체 사물의 존재 가운데에서 현시되어 나오며 각각의 개체적 유한 존재
> 는 우주 대화의 영원한 존재를 반영한다.[85]

위 「寓言」의 ③은 『장자』의 우언이 이러한 제유적 구조 속에
놓여 있음을 비유적으로 명시해 주는 것이다. 『장자』의 우언은 하
나하나가 독립성·차이성을 유지하면서 텍스트 전체의 동일성으로
연결된다. 부분 속에 전체가 반영되는 제유가 논리화되면 역설이
된다. 왜냐하면 그것은 자기되먹임 구조를 가지기 때문이다. 따라
서 제유는 장자 논리의 유형이기도 하다. 뿐만 아니라 장자가 깨
달음 속에 드러내는 실재의 구조 역시 그러하다. 여기서 제유는
단순한 수사법이 아니라 장자 철학의 내적 구조를 이룬다.

---

85) 崔宜明, 『生存與知慧』, 上海, 上海人民出版社, 1997, p.190.

『장자』는 이중 전략에 의해서 이중의 구조가 표층과 심층 혹은 그 逆을 이루면서 짜인 텍스트이다. 그 첫 번째 전략은 寓言·重言·과장법, 역설적 논리 등을 통하여 成心과 成見을 해체시키는 것이다. 이런 과정 속에서 차이성 속에 드러나는 상대주의·관점주의·회의주의·불가지론 등의 모습이 얽혀서 드러나고 있다. 그러나『장자』의 이해를 여기서 멈출 때 우리는 필연적으로『장자』를 오해하게 된다. 장자의 두 번째 전략은 우언과 역설적 언어[弔詭] 자체가 가진 자기 부정 내지는 초월 가능성을 통하여 궁극의 동일성 경지의 문을 여는 것이다. 이 단계에서 앞 단계에 드러나 상대주의·관점주의·회의주의·불가지론이 극복되고 언어를 넘어선 모종의 심미적 경계를 위한 지평이 드러나는 것이다. 천지 그 자체의 조화된 아름다움[天地之美]을 이루는 경계이다. 이러한 과정은 제유적 양식을 통해 이루어진다. 다시 말해서 장자는 매우 파괴적인 해체적 언어를 통하여 상식적 언어 차원을 해체시키고 나아가서 해체적 언어 자체를 재차 해체시키고자 기획한다. 이러한 해체의 해체 속에 있는『장자』의 언어는 禪佛敎 언어의 원형처럼 보인다. 선불교의 '不立文字', '敎外別傳', '以心傳心'의 통로로써 公案의 언어 구조는『장자』의 弔詭의 구조에서 그 원형을 찾을 수 있다.

그러나 우리는『장자』가 가질 수 있는 의혹들에 주의를 게을리 해서는 안 된다. 해체주의 입장에서 본다면 장자는 해체를 극복한 것이 아니라 극복하고자 한 형이상학 속으로 다시 전락해 버린 것일 수도 있다. 아니면 첫 번째 단계는 인정하더라도 두 번째 단계는 단순히 고도의 언어놀이 내지는 그야말로 '사기'일 수도 있다. 만약 우리가 장자가 추구하는 그 경계에 이르러 보지 못할 때, 최소한 그 경계를 해석할 수 없을 때, 장자의 논의는 극단적 주관주의 속에서 객관적 세계의 실상을 방기시켜 놓고 있다는 의심으로부터 자유로울 수 없다. 즉 이러한 의심은 장자의 철학이 철저한 주관적 유심론이라는 혐의의 근거가 될 수 있다. 그러나 장자의 철학에 현실적 토대를 부여함으로써 이러한 혐의로부터 벗어날 수 있게 해 주는 것이 氣이다. 우리는 장자 자연학적 토대를 이루는 氣論을 검토해 봄으로써 장자의 弔詭가 허황한 언어놀이가 아니라 구체적인 세계와 그 세계 인식에 근거하여 참된 실재의 경계를 찾고자 하는 철학적 탐구임을 알 수 있게 될 것이다.

# 제3장  심미적 실재의 근거로서의 氣

장자의 심미적 실재관에 접근하기 전에 우선적으로 규명되어야 할 것이 '氣'의 문제이다. 氣는 장자 자연학의 기초이며, 장자 사유의 토대이다. 氣와 氣化論에 근거하지 않는다면 우리는 『장자』에서 허황하게 부유하는 이미지들과 단순한 언어유희의 궤변들만을 만나게 될지 모른다. 그럼에도 불구하고 장자 철학의 氣에 대한 연구는 양적으로 풍부하지 못하고 질적으로도 핵심에 이르지 못하는 단편적인 것들이 대부분이다.

『장자』에 대해서 정치한 분석을 전개한 劉笑敢은 그의 책 『莊子哲學及其演變』에서 氣에 대해서 별로 많은 페이지를 할애하고 있지 않으며, 또한 氣에 대한 논의는 다른 개념들의 분석에 비해 볼 때 왜소한 감이 없지 않다. 徐復觀은 그의 주저인 『中國人性論史』에서 氣를 장자의 주요 개념 속에 포함시키지 않고 있다. 張岱年은 『中國哲學大綱』에서 중국 철학에서 말하는 氣는 가장 작고 가장 유동적인 물질이라는 규정하에서 장자의 氣를 간단하게 다루고 있다.[1] 張立文은 장자의 기를 미세한 원시 물질인 음양의

---

1) 張岱年, 『中國哲學大綱』, (김백희 옮김. 서울: 까치글방, 1998), pp.136 – 137 참조.

기와 내심의 정신세계인 神氣로 나눈다.[2] 그러나 그의 논의 역시 너무 소략할 뿐만 아니라 물질적 기와 정신적 기가 왜 같은 氣인지, 양자의 관계는 어떠한지에 대해서 별로 설명이 없다. 王世舜·王傭은 「莊子氣論發微」에서 지나치게 氣의 물질적 측면만을 부각시킴으로써 氣가 가지는 다의적 측면을 잃어버리고 있다. 반면 崔大華는 氣를 장자 자연철학의 핵심적 개념으로 다루고 있다. 그에 따르면 장자의 氣論은 세계의 통일성에 대한 기본 이해이다. 왜냐하면 氣가 물질 현상과 정신 현상의 공통적 기원이기 때문이다.[3] 그러나 그 역시 여기에서 더 이상의 상세한 분석으로 나아가지 않고 있다. 반면 정세근은 그의 저서와 논문들에서 장자의 기의 다층적인 측면을 비교적 상세하게 분석하고 있다. 본 장의 내용은 정세근의 이론에 힘입은 바가 크다.

장자의 氣論에 대한 논의가 풍부하지 못하고 빈약한 원인 중의 하나가 근대 이후 일반화되어 버린 氣=물질이라는 선입견과 장자를 유심론으로 규정하고 있는 선입견의 상호 모순이다. 이러한 선입견은 장자 해석의 역사 속에서 지속적으로 영향을 끼쳐 온 것이며 오늘날에도 여전히 유효하게 작용하고 있는 것들이다. 이제 우리는 이 두 가지 선입견 모두를 비판적으로 음미해 보아야 한다. 그리고 유심론, 유물론의 선입견적 재단을 떠나서 氣가 가진 함의를 『장자』의 문맥 속에 다시 놓고 재음미해 보아야 한다. 그러할 때 우리는 『장자』 속에서 쓰이고 있는 氣 개념이 가진 매우 복잡하고 다층적인 의미망을 발견할 수 있으며 동시에 장자 사상이 유

---

2) 張立文, 『氣』, 北京, 中國人民大學出版社, 1990, p.34 참조.
3) 崔大華, 『莊學研究』, 北京, 人民出版社, 1997, p.107.

심론이나 유물론의 범주를 훨씬 넘어서는 매우 총체적인 사유임을 발견할 수 있을 것이다.

『장자』속에 쓰이고 있는 氣는 질료, 생명의 씨앗, 無 등의 존재론적 의미망을 형성할 뿐만 아니라 몸의 느낌, 인식의 수단 혹은 精神 등과 밀접하게 얽혀 있다. 나아가서 주체와 객체가 화해하는 심미적 경계[4]를 지시하기도 한다. 심미적 경계에서 物的인 기와 心的인 기는 하나로 융합되면서 氣가 心物의 공통 토대임을 보여준다. 뿐만 아니라 여기에서 정신적 경지를 강조하는 주장과 氣化를 강조하는 주장이 화해될 수 있다. 이러한 복잡다단한 기의 의미망은 장자 철학의 기층을 이루면서 그 전 체계를 향한 신경망을 형성하고 있다. 따라서 본고에서는 기의 다양한 함의를 장자의 심미적 실재관의 규명에 앞서 그 총체적 토대로서 분석하고자 한다.


## 1. 존재로서의 氣


### 1) 생성질료의 氣

장자의 우주는 기에서 시작되었다가 기로 되돌아온다. 장자의

---

4) 중국어 '境界'의 번역어로는 '경계'보다는 '경지'라는 말이 적절할지 모른다. 그러나 경지라는 말이 너무 주관적 측면에 치우친 어감을 주는 반면에 우리말 경계는 이곳과 저곳을 나누면서(차이성) 동시에 이곳과 저곳이 만나는 자리(동일성)를 가리킨다. 본고는 장자의 심미 체험을 기본적으로 주관과 객관의 만남의 측면에서 살펴보고자 한다. 따라서 본 글에서의 '경계'는 중국말의 단순한 번역어가 아니라 우리말의 어감을 통해 정립하고자 하는 술어다. 그래서 본 글에서는 주관적 측면이 강한 경우에는 '경지'라는 말을 쓸 것이며, 주객의 화해적인 측면이 강조될 때는 '경계'라는 술어를 사용할 것이다.

세계는 기의 흐름과 약동으로 가득 차 있다. 정세근은 노자와 구분되는 장자의 특징을 氣化論的 세계관에서 찾으며 장자에게 필요했던 것은 道라기보다는 오히려 氣였다고까지 말하고 있다.[5] 기는 모든 생성과 변화의 근거가 되는 질료로서『장자』속에 나타나고 있다.

> (1) 泰初에는 無가 있었다. 有도 없었고 이름도 없었다. 여기서 一이 생겨났는데 一은 있어도 아직 형체가 없었다. 만물은 이 一을 얻음으로써 생성하는데 그것을 덕이라고 한다. 아직 형체는 없지만 (음양의) 나뉨이 생겨 流行하면서 조금도 틈이 없었으니 이를 命이라고 한다. 머물고 운동하면서 만물을 낳는데 만물이 이루어져 理가 생긴다. 이를 形이라고 한다.[6]

> (2) 인간의 생이란 기가 모인 것이다. (기가) 모이면 삶이 되고 흩어지면 죽는다. (중략) 천하를 통하여 하나의 기가 있을 따름이다.[7]

成玄英은 泰初를 元氣가 비로소 싹이 트는 시점으로 보았고, 林希逸은 造化의 시작이라고 보았다.[8] 태초는 원기가 나누어지지 않은 채 섞여 있는 상태다. 元氣는 선진 문헌 중에는 유일하게『鶡冠子』「泰錄」에 "故天地成於元氣, 萬物乘於天"로 표현되고 있다. 이후 漢代의 王充은『論衡』「談天」에서 "元氣未分, 渾沌爲一"이라고 하고 있는데 이는 곧 원기가 혼돈미분의 기임을 알 수 있게 한다. 장자가 다른 곳에서 '渾沌'이라고 이름하고 있는 것이 바로

---

5) 정세근,「莊子의 기화우주론: 음양설」, 충북대학교 인문학연구소 별책 제15집, 1997, p.201 참조.

6) "泰初有无, 无有无名. 一之所起, 有一而未形. 物得以生, 謂之德. 未形者有分, 且然无間, 謂之命. 留動而生物, 物成生理. 謂之形."「天地」

7) "人之生, 氣之聚也. 聚則爲生, 散則爲死. (중략) 通天下一氣耳."「知北遊」

8) "泰, 太. 初, 始也. 元氣始萌, 謂之太初", "泰初, 造化之始也." 陳鼓應,『莊子今注今譯』, p.310.

이것이다.

王世舜·王藩에 따르면 태초에서부터 '一'까지의 과정이 모두 元氣를 말하는 것이며 '一'은 원기의 운동이 시작되는 단계이며, '分'은 운동이 시작되어서 최초로 나누어진 陰陽을 말한다. 일체의 생성 운동의 시작을 뜻하는 '一'은 결국 천지만물이 통일적으로 함께 氣에서 생산됨을 가리킨다.[9] 그리하여 '一'은 무규정의 無[전체]와 개별적 존재[有, 物: 부분]를 이어 주는 제유의 매개로서 生起·생성이며, 혹은 생성활동을 하는 氣라는 의미에서 '生氣'라고 부를 수 있겠다. 方東美는 도가의 "無는 모든 것을 生起시키는 발전기의 형태 속에 있는 실로 참다운 실재"[10]라고 주장하고 있는데 이 無의 생기·생성이 '一'이며, 이는 곧 生氣다. 원기의 운동이 시작될 때 기는 모든 物을 생성시킬 수 있는 생기가 되는 것이다. 운동이 없는 원기의 혼돈은 그야말로 무이지만 일단 운동이 시작되면 살아있는 기 - 생성하는 기, 혹은 생성 그 자체 - 가 된다. 그리하여 모든 것의 시작을 이룬다. 그것이 모든 物을 생성시킨다. 이러한 생기가 '一'인 것은 그것이 여전히 한 덩어리의 혼돈의 원기이기 때문이며, 그러나 '一'이라는 이름을 가지게 되는 것은 존재의 세계인 '二'와 '三'으로 이어지기 때문이다. 만물은 이 '一'을 얻어서 생성·변화한다. 그리하여 이 '一'은 혼돈미분의 우주 근원과 각 만물 개체를 이어 주는 것이 되며, 부분 속에서 전체, 전체 속에서 부분이 표현되는 제유적 관계를 형성시키는 매개가 되고

---

9) 王世舜·王藩, 앞의 논문, p.95, p.102 참조.

10) 方東美, "The World and the Individual in Chinese Metaphysics", *philosophy east & west,* V.14 N2 July, 1964, p.103.

있다.[11] 그리하여 장자는 천하를 통하여 하나의 기가 있을 따름이라고 말하는 것이다.

이로 볼 때 氣는 모든 생성 변화의 근거가 되는 질료와 같은 것이다. 이를 장자는 「大宗師」편에서 구체적으로 '어머니 기'[氣母]라고 이름하고 있다.[12] 어머니는 생성적 기능의 메타포이다. 따라서 이 氣母란 다름 아닌 생성하는 '一'이며, 生氣이다.

그렇다면 어머니 기는 어떻게 만물을 생성하는가? 이를 설명하기 위해 장자가 제출하는 것이 '음양'과 '化'의 개념이다. 「천지」편의 "하늘과 땅이 비록 크나, 그 기화 운동하는 것은 모두 같다(天地雖大, 其化均也)."는 말은 化의 작용이 보편적인 것임을 말해준다.

> 지극한 음기는 하늘에서 나오며 밝고 더운 양기는 땅에서 생기오. 양자가 섞여서 서로 통해 화합하면 거기 만물이 생겨나오. 이러한 현상은 무엇인가가 있어서 주관하는 듯하나 그 모습은 눈으로 볼 수가 없소. (만사에) 소멸과 소생이 있고 (만물에) 무성함과 공허함이 있으며 어둠과 밝음이 있고 해와 달의 교체가 있어 하루도 쉬지 않고 진행되지만 그 조화의 공을 알아볼 수가 없소. 생에는 싹트는 바가 있고 죽음에는 돌아갈 바가 있소. 사물의 처음과 끝이 한없이 되풀이되어 그 다하는 곳을 알 수 없다오. 이 도를 제외하고 달리 무엇이 만물의 근원[宗]이 될 수 있겠소.[13]

---

11) 『노자』「河上公注」에서는 "만물은 모두 도로 돌아가서 기를 받는다(萬物皆歸道受氣)"(34장), "도는 만물의 精氣를 양육한다(道育養萬物精氣)", "도는 청정하여 말하지 않으며 조용히 精氣를 돌게 하고, 만물은 저절로 이룩된다(道淸靜不言, 陰行精氣, 萬物自成也)"(25장)라 하여 만물과 도가 氣를 매개로 하여 밀접하게 결부되어 있다는 것을 강조한다.

12) 成玄英은 疏에서 氣母를 "元氣之母"로 해석함으로써 道를 말한다고 한다(郭慶藩, 앞의 책, p.248). 이에 근거하여 劉笑敢은 氣는 道보다 중요하지 않다고 주장한다. 다시 말해서 '氣를 낳는 어머니'가 道이다. 반면 林希逸은 氣母를 '元氣'라고 해석하며(林希逸, 앞의 책, p.110), 福永光司, 안동림 역시 원기로 해석하고 있다. 즉 氣母를 '어머니와 같은 생성 작용을 하는 기'로 보는 것이다. 후자를 따른다.

13) "至陰肅肅, 至陽赫赫. 肅肅出乎天, 赫赫發乎地. 兩者交通成和而物生焉, 或爲之紀而

음양 개념은 이곳 외에도 "陰陽者氣之大者也"(「則陽」), "陰陽和
靜"(「繕性」), "陰陽不和"(「漁父」) 등으로 제시되고 있지만 여기서
는 무엇보다도 뚜렷하게 음양의 기운이 섞이고 화합하여 만물이
화생함을 밝히고 있다. 이는 만물을 화생하게 하는 '化'의 작용이
음양의 상생적 운동과 조화 속에 있음을 알게 해 준다. 음양의 범
주는 천지에 대응된다. 「秋水」 편에서는 "스스로 몸을 천지에 의
탁하고 기를 음양에서 받았다(自以比形於天地, 而受氣於陰陽)."라
고 한다. 천지는 외적 형상의 근거이고 음양은 내적 기운의 바탕
이다. 천·지, 음·양은 모든 기화 유행, 생성 변화의 조건이다. 그
것은 기의 양 측면을 다르게 범주화한 것이다. 잠시도 쉬지 않고
진행되는 이러한 음양의 운동에 의한 기화에는 일정한 패턴이 있
다. 그것은 처음과 끝이 이어져 한없이 되풀이되는 순환 패턴이다.
이러한 순환성은 기화 생성되는 개별적 존재들을 순환의 패턴 속
에 포섭하고 화해시켜 하나[一]로 통합한다.14)

'化'의 개념은 단순한 물리적·생리적 현상이 아니라 개성적이
고, 생명적이며, 존재적인 內外 전체의 변화를 의미한다.15) 化가
가지는 이러한 개체 생명적 특성은 그러나 어디까지나 氣의 흐름
속에서 전체에 포섭되어 있고 통합되어 있다. 다시 말해, 氣－化
의 과정 속에서 개체들은 단절(차이성)되면서 무한하게 연속(동일
성)된다. 그래서 장자는 "형체가 같지 않으면서 서로 이어져 있다

---

莫見其形. 消息滿虛, 一晦一明, 日改月化, 日有所爲, 而莫見其功. 生有所乎萌, 死有
所乎歸, 始終相反乎无端而莫知乎其所窮. 非是也, 且孰爲之宗!"「田子方」

14) 『노자』의 "反者道之動"(40장)에서 '反' 역시 이러한 순환 패턴을 표현하고 있는 것이다.

15) 根本誠, 『中國古典思想の硏究』, 東京, 現代アジア出版社, 1971. p.187.

(以不同形相禪).”(「寓言」)고 하였다. 그리하여 기화 과정 속에는 개체적 다양성과 전체적 통합성이 동시에 이루어진다. 연금술사들의 아우로보로스의 뱀처럼 처음과 끝이 이어지는 순환 패턴의 위상학 속에서 움직임의 시작점이란 없다. 모든 점들이 시작점이고 동시에 종점이다. 이것을 「寓言」에서는 “처음과 끝이 고리처럼 이어져 있다(始卒若環).”고 하였다. 순환의 패턴 속에서 시작점과 종점은 없어도 그러나 중심은 있다. 여기에서 중심은 그 순환의 가운데 있는 구멍이다. 그러나 그 구멍은 실체가 없는 ‘없음’, 즉 無이다. 이 ‘없음’이 무엇인가를 한다면 그것이 ‘無－爲’인 것이다. 일반적으로 모든 존재들의 ‘스스로 그러함’ 혹은 ‘저절로 그러함’이라는 자발성을 거스르지 않는 행위를 지칭하는 無爲란 근본적으로 빈 중심의 행위를 그 이념형으로 한다. 그 빈 중심을 장자는 ‘道樞’라고 한다. 道樞는 스스로는 비어 있으면서 무궁한 변화를 가능하게 한다.

다시 말해서 기화를 지시하고 강제하는 세계 밖의 힘이란 존재하지 않는다. 다만 천·지, 음·양으로 나타나는 기 자체의 屈伸, 聚散 운동이 빈 중심의 무위를 통해 자발성 속에 세계를 형성하는 것이다. 이것이 ‘스스로 조직하고, 해체하는’[自化] 장자의 기화우주인 것이다. 장자의 우주는 불변하는 요소들로 조립되고 구성된 것이 아니라 창조적 기화의 생생한 과정, 그 자체인 것이다.

## 2) 생명의 氣

'어머니 氣'는 생성적 기능을 은유하지만 그것이 생성하는 것이 또한 생명적인 기능임을 동시에 환기시킨다. 장자는 「知北遊」 편에서 인간의 생사가 기의 취산의 현상임을 보여준다. 즉 기가 인간 생명의 근거임을 알 수 있다. 崔宜明은 기를 만물의 기본 토대를 구성하는 일종의 생동하는 감성존재로 본다.[16] 감성이란 생명만이 가질 수 있는 현저한 기능이다. 기가 감성적인 존재라면 기는 이미 생명적인 것이므로 그 기가 모인 것은 일체가 다 감성 작용을 갖는 생명이다. 요컨대 기는 만물을 이루며 기가 이루는 만물 일체가 생명이다. 장자는 다음과 같이 말하고 있다.

(1) 만물은 모두 (다른) 종[種]이다. 형체가 같지 않으면서 서로 이어져 있다. 처음과 끝이 고리와 같아서 그 순서를 알 수 없다. 이를 '하늘의 조화'[天均]라고 한다.[17]

(2) 종자[種]에는 기미[幾]가 있다. 물을 얻으면 곧 물때가 생기고, 물과 흙이 맞닿는 사이에서는 곧 갈파래가 되며, 언덕에 생기면 곧 질경이풀이 되고 질경이풀이 거름더미에 있으면 범부채가 된다. 범부채의 뿌리는 나무굼벵이가 되고 그 잎은 나비가 되지. 나비는 서라고도 한다. (이것이) 변화해서 벌레가 되어 부뚜막 밑에서 생겨나는데, 그 모양이 탈피하는 모습과 같지. 그 이름을 귀뚜라미라 하네. 귀뚜라미가 천 날이 지나면 새가 되는데 그 이름을 비둘기라고 해. 이 비둘기의 침이 쌀벌레가 되고 쌀벌레는 눈에놀이 벌레가 돼. 양해라는 풀은 변해서 죽순이 되고, 해묵은 대는 청녕을 낳고, 청녕은 정을 낳으며, 정은 말을 낳고, 말은 사람을 낳는다네, 사람은 다시 機로 돌아가지. 만물은 모두 機에서 생겨났다가 다시 그 機로 회귀한다.[18]

---

16) 崔宜明, 앞의 책, p.158.

17) "萬物皆種也. 以不同形相禪, 始卒若環, 莫得其倫. 是謂天均." 「寓言」

18) "種有幾, 得水則爲繼, 得水土之際則爲䵷蠙之衣, 生於陵屯則爲陵舃, 陵舃得鬱棲則爲烏足. 烏足之根爲蠐螬, 其葉爲胡蝶. 胡蝶胥也化而爲蟲, 生於竈下, 其狀若脫, 其名爲

(1)에서 '種'은 생물학적 분류인 '종'이고 (2)에서의 種은 생명의 종자이지만 모두 생명과 관련된다. "종자에는 기미가 있다(種有幾)."고 할 때의 이 幾는 馬叙倫에 따르면 物의 종류 가운데 극히 미소한 생물을 말하는 것이며, 胡適의 분석에 따르면 幾의 幺는 '8'에서 나온 것인데 '8'은 생물이 태아를 잉태하고 있는 형상이다.[19] 이렇게 볼 때 幾는 생명의 시초를 이루는 기미로 볼 수 있다.

그런데 이 幾는 또한 氣와 상통한다. 정세근은 氣가 기화하면서 구체적으로 드러나는 과정의 근거를 幾로 보고 있다.[20] 그렇다면 幾는 生氣의 과정에서 나타나는 기미라고 볼 수 있겠다. 그리하여 種은 생기의 기미를 가지고 있는 어떤 것이 된다. (1)에 대해 向秀ㆍ郭象은 "비록 변화가 서로 이어지나 그 氣에 근원하고 있으므로 모두는 하나이다(雖變化相代, 原其氣則一)."라고 해석하고 있으며, 成玄英은 "만물이 무성하게 자연의 조화를 품부받고 기의 한 종자를 받아서 형태와 바탕이 같지 않으나 움직이고 유행하여서 거듭 서로 대사를 이룬다(夫物云云, 稟之造化, 受氣一種而形質不同, 運運遷流而更相代謝)."라고 해석한다. 이는 모두 種을 氣를 통해 해석하고 있는 것이다. 여기서 알 수 있는 것은 種은 氣의 종자이며, 생명을 품고 있는 氣, 생기가 보다 구체화된 것으로 볼 수 있겠다. 王世舜ㆍ王蒨이 "천하를 통하여 하나의 기가 있을

---

鴝掇. 鴝掇千日爲鳥, 其名爲乾餘骨. 乾餘骨之沫爲斯彌,斯彌爲食醯. 頤輅生乎食醯. 黃軦生乎九猷, 瞀芮生乎腐蠸. 羊奚比乎不, 久竹生靑寧, 靑寧生程, 程生馬, 馬生人, 人又反入於機. 萬物皆出於機, 皆入於機." 「至樂」

19) 陳鼓應, 앞의 책, p.460. Joseph Needham 역시 幾를 사물의 미소한 胚發生의 초기라는 의미로 본다. *Science and Civilization in China*, (이석호 외 역,『中國의 과학과 문명 Ⅱ』, 을유문화사, 1988, p.116을 볼 것).

20) 정세근, 앞의 책, pp.217-219 참조.

따름이다."와 "만물은 모두 종자이다."의 의미가 서로 같다고 주장하는 것은 이런 뜻에서 본다면 타당하다.[21]

(2)의 "萬物皆出於機, 皆入於機"에서의 機 역시 다름 아닌 幾이며, 이 두 자는 상호 교환이 가능하다.[22] 따라서 種은 氣의 종자이며 또한 幾[機]를 가진 생명의 종자임을 알 수 있고, 기화 생성하는 만물은 근본적으로 일체가 살아 있는 생명임을 알 수 있다. 기화생성하는 일체의 과정이 생명의 과정이다. 특히 (2)에서 機→갈파래→질경이풀→나무굼벵이→나비→귀뚜라미→새→쌀벌레→이로(벌레), 양해(풀)→죽순→대→청녕→정→말→사람→機로 이어지며 생성되는 생명의 대연쇄를 보여주고 있다. 이 생명의 연쇄는 현대의 생물학적 분류와 계보로는 이어질 수 없는 식물과 동물, 심지어 생물과 무생물이 서로 뒤죽박죽 이어져 있어 일견 아무런 과학적 근거도 없이 허황하기 이를 데 없는 황당한 생물학 계보처럼 보인다. 이에 대해 向秀·郭象은 "이것은 하나의 氣이나 만 가지 형상이며, 변화는 있으나 생사는 없다는 것을 보여주는 것"[23]이라고 한다. 즉 이 허황한 계보는 개체들이 단절되면서 연속되는 기화 생성의 모습을 기발한 상상력으로 형상화한 것이다.

여기서 우리는 장자 기화우주의 근본 모델이 생명의 연쇄임을

---

21) 王世舜·王蒨, 앞의 논문, p.106.

22) 成玄英은 '機'를 造化로 보는 반면 馬叙倫과 胡適은 '幾'와 '機'를 같은 것으로 보고 있으며 정세근 역시 그러하다(정세근, 『莊子氣化論』, p.98). 池田知久 역시 '幾'와 '機'를 같은 것으로 보고 있으며, 특히 그는 이 대목이 轉生의 영원한 반복이라는 輪回를 이론화하고 있다고 본다. 그는 불교가 중국에 전해지기 전부터 중국 고유의 전통 문화가 전생 윤회의 사상을 가졌을 수도 있음을 지적하고 있다(池田知久, 『老莊思想』, 放送大學敎育振興會, 1996, pp.180-183).

23) "此說一氣而萬形, 有變化而無死生也." 郭慶藩, 앞의 책, p.629.

확인할 수 있다. 유기물, 무기물의 모든 형태적·생물학적 차이를
통해서 그러나 그 구분을 넘어서 만물은 생명의 고리로 연결되어
있으며 시작도 끝도 없이 이어져 있는 모습이 거대한 대자연의 참
실상인 것이다. 이러한 대자연의 연결망을 장자는 '하늘의 조화'
[天均]라고 한다.[24]

## 3) 氣와 '빈 중심'에서 생성하는 無

루크레티우스는 그의 철학적 시 "사물의 본성에 관하여"에서 서
양의 실체론적 이원론을 요약하고 있다.

> 독립적으로 존재하는 모든 자연은
> 두 가지에서 온다, 물체와 허공에서
> 물체는 허공 속에서, 그 속에서 운동하고 움직인다.[25]

여기에서 가시적인 것으로서의 물체와 비가시적인 허공은 분리
되어 있으며 내재적 연관이 없고 서로 독립적인 것이다. 허공은
공간적 장소일 뿐이다. 물체와 허공은 '밖'에서 관계하며 '안'으로
서로 만나지 않는다. 허공은 결코 물체 안으로 들어올 수 없다. 그
러나 장자 철학에 있어서 다분히 질료적인 氣는 '無'와 서로 안팎

---

24) 이는 오늘날 생태학에서 말하는 생태학적 평형에 상응하며 전 지구적으로 연결된 생태학적
　　네트워크를 연상시킨다. 이 생태학적 네트워크 속에는 동물, 식물, 무기물, 유기물이 거대한
　　그물망으로서 상호 영향 관계를 형성하고 있다. Lovejoy의 표현을 빈다면 '존재의 대연쇄'
　　이다.

25) 張法, 『中西美學與文化精神』, (유중화 외 역, 『동양과 서양, 그리고 미학』, 푸른숲,
　　1999), p.42에서 재인용.

으로 닿아 있다. 기와 무는 서로 교환 가능한 기표이다. 그리하여
물체와 허공은 서로 연결된다.

　無, 즉 '없음'이란 개념은 그 자체로 형용모순이며 역설이다. '없
음'이라고 표기하는 순간 그것은 '없음'으로 '있게' 되는 것이다.
따라서 없음을 없음이라고 부를 때 '없음'은 사라진다. 그러나 '없
음'이 사라질 때 오히려 없음은 온전하게 없음일 수 있다. 따라서
없음은 있게 된다. 이렇게 추론해 나갈 때 '없음'은 악무한적 순환
에 빠지게 되는 매우 기묘한 기표이다. 장자의 언어는 이러한 악
무한적 역설 속에 외줄을 타는 곡예처럼 보이기도 한다. 어차피
그는 말로 할 수 없는 것을 말로 하고 있기 때문이다. 다음 장자
의 말을 들어 보자.

> 내가 사물의 근본에서 생각해 볼 때 그 감이 다함이 없고, 그 말단에서 찾
> 아보면 그 옴이 멈춤이 없다. 다함이 없고 끝남이 없으니 말로 표현할 수도
> 없어야 사물과 더불어 이치를 같이하게 된다.[26]

　다함이 없고 끝남이 없이 무궁하게 약동하는 사물의 모습은 다
름이 아닌 앞서 살펴본 기화우주의 실상이다. 혼돈 미분의 元氣
상태인 無가 生氣로 무궁하게 生起하는 것이다. 무궁한 生起, 이
것은 인식의 한계를 넘어선다. 따라서 그것은 말이 끝나는 자리다.
말이 끝날 때 그것은 오히려 제대로 표현된 것이다.

　세계를 氣의 聚散으로 보는 장자에게 있어서 氣가 흩어진 것이
無이며 氣가 모인 것이 有이다. 따라서 장자의 무란 오히려 다함

---

26) "吾觀之本, 其往無窮. 吾求之末, 其來無止. 無窮無止, 言之無也, 與物同理"「則陽」

이 없고 멈춤이 없는 氣化의 가능성을 포함하고 있는 무이다. 成復旺의 말을 따르자면 "無形 無限이며, 무형 무한의 무는 동시에 곧 무형 무한의 有, 즉 내재적이며 심원하며 무한히 풍부한 유"[27]이다. 노자의 말을 빌리면 "모습 없는 모습이며 존재 없는 형상(無狀之狀, 無物之象)"(14장)이 된다.

현대 물리학의 양자장 이론에 따르면 각종 입자는 모두 진공의 勵起 상태이며, 현실 세계의 모든 것들은 어느 것이나 진공이 격발함으로써 형성된 것이다. 양자장의 기저 상태는 모든 격발 상태가 발생할 수 있는 자연스러운 배경이다. 장자에게 있어서 유와 무의 관계는 양자장 이론에서 입자와 진공의 관계이며 격발 상태와 기저 상태의 관계와 매우 유사하다.[28] 장자의 술어로 표현하자면 진공[無]은 기가 흩어진 것이며 입자[有, 物]는 기가 모인 것이다.[29]

氣는 이렇게 존재의 세계인 物과 비존재인 無의 세계를 이어 주고 있다. 無는 물질세계를 초월한 모종의 신비로운 정신적 실체가 아니라 기에 근거하여 물질세계와 이어져 있으며 끊임없이 서로 삼투되고 있다. 이를 장자는 다음과 같이 말하고 있다.

    (1) 芒芴하여라, 그것들이 어디에서 생겨나는지 알 수가 없나니. 황홀하여

---

27) 成復旺,「道家的超越哲學與中國文藝的超越精神」,『道家文化研究』第八輯. p.32.

28) 董光璧,『當代新道家』, (이석명 역,『道家를 찾아가는 과학자들』, 예문서원, 1994, pp.115 - 116).

29) 그러나 氣의 聚散이란 요소론적인 구성. 예컨대 서구의 4원소론의 결합과 흩어짐 혹은 원자의 결합과 분해가 아니다. 이러한 요소론은 근대 과학의 환원주의를 가능하게 하는 바탕이다. 그러나 氣는 그러한 요소가 아니다. 따라서 기의 취산은 차라리 라이프니츠의 펼침과 접힘의 모델과 유사하다. 기가 펼쳐지는 것은 무한히 풍부한 有를 함장하고 있는 無狀之狀, 無物之象이 그 잠재성을 드러내는 것이다. 이는 일종의 기의 표현으로 보는 것이 좋을 듯하다. 즉 氣는 有 - 無이며, 有는 無의 표현이고, 無는 有의 표현이다.

라, 그 모습이 있는 듯 없으니. 만물은 자꾸 생겨나서 모두 무위 가운데서 번식
되어 간다.[30)

　　(2) 시초를 살펴보면 본래 삶이란 없었다. 그저 삶이 없었을 뿐만 아니라
형체도 없었다. 형체가 없었을 뿐만 아니라 氣도 없었다. 芒芴한 사이에 섞여
있다가 변해서 기가 되고, 기가 변해서 형체가 있게 되고, 형체가 변해서 삶
이 있게 된다.[31)

　(1)과 (2)를 종합해 볼 때 만물의 생성과정은 芒芴→氣→形→生
이 된다. 여기서 芒芴은 비존재로서의 無, 形과 生은 존재로서의
物에 상응한다. 이 둘 사이를 연결하는 것이 氣이다. 王世舜・王
蒨에 따르면 芒芴은 '無有象'을 가리키는 말이며 氣의 특징에 대
한 개괄이다. 따라서 無는 초월적 실체가 아니라 숨어 있는 元氣
를 말하는 것이다.[32) 芒芴은 또한 노자의 '恍惚'에 상응한다. 노자
의 황홀은 없으면서 있고, 있으면서 없는 원기의 작용을 형용한
것이다. 있는 듯 없는 듯 가능성으로 접혀 있는 원기가 펼쳐진 것
이 形이요, 生이다. 실상 無도 物도 모두 氣인 것이다.

　無는 원기로서 모든 존재의 바탕이 되면서 동시에 존재의 현존
속에, 개체의 끊임없는 생성・생명 과정에 참여하고 있다. 이것은
'생성하는 무'이며 '활동하는 무'이다. 崔大華 역시 다음과 같이
말하고 있다.

---

30) "芒乎芴乎, 而无從出乎! 芴乎芒乎, 而无有象乎! 萬物職職, 皆從无爲殖." 「至樂」

31) "察其始而本无生, 非徒无生也 而本无形, 非徒无形也 而本无氣. 雜乎芒芴之間, 變而
　　有氣, 氣變而有形, 形變而有生." 「至樂」

32) 王世舜・王蒨, 앞의 논문, p.104. 成玄英은 '芒乎芴乎'를 '恍惚芒昧'로 보고 있다. 이는
　　『노자』 21장의 '恍兮惚兮'에 상응하는 구절이다(陳鼓應, 앞의 책, p.449).

장자의 자연철학 중에서 氣는 우주에 가득 차 있는 보편적 존재이며 그것
의 특질은 그것의 본질이 虛無라는 데 있다. 그러나 그것은 도리어 구체적 사
물의 존재 상태 중에서 나타날 수 있다.[33]

원기로서의 무와 "구체적 사물의 존재 상태 중에 나타"나서 개
체의 생성 과정 속의 참여된 무는 서로 제유 관계 속에 있다. 즉
부분으로서의 개체는 개체 속에 현현해 있는 무를 통해서 전체인
무의 율동[遊]에 참여한다. 그리하여 "있음을 보는 자는 옛적의 군
자라는 사람들이고 없음을 보는 자는 천지의 벗"("觀有者, 昔之君
子; 觀無者, 天地之友"「在宥」)이 되는 것이다. 즉 부분의 개체 속
에서 무의 우주적 율동을 느끼는 자는 천지(전체)를 느끼는 것이다.
무는 또한 빔[虛]이다. 장자는 말한다.


(1) 도에는 끝도 시작도 없으나 사물에는 죽음과 삶이 있다. 그 (사물의)
완성에 의지할 수 없다. 때로는 비고 때로는 차서 그 형상의 일정함이 없는
것이다. (중략) 쇠하고 성하며 차고 비어서 끝이 난 즉 (다시) 시작이 있다.[34]

(2) 이름과 실체는 사물이 있는 자리이고 (중략) 이름 없음과 실체 없음은
사물에 있는 빔이다.[35]

(3) 빔과 고요함으로 천지에 미루어 나아가서 만물에 두루 통하게 한다고
말한다.[36]

---

33) 崔大華,『莊學硏究』, 北京, 人民出版社, 1997, p.166.

34) "道无終始, 物有死生, 不恃其成. 一虛一盈, 不位乎其形. (중략) 消息盈虛, 終則有始."
「秋水」

35) "有名有實, 是物之居. (중략) 無名無實, 在物之虛."「則陽」. 장자의 無는 대체로 虛로
치환 가능하다. 이 빔은 '구멍'이란 말로 바꿀 수 있겠다. 구멍은 폐쇄적인 개체[物]의 터진
곳, 통로이며 이 통로는 타자 혹은 세계와의 만남을 가능하게 한다. 이 만남을 통해 닫힌
것이 열릴 수 있게 된다. 또한 구멍은 여자의 생식기를 연상시키고 그것은 창조적 생성력
을 가진다. 노자의 谷神의 이미지가 또한 그러하다.

36) "言以虛靜推於天地, 通於萬物."「天道」

　(1)에서 쇠하고 성하며 차고 비는 모습은 다름 아닌 氣化 생성의 모습이다. 성하고 차는 것은 氣가 모여서 物을 이룸이며, 쇠하고 비는 것은 氣가 흩어져 무가 되는 것이다. 이때 무는 빔[虛]에 상응한다. 무는 성하거나 가득 찼던 기가 흩어지며 비는 것이다. 氣化 생성에는 시작도 없고 끝도 없으며 잠시도 쉼이 없다. 빔은 생성 과정 전체에 참여해 있다. 존재와 존재 사이에 빔이 없을 때 운동은 불가능해진다. 장자의 세계는 쉼 없이 운동이 일어나는 세계다. 이러한 운동의 조건이 빔이다. 또한 사물에 있는 빔을 통하여 비로소 사물과 사물들은 그리고 자아와 세계는 폐쇄된 경계선을 가로질러 감응, 의사소통할 수 있게 된다. 그리하여 (3)의 '通'이 가능하게 된다. 김용옥은 기를 "창으로 가득 찬 모나드(window－full－monad)"37)라고 규정한 바 있다. 온 몸이 창으로 되어 있는 것은 실체성을 가진 덩어리라기보다는 하나의 빔, 구멍이라고 보아야 한다. 기는 '생기하는 빔'이다. 이러한 기가 모여서 이루어진 덩어리인 사물들 역시 빔의 덩어리들이다. (2)는 덩어리[實]와 빔[虛]이 함께 하나의 물체를 이루고 있음을 말해주고 있다. 덩어리와 빔은 본디 하나이다. 사물들은 하나의 빔에서 나오지만 각각의 생성된 사물들 역시 빔을 가진다. 원형으로 순환하는 기의 패턴 속에서 각각의 만물들이 공통의 근원으로 가진 빔의 위상이란 다름 아닌 그 원의 빈 중심이 된다. 장자에게는 '중심이 없음'이 아니라 '없음이 중심'이다. 바람이 불면 만물이 천차만별의 스스로의 구멍[竅]을 통해 천차만별의 다양한 존재의 소리를 낸다는 「齊物

---

37) 김용옥, 1994년 한국사상사 연구소 세미나실에서 행한 강연 "의학이란 무엇인가"에서 인용.

論」 편의 地籟는 '중심이 없음'에 해당된다. 그러나 여기서 만물은 서로 아무런 내적 연관(공유하는 중심)이 없는 환유의 개별자들이며 그들은 모두 제각각의 차이성 속에 있다. 그러나 '없음이 중심'일 때 환유의 만물은 '없음'(빔)을 통하여 제유로 통합된다. 그러나 이 '없음'이라는 중심의 기능은 무위이기 때문에 만물의 自生自化를 방해하거나 통제하지 않는다. 다만 전체와 부분의 즉각적인 반영이 있을 뿐이다. 환유의 自生自化(혹은 向秀와 郭象이 말하는 獨化)가 地籟라면, 제유의 自生自化가 天籟이다. 데리다를 필두로 한 해체론자들은 특권적 '중심'을 해체하고자 한다. 예컨대 데리다에 의하면 물질과 정신을 구분하고 정신에 전유적인 특권을 부여하는 전통적인 구분법은 한 용어가 종국적인 것이며, 그리고 그것이 자기 자신을 넘어서서 다른 어떤 것을 언급할 수 없는 것이라고 믿는 데서 지탱될 수 있다. 만일 그러한 용어가 없다면 모든 기의는 무한한 의미작용의 놀이에서 연속적으로 나타나는 하나의 기표로서만 기능할 따름이다.[38] 중심의 해체는 중심을 통해 강요된 동일성의 해체라고 할 수 있다. 권력의 중심이 해체될 때 개별자들은 자율성을 획득하여 獨化하게 된다. 이것은 개별자들이 가지고 있는 차이성의 긍정이 된다. 그러나 여기서의 개별자들은 동일한 중심을 가지고 있지 않기 때문에 서로 아무런 내적 연관이 없이 그저 인접해 있는 환유들이 된다. 현대 정신분석학의 입장에서 보면 중심이 없이 떠도는 환유들은 끝없이 대체되는 욕망의 운동이다. 地籟는 그러한 환유이다. 수사학적으로 단순화해서 규정한

---

38) Madan Sarup, 『데리다와 푸꼬, 그리고 포스트모더니즘』, (임헌규 편역, 인간사랑, 1999), p.31.

다면 '중심'이란 동일성을 강요하는 은유이며, '중심이 없음'은 환유이고, '없음이 중심'(빈 중심)은 그 없음을 통해서 개체(부분)와 전체가 상호 반영되는 제유라고 할 수 있다. 天籟는 제유적 세계의 울림이다.

　요컨대 장자의 자연학에 있어서 존재는 기화의 존재이다. 기화의 존재라는 것은 다름 아닌 곧 무의 존재론이자, 빔의 존재론이다. 기와 무와 빔은 서로 이어지는 기표들이다. 이 빔은 전체와 부분 사이 제유의 관계를 가능하게 하는 구멍이다. 이 존재의 무, 빔을 통해서 장자의 氣는 자아와 타자를 만나게 하는 인식론적 기능을 가지게 된다.


## 2. 인식으로서의 氣


### 1) 氣와 느낌


　몸은 기가 모인 것이다. 기화론에 의거해 보자면 몸은 독립적 개체이면서 동시에 전체 기화 생성에 참여되어 있다. 몸은 기의 무궁한 유행 속에 태어난 결절이다. 생명이란 몸의 현상을 넘어선 그 무엇이 아니다. 몸의 현상인 생명 과정은 또한 기의 운동과 다르지 않다. 주관적 유심론자로 치부되는 장자는 결코 몸을 멸시하는 초월적 정신주의자가 아니다. 기가 장자 사유 체계의 토대가 된다면 곧 몸이 장자가 추구하는 경계의 조건이 됨은 당연하다.

장자는 이상적 경계에 도달한 막고야 산의 神人을 표현할 때 이상
적 몸의 상태를 표현하는 것을 잊지 않았다.39) 다음 글들을 살펴
보자.

> (1) 천하의 '지극한 즐거움'[至樂]은 있는 걸까, 없는 걸까? '몸을 살리는
> 길'[活身]이란 있는 걸까 없는 걸까? (중략)
> (2) 대저 천하의 사람들이 숭상하는 것은 富, 貴, 장수, 선이다. (중략) 대
> 저 부자는 몸을 괴롭혀 가며 서둘러 일해서 재산을 많이 쌓아 놓지만 그 재산
> 을 다 써 버리지는 못한다. 이는 형체[形]를 위하는 것이어서 또한 (至樂의
> 도에서는) 벗어난 짓이다. (중략)
> (3) 나는 無爲를 참된 즐거움으로 삼고 있지만 또 세속 사람들에게는 큰
> 고통이다. (중략) 지극한 즐거움과 몸을 살리는 방법은 다만 무위일 때에만
> 얻어진다.40)

(1)에서 '지극한 즐거움[至樂]'과 '몸을 살림[活身]'은 대구를 이
루며 등가의 병렬 형식으로 질문되고 있으며 (3)에서는 동일한 수
준의 문제로 병칭되고 있다. 至樂이 장자가 추구하는 삶의 궁극적
경계라고 한다면 그러한 지락은 삶의 잉여나 사치가 아니라 참된
의미에서 몸을 살리는 길임을 알 수 있다. 지락은 참으로 살아 있
는 몸의 현상이며, 건강한 몸이 살아가는 현상이라고 볼 수 있다.
이러한 活身의 삶이 충만할 때, 그것이 가지는 힘은 다만 한 개체
의 지락을 넘어선다. 자기 몸을 귀하게 여기는 태도로써 천하를
귀하게 여기면 천하를 제대로 다스릴 수도 있게 되는 것이다.41)

---

39) "藐姑射之山, 有神人居焉, 肌膚若冰雪, 綽約若處子." 「逍遙遊」. 이 외에도 몸을 중히
여기는 대목으로는 「양생주」의 "緣督以爲經, 可以保身", 「在宥」의 "愼守汝身, 物將自
壯" 등이 있다.

40) "天下有至樂无有哉? 有可以活身者无有哉? (중략) 夫天下之所尊者, 富貴壽善也. (중
략) 夫富者, 苦身疾作, 多積財而不得盡用, 其爲形也亦外矣. (중략) 吾以无爲誠樂矣,
又俗之所大苦也. (중략) 至樂活身 唯无爲幾存." 「至樂」

즉 타자의 *活身*까지 가능하게 하는 것이다. 단 여기서 몸[身]과 형체[形]는 구분되어야 한다. (2)에서 보면 형체를 위하는 것은 결코 *至樂*과 *活身*을 위한 것이 되지 못한다. 또 다른 곳에서 장자는 다음과 같이 말하고 있다.

> 세속적인 일을 버리면 形이 지치지 않게 되고, 生을 잊어버리면 精이 손상되지 않는다. 대저 形이 온전하고 精이 (자연으로) 돌아가게 되면 자연과 더불어 하나가 된다. (중략) 形과 精이 손상되지 않는 것을 자연과 함께 움직인다고 한다.[42]

몸이란 여기서의 形과 精이 결합으로 보아야 한다. 몸이 기의 모임이라면 이 形과 精 역시 氣이다. 形은 개체의 경계가 형성되어 밖으로 드러나는 기의 육체적 덩어리[粗] 측면이라면, 精은 기의 미세한 측면이어서 오히려 드러나지 않는[不形] 정신적 측면이다. 이는 앞 절에서 논의한 無(虛)와 이웃하고 있으며 개체의 경계를 넘어서 타자와 이어지는 측면이 된다─이 精은 나중에 神과 결합하여 精神을 이루기도 한다.[43] 이를 통해 개체적 생명을 넘어서서 자연과 함께 하게 된다. 우리의 몸이란 形과 精, 形과 不形의 상생적 결합 속에 생명을 영위한다. 즉 보이는 덩어리와 보이지 않는 정신의 결합 속에서 몸은 유지된다. 그러나 자칫 우리는 形만을 몸으로 혼동하고 形에 집착하거나 形만을 위하고자 할 때 그

---

41) "貴以身爲天下, 則可以託天下. 愛以身爲天下, 則可以寄天下." 「在宥」 이 부분은 『노자』 13장을 인용한 것이다.

42) "棄事則形不勞, 遺生則精不虧. 夫形全精復, 與天爲一. (중략) 形精不虧, 是謂能移." 「達生」

43) 陳鼓應은 '精'을 精神으로 해석하고 있으며(陳鼓應, 앞의 책, p.467), 林希逸도 '精復'을 '精神不散於外'라 하여 精神으로 해석하고 있다(林希逸, 앞의 책, p.286).

것은 개체를 유지하고자 하는 일방적인 이기적 욕망으로 드러나고 결국 그것은 우리 몸을 해치게 된다. 그리하여 「山木」편에서 장자는 "形에 사로잡혀서 몸을 잊어버리는 것(吾守形而忘身)"의 위험에 대해 거듭 경고하게 되는 것이다.

박원재의 「몸에 대한 장자의 비판적 기호학」에 따르면, 유학의 기획은 언어로 짜이는 상징적 그물망으로서의 규범문화를 긍정하고 몸을 그 그물망의 한 관계항으로 설정시킴으로써 제도적 틀 속으로 밀어 넣으려는 것인데, 장자의 사유는 이러한 시도에 대한 근본적인 비판이다.[44] 몸이라는 기표를 자의적으로 끌어매고 있는 사회적 기의는 권력적인 것들이다. 그에 따르면 老莊의 작업이란 제도적인 장치에 의해 주입되어 우리 몸의 주인 행세를 하는 기의들을 '비우기'를 통해 추방하여 어떤 기의에도 닻을 내리지 않는 자유로운 몸을 찾고자 하는 기획이다. 즉 우리 몸을 기표로 삼을 수 있는 권리를 당당하게 주장할 수 있는 기의는 우리 몸의 자연성뿐이며, 소요란 우리가 우리 몸의 그러한 원초적 자연성에만 필연적인 결합의 권리를 허용하고 나머지 일체의 기의에 대해서는 거울과 같은 반응을 보일 수 있을 때 이루어진다.[45]

그의 분석은 명쾌함에도 불구하고 기호학적 분석이 가지는 일반적 특성인 기표 우위의 형식성, 그 이상을 잘 넘어가려 하지 않는 듯하다. 그의 논의에서 한 걸음 더 나아가 보자. 그는 몸의 기의가 될 수 있는 자연 혹은 자연성에 대해서는 별도의 분석을 하고 있

---

44) 박원재, 「몸에 대한 莊子의 비판적 기호학」, 『도가철학』 창간호, 한국도가철학회, 1999, p.92.
45) 박원재, 앞의 논문, pp.95 - 96 참조.

지 않는데 그 자연성이란 다름 아닌 氣의 氣化流行이며, 세계의 전체 생성 과정이다. 라캉(Lacan)의 용어를 빌려서 말하자면 자연, 즉 '저절로 그러함(혹은 스스로 그러함)'은 상징계가 아니라 기호를 넘어선 실재계이다.[46] 이것을 잘 보여주는 것이 혼돈의 우화이다. 혼돈이란 다름 아닌 분별과 기호 이전의 자연의 세계이다. 老莊의 작업이란 제도적인 장치에 의해 주입되어 우리 몸의 주인 행세를 하는 기의들을 '비우기'라는 그의 지적은 적절하다. 그러나 몸이란 단순히 자연의 기화 과정을 지시하는 기표가 아니다. 몸은 그 자신이 자연이며 우주적 氣化流行의 과정이기도 한 것이다. 몸은 상징계와 실재계가 만나는 자리다. 박원재는 몸이 한쪽으로 닿아 있는 상징계만 언급하고 다른 쪽으로 이어져 있는 실재계에 대해서는 언급하지 않는다. 그리하여 박원재는 '모든 것이 기호'라는 명제를 전제하면서 '몸이 기의 없는 보헤미안의 기표'가 될 때 자유로운 삶이 가능하다는 것을 결론으로 하고 있다. 그러나 이러한 자유는 자칫 '중심이 없음'의 환유적 자유를 지시하는 오해를 가져올 수 있으며 '없음을 중심'으로 하는 소요와는 어긋날 수 있다. 소요란 홀로 떠도는 것이 아니라 오히려 몸과 세계 과정(자연, 기화)이 가지는 제유적 상호 참여이다.[47] 그리하여 실재계의 측면에

---

46) 라캉은 인간 현실의 본질적인 세 영역을 상상계, 상징계, 실재계로 나눈다. 상상계는 이미지에 의해서 자아의 영상이 이루어지는 단계이고 상징계는 언어적 존재로서 인간의 현실을 지배하는 기호의 세계이다. 반면 실재계는 언어를 벗어난 세계이다.

47) 실재계와의 만남에 대해서 서구인들이 가지는 두려움은 매우 병적이다. 라캉의 정신분석을 문화에 적용하는 지젝의 다음과 같은 말은 그것을 잘 보여준다. "광기의 징후와는 거리가 먼, 실재계를 현실에서 분리하는 경계는 바로 최소한의 정상 상태의 조건이다. '광기'(정신병)는 이 경계선이 무너져 내릴 때, 실재계가 현실 속으로 넘쳐흐를 때, 혹은 실재계가 그 자체로 현실 속에 포함될 때 시작되기 때문이다."(Slavoj Žižek, 『삐딱하게 보기』, 김소연 외 옮김, 시각과 언어, 1995, p.46.) 실재계와의 만남이 서구인들에게 광기의 시작이 될

서 몸은 오히려 일체의 기표이며 동시에 일체의 기의이기도 하다.

몸은 상징계와 실재계가 만나는 자리이며 인위의 문명과 무위의 자연이 만나는 장소이다. 또한 장자의 인문학과 자연학이 만나는 지점이다. 만난다는 것은 동시에 분열이 첨예하게 드러난다는 의미이기도 하다. 따라서 몸은 상징계와 실재계, 인위와 무위의 분열이다. 분열된 몸은 건강하지 못하다. 活身은 이러한 분열을 메우는 것이며, 그것은 또한 단순한 개체 생명의 보존을 넘어서 대자연의 기화 유행에 제유적으로 참여하는 것이다. 그러할 때 나의 活身뿐만 아니라 타자의 活身까지 성취시키는 것이다. 요컨대 장자의 철학은 궁극적으로 活身의 철학이라고 할 수 있다. 그것은 전쟁과 극도의 혼란, 권력과 폭력 속에 생명이 위협받는 戰國이라는 시대의 산물임은 명백하다. 그러나 그것은 또한 그의 사유의 토대인 氣論의 필연적 산물이기도 하다.

몸은 독립적이고 자율적인 생명의 단위이면서 동시에 환경·세계와 끊임없이 의사소통하는 느낌의 체계이다. 의사소통이 가능한 것은 본질적으로 몸과 그 환경이 모두 氣이기 때문이다.

(1) 사람이 지나치게 기뻐하다 보면 양기를 상하게 되고 지나치게 노하게 되면 음기를 상하게 된다. 음양의 기가 서로 침해하게 되면 사계절이 제때에 이르지 못하고 추위와 더위의 균형이 깨어져 도리어 사람의 형체를 해치게 된다.[48]

(2) 자기 몸을 귀하게 여기는 태도로써 천하를 귀하에 여기면 가히 천하를 맡길 수 있고, 자기 몸을 아끼는 태도로써 천하를 아끼면 가히 천하를 맡길 수 있다. 그러므로 군자는 오장을 풀어놓지 않고 그 총명함을 겉으로 드러내지 않는다.[49]

---

때, 장자에게는 소요의 시작이 되는 것이다.

48) "人大喜邪? 毗於陽. 大怒邪? 毗於陰. 陰陽竝毗, 四時不至, 寒暑之和不成, 其反傷人之形乎!"「在宥」

(1)에서 몸의 느낌의 체계는 천지의 기의 유행과 떼어 놓을 수 없고, 인체와 환경은 일종의 피드백 루프(feedback loop)를 통해 상호 작용하고 있음을 알 수 있다. 氣, 환경, 몸, 희로애락은 서로 관여하면서 서로에게 흔적 지우고 있다. 희로애락은 환경에 대한 몸의 느낌이며, 이것은 일종의 기의 움직임이다. (2)에서 매우 흥미로운 대목을 발견할 수 있다. 몸을 귀하게 여기고 아끼는 태도가 오장을 풀어 놓지 않고 총명함을 겉으로 드러내지 않는 것과 연결되어 있다. 즉 오장과 이목은 몸의 기능을 대표하는 것이다. 이에 대해 成玄英은 다음과 같이 주를 달고 있다.

> 五藏은 精靈의 집이며, 총명은 귀·눈과 같은 감각기관의 작용이다. 만약 오장의 精識 작용을 나누고 변별하며, 총명의 작용을 드러내고 뽑으면, 精神이 안에서 분주하게 치달리게 되고 이목의 감각기관이 밖으로 이끌리어 힘을 다하고 상하게 된다.[50]

五藏이 정령이 머무는 집이라는 것은 오장이 생명 활동의 중심이라는 것을 말해준다. 漢代 이후 체계화되는 한의학의 신체관에서도 역시 오장은 몸과 생명 활동을 대표하게 된다.[51] 물론 이때 오장은 서양식 해부학적 실체를 가리키는 것이 아니라 일종의 몸

---

49) "貴以身爲天下, 則可以託天下. 愛以身爲天下, 則可以寄天下. 故君子苟能无解其五藏, 无擢其聰明." 「在宥」

50) "五藏, 精靈之宅. 聰明, 耳目之用. 若分辨五藏情識, 顯擢聰明之用, 則精神奔馳於內, 耳目竭喪於外矣." 郭慶藩, 앞의 책, p.370.

51) 『장자』 속에서 한의학적 관점을 보여주는 구절들이 적지 않다. 예컨대, 「達生」편의 "上而不下, 則使人善怒. 下而不上, 則使而善忘. 不上不下, 中身當心, 則爲病." 같은 구절은 오늘날 한의학적 몸의 이해와 완전히 부합된다. 劉笑敢은 장자의 이론이 중국 전통 의학과도 연관되어 있음을 분석하고 있다(劉笑敢, 앞의 책, p.247 참조). 기실 이후의 『黃帝內經』 속에서도 그 자연학적 관점은 『장자』의 자연학과 매우 유사한 점이 많다.

이 가진 기능의 다발이나 패턴들을 지칭하는 기표이다. 오장이 행하는 생명 활동 가운데 중요한 것이 '느낌'[情－感]이다. 한의학에서 희로애락의 느낌은 오장의 장기와 각각 연관되어 있다. 『白虎通』「性情」 편에서는 "오장육부는 성정이 말미암아 출입하는 곳(故內有五藏六腑, 此情性之所由出入也)"이라 하고 있다. 또 『黃帝內經·靈樞』「本神」 편에서는 오장인 肝·脾·心·肺·腎에 血·靈·脈·氣·精을 각각 연결시키고 또 魂·意·神·魄·志를 연결시키고 있다.52) 신체를 기의 '흐름'이라는 입장에서 다루고 있는 이시다 히데미는 血·靈·脈·氣·精은 '유체로서의 신체'이고 魂·意·神·魄·志는 유체에 내재해 있는 '마음'이라고 본다.53) 오장은 각각 마음의 기능들을 분담하고 있는 셈이다. 成玄英이 말하는 오장이 가진 情識 작용이란 『백호통』에서 말하는 '성정의 출입'을 뜻하는 것이며, 그것은 다름 아닌 마음의 활동이다.54)

장자에게 있어서 오장은 몸의 자연성 혹은 자연적 기능－마음, 혹은 精神의 활동도 이러한 자연적 기능에 해당된다－을 의미한다. 장자 이후 장학파의 저술로 추정되는 「駢拇」 편에서도 오장에 마음의 기능들을 배열하는 것을 암시하는 구절이 있다. 예를 들면, "다방면으로 仁義를 사용하는 자는, 그것에 오장을 배열한다. (중략) 오장의 자연스런 모습에 군더더기를 붙이면 인위의 행위에 치

---

52) "肝藏血, 血舍魂, 肝氣虛則恐, 實則怒. 脾藏營, 營舍意, 脾氣虛則四肢不用, 五藏不安, 實則腹脹, 經溲不利. 心藏脈, 脈舍神, 心氣虛則悲, 實則笑不休. 肺藏氣, 氣舍魄, 肺氣虛則鼻塞不利少氣, 實則喘喝　盈仰息. 腎藏精, 精舍志, 腎氣虛則厥, 實則脹, 五藏不安. 必審五藏之病形, 以知其氣之虛實, 謹而調之也." 『黃帝內經·靈樞』, 「本神」, (홍원식역, 전통문화연구회, 1999, p.101).

53) 이시다 히데미, 『氣, 흐르는 신체』, (이동철 옮김, 열린책들, 2000), p.74.

54) 『黃帝內經·靈樞』의 「本藏」에서도 "五藏者, 所以藏精神血氣魂魄者也"라 하고 있다.

우치게 되어서 다방면으로 총명을 쓰게 된다."[55] 오장의 情識 작용, 마음의 기능이 자연성을 의미한다면 인의는 인위적 가치 분별 의식이며 이는 곧 인위적 행위를 조장하게 된다. 그 결과 눈과 귀의 감각작용이 우리 삶을 지배하게 된다는 것을 「변무」 편은 말하고 있다.

위에서 인용된 『장자』의 구절들에서 우리는 오장과 이목(총명)이 대립적 범주를 이루고 있음을 볼 수 있다. 오장이 생명의 자연적 활동을 나타내고 있다면 耳目은 자연성을 넘어서서 인위적인 분별 활동으로 나아간 것이다. 장자는 여러 군데에서 耳目의 작용이 생을 해치게 됨을 경고하고 있으며 이미 노자도 눈을 위하지 말고 배를 위할 것을 권고하였었다.[56] 눈은 감각기관을 대표한다. 르네상스 이후 서양의 근대 문명은 시각에 우선권을 부여하는 시각중심주의의 발전 과정이다. 정화열에 따르면 데카르트의 코기토는 시각중심주의와 긴밀하게 연결되어 있다. '코기토'란 곧 "나는 본다, 그러므로 나는 존재한다 video ergo sum"이다. 코기토는 시각의 지배이다.[57] 시각 중심의 코기토는 서양 근대 문명의 틀을 이루었으며, 예술에서는 화가 폴 클레의 "보이지 않는 것까지 보게 하라."는 선언 속에 극명하게 드러나고 있다.

---

55) "多方乎仁義而用之者, 列於五藏哉! (중략) 駢枝於五藏之情者, 淫僻於仁義之行, 而多方於聰明之用也." 「駢拇」. 오장에 인의예지신을 각각 배열하는 것은 동중서의 오상 개념이 성립한 이후이다. 따라서 「駢拇」 편의 성립 연대는 한대 이후가 될 것이다.

56) "塞師曠之耳, 而天下始人含其聰矣. 滅文章, 散五朵, 膠離朱之目, 而天下始人含其明矣" 「胠篋」, "且夫失性有五, 一曰五色亂目, 使目不明. 二曰五聲亂耳, 使耳不聰. 三曰五臭薰鼻, 困悛中顙, 四曰五味濁口, 使口厲爽. 五曰趣舍滑心, 使性飛揚. 此五者, 皆生之害也." 「天地」. 이와 관련된 『노자』의 구절로서는 12장의 "是以聖人爲腹不爲目"이 있다.

57) 정화열, 『몸의 정치』, 민음사, 1999, p.242 참조.

눈은 감각기관을 대표할 뿐만 아니라 해부학적으로 뇌와 직결되어 있다. 시각중심주의는 뇌중심주의를 동반한다. 눈과 뇌는 주로 대상을 분절시키고 분석하며 인위적인 판단과 조작을 행한다. 이러한 기능을 서양에서는 주로 오성(혹은 때에 따라서는 이성)이라고 불러 왔다. 서양의 사유 전통은 눈-뇌-이성(오성)의 일련의 연결을 통하여 오늘날 컴퓨터, 인공지능에 이르고 있는 것이다.

장자의 입장에서 볼 때 이는 총명을 혹사하는 인위적 사유 전통이며, 결국 생명을 해치는 것이다. C. G. 융에 따르면 이러한 전통은 지나치게 자아를 분별하는 의식의 문명 전통이다. 의식의 아래에 분별을 넘어서는 보다 근원적인 생명의 토대가 있음을 그는 이렇게 말하고 있다.

> 무의식은 정신적으로나 도덕적으로 뚜렷한 의식의 대낮의 밝음에서부터 예로부터 교감신경으로 불리는 저 신경계 아래쪽까지 미치는 그런 정신이다. 대뇌 척추계처럼 지각이나 근육활동을 유지하고 그럼으로써 둘러싸고 있는 공간을 지배하는 것이 아니고, 감각기관 없이 삶의 균형을 얻고 매우 비밀스러운 방법으로 동시에 흥분됨으로써 다른 생명의 가장 내면에 있는 존재로부터 오는 기별을 전해 줄 뿐만 아니라, 이 내면의 작용에 영향을 끼친다. 그것을 그러한 의미에서 극도로 보편적인 체계, 모든 신비적 융합 고유의 토대다. 반면에 뇌척추 기능은 자아가 명확하게 분리하는 데서 절정에 달하고, 항상 공간 매체를 통해서 표면적인 것과 외형적 형식을 파악하려 한다. 후자는 모든 것을 외부적인 것으로 체험하나, 전자는 모든 것을 내면적인 것으로 체험한다.[58]

융이 말하는 대뇌 척추신경계가 '耳目'의 영역이라면 교감신경계는 '오장'의 영역이다. 근원적인 생명작용과 타자에 대한 근원적인 느낌이 일어나는 곳은 교감신경계인 '오장'인 것이다. 20세기

---

58) 칼 G. 융, 『원형과 무의식』, 한국융연구원 C. G. 융 저작번역위원회 옮김, 2002, p.126.

서구 형이상학의 극점에서 서구 문명 전반을 반성하고 있는 화이트헤드의 다음과 같은 말은 따라서 매우 시사적이다.

> 지각의 유력한 토대는 전달과 증대의 경로를 통해 자신의 경험들을 넘겨주는 여러 신체 기관의 지각이라는 것이다.

> (서양의) 철학자들은 내장의 느낌(visceral feeling)을 통해 얻어지는 세계에 관한 정보를 멸시하고 시각적 느낌(visual feeling)에 주의를 집중시켜 왔다.[59]

장자와 成玄英의 '오장', 노자의 '배', 융의 '교감신경계', 화이트헤드의 '내장'은 자연으로서의 몸, 기의 결절인 몸, 곧 생명을 나타내는 기표라고 할 수 있다.[60] 생명이 생명으로서 영위되는 가장 원초적 사태가 오장의 '情識'이며, '내장의 느낌'이다. 장자에게 있어서 기가 결절을 이루어 생명을 이룬다는 것은 '느낌'과 지각[61] 활동을 한다는 근원적인 사태이다. 그러나 이러한 오장의 지각 활동이라는 자연성이 이목의 총명이라는 인위적 분별 작용에 의해 강제되고 조작되거나 억압될 때 생명은 훼손되고 파괴된다.

몸은 존재와 인식을 연결시키는 매개이다. 몸은 기의 결절이라는 존재의 양상이지만 동시에 모든 지각과 인지 활동은 몸에서 시작된다. 몸이라는 현상은 시각-뇌-이성을 통한 사유 이전에 이미 세계를 느낌이다. 그리하여 몸의 느낌, 오장의 지각 활동은 氣

---

59) A. N. Whitehead, *Process and Reality*, (오영환 옮김, 『과정과 실재』, 민음사, 1996, 각각 p.239와 p.243).

60) 이러한 몸의 이해를 뇌중심주의에 대해서 장기중심주의라고 불러도 좋을 것 같다. 도교의 神仙術에서 上丹田과 연결된 泥丸宮으로서의 腦를 중시하는 예외를 빼면 대체적으로 동양의 인체관은 장기중심주의라고 할 수 있을 것이다.

61) 여기서 지각은 흄 등의 경험론에서 말하는 지각이 아니다. 이것은 오히려 화이트헤드적 느낌(feeling)이나 라이프니츠가 모나드의 기본 특성으로 말하는 지각(perception)에 가깝다.

의 인식론적 측면의 근거를 이루며 보다 고차적 인식 단계를 가능
하게 한다. 그것을 우리는 精－神, 心齋에 대한 논의 속에서 찾아
볼 수 있다.


## 2) 氣와 精·神


일반적으로 장자를 유심론이나 경지의 측면으로 해석할 때 그
근거를 장자 그 자신이 최초로 사용한 '精神'이란 술어에서 찾는
다. 그러나 이 정신을 단순히 spirit나 mind의 의미로, 몸과 분리된
비물질적 실체로 보기에는 석연치 않은 점이 많다. 실제로 중국
철학의 전통 속에서 서구적인 의미의 철저한 心身二元論은 매우
낯선 것이다. 장자의 다음 말들을 보자.


> (1) 精神은 사방으로 트이고 흘러서 이르지 않는 곳이 없다. 위로는 하늘
> 에 닿고 아래로는 땅에 쌓인 채 만물을 변화 육성시키면서 그 모습은 보이지
> 않는다. 그 이름을 同帝라고 한다. 순수 소박의 도리는 오직 이 神을 지키는
> 데 있다. 이 神을 잘 지켜서 잃지 않으면 神과 하나가 되고 순일한 精이 通
> 하게 되어 자연의 이치와 합일된다.[62]

> (2) 홀로[獨] 천지의 精神과 왕래한다.[63]


(1)에서 볼 때 천지사방을 가득 채우고 있으며 만물을 기화 생성
시키는, 보이지 않는 그 무엇인 정신은 주관이나 객관 어느 한 면

---

62) "精神四達竝流, 无所不極, 上際於天, 下蟠於地, 化育萬物, 不可爲象, 其名爲同帝. 純
   素之道, 唯神是守. 守而勿失, 與神爲一, 一之精通, 合於天倫."「刻意」
63) "獨與天地精神往來"「天下」

에 국한된 것이라 할 수 없다. 이를 명확히 하기 위해서는 다음에 이어지는 대목에서 精과 神이 분리되어 나타나고 있음을 눈여겨보아야 한다. 실제로 정신은 정과 신이 결합된 개념이다. 정신을 알기 위해서는 정과 신이 무엇을 말하는 것인지를 알지 않으면 안 된다. 『白虎通』「性情」 편에는 "精이란 고요함이라, 변화를 베푸는 태음의 氣이다. (중략) 神은 恍惚이며 太陽의 氣이다."[64]라고 풀이하고 있으며, 『大戴禮記』「曾子天圓」에서는 "陽의 精氣를 神이라 하고, 陰의 精氣를 靈이라고 한다."[65]라고 하여 정과 신을 기와 연결하여 따로 규정하고 있다. 이렇게 볼 때 정과 신은 모두 기의 다른 측면들이며, 기의 다른 기능을 가리키는 것이라고 보아야 할 것 같다. 諸橋轍次의 『大漢和辭典』에서는 정신을 영묘한 마음, 영혼, 精靈, 精氣, 生氣가 넘치는 것, 氣力, 根氣 등의 다양한 의미로 풀이하고 있다. 諸橋轍次의 풀이에서도 우리는 많은 '氣' 자를 발견할 수 있다.

장자에게 있어서 精이란 미세한 것을 가리키는 말이다.[66] 이러한 정은 대체로 생명을 내포하고 있는, 발생학적 의미의 시원적이고 미세한 어떤 것을 말하는데 기실 그것은 기의 다른 말이다. 이는 그 당시 상당히 일반화된 견해인 것 같다. 『周易』「繫辭·下」의 "수컷과 암컷의 정이 얽어져서 만물이 화생한다(男女構精, 萬物化生).", 『管子』「水地」 편의 "수컷과 암컷의 정기가 합해져서

---

64) "精者靜也, 太陰施化之氣也. (중략) 神者恍惚, 太陽之氣也." 『白虎通疏證』, 中華書局, 1994. p.390.

65) "陽之精氣曰神, 陰之精氣曰靈." 王聘珍撰, 『大戴禮記解詁』, 中華書局, 1989.

66) "夫精, 小之微也." 「秋水」

물이 흘러 형체를 이룬다(男女精氣合而水流形)." 등이 바로 그러한 용례이다. 또한 『管子』「內業」 편에서는 정을 기의 정수로 보고 있다(精也者, 氣之精也). 따라서 정이란 생명(의 씨앗)을 내포하고 있는 생명 활동의 가능태로서의 기라 할 수 있으며 이를 精氣라고 부를 수 있겠다. 그래서 「繫辭」에서는 이 정기가 만물을 이룬다고 하였다(精氣爲物).

神은 恍惚한 것이다. 노자에게 있어서 황홀은 道가 가지는, 있는 듯 없는 듯한 작용의 모습이다. 이는 또한 氣의 기화 운행의 형용이기도 하다. 「계사」에서 "음양의 변화가 측량할 수 없음을 일컬어 신이라 한다(陰陽不測之謂神)."는 것이 바로 이를 말함이다. 신은 무궁하게 기화 유행하는 기의 신묘한 작용성을 말한다. 이러한 신은 또한 神氣라고도 할 수 있다. 이러한 해석에 따른다면, 결국 정신이란 생명을 품고 있는 가능태로서의 기와 그 기의 작용성을 결합한 개념이 되겠다. 즉 정과 신은 기로 이루어진 모든 존재가 가진 특성이다.

徐復觀에 따르면 장자는 이러한 객관적 존재 세계의 정과 신을 내재화하여 심령활동의 성격으로 삼았다.[67] 내재화되어 심령활동이 된 정신은 인지적 기능의 측면을 이루게 된다. 이러한 과정을 (1)의 끝 부분에서 살펴볼 수 있다. 신을 잘 지키고 내재화하여 천지(존재 세계)의 신과 합일되면 신의 신묘한 인지 활동에 의하여 精氣가 존재 세계와 通하게 되어 자연의 이치와 합일된다.

주관의 인지적 기능을 이루는 정신은 몸과 뗄 수 없는 관계 속

---

67) 徐復觀, 『中國人性論史』, p.387.

에 있다. 오히려 정신이란 몸의 생명 활동 그 자체이다. 또한 몸의 생명 활동이란 다름 아닌 세계와의 부단한 교류, 인지 활동이기 때문이다. 도가 사상과 상당한 상호 영향력의 흔적을 찾을 수 있는 한의학에서도 역시 정신은 몸과 분리될 수 있는 독립적 실체가 아니다. 『황제내경·영추』「본신」편에서는 "혈·맥·영·기·정신은 이 오장이 저장하고 있다(血脈營氣精神, 此五藏之所藏也)." 라고 하였는데, 여기에서 정신은 혈, 맥, 영, 기와 같은 층위에 있는 생명 활동의 요소이며 오장 속에 있다.「본신」편에서는 이어서 "생명의 근원을 정이라 하고, 양쪽의 정이 마주쳐서 형성된 것을 신이라(故生之來謂之精, 兩精相搏謂之神)" 하고 있다. 신은 생체를 이루는 정의 소산이며 정과 이어져 있는 것이다. 금원 4대 의가 중의 한 명인 李東垣은 "기라는 것은 신의 할아버지뻘이며 정이란 곧 기의 자식뻘이다. 기라는 것은 정과 신의 뿌리이다(氣者神之祖, 精乃氣之子, 氣者, 精神之根蔕也)."라고 하였다.[68] 氣와 精과 神은 이어져 있는 한 가계인 것이다.

여기서 신이란 현대의 신경과학자인 마투라나가 말하는 의미에서의 인지작용을 포함한다. 현대의 신경과학자 마투라나와 바렐라에 따르면 생명의 과정이란 인지, 앎의 과정인 것이다. 유기체의 인식활동이란 개체와 환경의 상호 작용의 영역 안에서 감각 작용적 상관관계로서 일어나는 활동이다. 따라서 가장 단순한 생물도 지각을 하며, 인지능력을 갖는다.[69] 또한 여기에는 대뇌피질의 작

---

68) 김호, 『東醫寶鑑의 人體論』, 韓國學報 95호, p.127에서 재인용.
69) Humberto R. Maturana & Francisco Varela, *Der Baum der Erkenntnis*, (최영호 옮김, 『인식의 나무』, 자작아카데미, 1995), pp.172 - 181 참조.

용도 당연히 포함한다. 정신이란 이러한 기의 두 가지 양태인 정과 신을 통합하는 말이다. 정신은 몸에서 분리되는 독립적 실체일 수가 없다. 정신은 한의학에서 말하는 上下焦의 합이며 그것이 바로 몸이다.70)

정신은 기가 가지는 보편적 현상이며, 달리 말하자면 몸이 가지는 보편적인 현상이라고 보아야 한다. (2)에서 '천지의 정신'이 이를 예증한다. 천지란 존재 세계의 큰 틀이며 음양 기운의 다른 이름이다. '獨'은 지인이 도달하게 되는 주관적인 정신 경지이다. 이 주관적 인지활동으로서의 정신과 천지의 기화 유행으로서의 정신이 서로 왕래한다. 이것을 장자는 「達生」편에서는 "以天合天"이라고 하였다. 따라서 '정신' 개념은 유심론, 주관적 경지의 일방적인 예증일 수는 없다. 장자에게 있어서 정신이란 주관과 객관을 넘나드는 기호이며 그 통로를 이루는 경계이다. 이러한 정신의 활동이 가능한 것은 心과 物을 관통하는, 일체의 가능근거인 기에 의해서이다. 장자는 '心齋'를 통해서 心物의 관통을 더욱 심오하게 드러낸다.

---

70) 김용옥, 1994년 5월 21일 행해진 「도올東醫壽世保元강론」에서 참조할 것. 그리고 라이프니츠에게 있어서 '지각(perception)'은 여기서의 '神'의 개념과 매우 유사하다. 그에 따르면 모든 단순체(모나드)는 다양성을 포함하고 그것을 표현하는 것이 '지각'이다. 따라서 그는 의식 위에 떠오르지 않는 지각은 없는 것으로 생각하는 데카르트를 비판한다. 데카르트는 이성적 정신만이 단자며 동물이나 다른 여러 가지 엔텔레키라고 불리는 것 따위에는 정신이 전혀 없다고 믿는다. 여기서 라이프니츠는 데카르트가 신체로부터 유리되어 존재하는 정신만을 인정하는 데로 나아간다고 비판한다(『단자론』 § 14 참조). 氣의 작용이 神이라면 일체의 존재가 神을 가진다. 따라서 몸과 정신은 분리할 수 없다. 마찬가지로 라이프니츠에게 있어서 모든 단자는 '지각'을 가진다. 따라서 단자로 이루어진 일체의 몸이 지각을 가진다.

## 3. 존재와 인식의 和諧로서의 氣

인식으로서의 기는 心齋를 통해 그 궁극의 경지에 이르게 되며,
동시에 심재를 통해 인식론의 영역을 넘어서 존재로서의 기와 융
합하는 모종의 신비주의적인 경계를 연다.[71]

    (1) (위나라 군주와 같은 사람은) 자기 입장에 집착하여 남의 감화[化]를
받지 않는다. 겉으로는 타협하지만 마음속으로는 이와 같지 않다. (중략)
    (2) 너는 마음을 전일하게 하라. 귀로 듣지 말고 마음으로 듣고, 마음으로
듣지 말고 氣로 듣도록 하라. 귀는 소리를 들을 뿐이고, 마음은 밖에서 들어온
것에 맞출[符] 뿐이지만, 氣란 공허하여 무엇이나 다 받아들인다. 참된 도는
오직 빔 속에 모인다. 이 빔이 곧 심재이다. (중략)
    (3) 저 텅 빈 곳을 보아라. 아무것도 없는 텅 빈 곳에서 눈부신 빛이 생성
되나니. (중략)
    (4) 귀나 눈을 안으로 통하게 하고 마음의 작용을 밖으로 향하게 하면 귀
신도 찾아와 머문다. 하물며 사람에 있어서랴. 이것이 만물의 감화[化]이다.[72]

(1)에서 (4)는 위나라의 포악한 군주에게 가서 감화 설득시키려
는 안회와 이에 충고하는 공자의 일련의 연결되는 대화에서 발췌
한 내용이다. 이때 '化'는 전체 문맥으로 볼 때는 '感化'로 번역하
는 것이 옳을 것 같다. 그러나 '化'는 『장자』속에서 주로 '氣化'
를 의미하는 것이다. 감화가 인간관계에서 일어나는 작용이라면 기

---

71) 王世舜과 王蒨은 氣의 분석을 통해 장자 철학에서 애써 신비주의의 색채를 지우려고 기획
하고 있다. 따라서 그들은 心齋의 氣가 비로소 열게 되는 경계에 대해서는 침묵하고 있다.

72) "將執而不化. 外合而內不訾. (중략) 若一志. 无聽之以耳而聽之以心. 无聽之以心而聽
之以氣! 耳止於聽. 心止於符. 氣也者. 虛而待物者也. 唯道集虛. 虛者. 心齋也. (중략)
瞻彼闋者. 虛室生白. (중략) 夫徇耳目內通. 而外於心知. 鬼神將來舍. 而況人乎! 是萬
物之化也."「人間世」

화는 존재 관계에서 일어나는 생성 작용이라 할 수 있다. 여기서 '化'는 이 양 경계를 넘나든다. 즉 化는 감화이기도 하고 기화이기도 하다(감화가 기화가 만나는 지점에 物化가 있다. 이 점은 뒤에서 다시 다룰 것이다).

(2)에서는 인식의 층차를 보여주고 있다. 귀는 감각기관을 통한 단순한 지각의 층이다. 이는 가장 저급한 인식의 수준을 말한다. 마음은 그다음 층을 형성한다. 마음은 단순한 지각을 통해 들어온 데이터를 분별하고 결합한다[符]. 데이터를 가위질하고 붙여서 그 야말로 제 마음에 맞게 편집한다. 귀의 차원이 칸트의 感性에 상응한다면 마음의 차원은 悟性에 해당한다. 오성은 감성을 통해 들어온 외부의 자료를 오성 자체가 가진 범주를 통해 분별하고 결합한다. 이러한 일련의 과정을 통한 인식이 분별지이다. 그러나 이것을 통해서도 남을 감화시키는 것은 불가능하다. 마지막, 氣로 듣는 심재는 인식의 최고 차원이다.[73) 그러나 그것은 끝없이 인식의 차원 밖으로 벗어나고 있는 차원이기도 하다. 도대체 氣로 듣는다는 것은 무엇을 말하는 것인가?

(4)를 보면, 밖의 객관 대상으로 향해야 할 감관 지각을 안으로 돌리고 주체의 안에서 수행되어야 할 마음의 작용을 밖으로 돌림으로써 인식의 시선들을 뫼비우스띠처럼 꼬아 버린다. 여기서 주체의 객체화와 객체의 주체화라는 착종이 이루어진다. 그리하여 주―

---

73) 黃宗羲의 心과 氣를 연결시키는 다음과 같은 주장은 장자의 心齋의 氣와 상통한다. "천지 간에 단지 하나의 기가 충만하게 두루 있어서 인간을 생성하고 만물을 생성한다. 인간은 이 기를 품부받아서 태어나고, 마음이란 곧 이 기가 머무는 신령스러운 곳이다. (중략) 마음이 곧 기다(天地間只有一氣充周, 生人生物. 人稟是氣以生, 心卽氣之靈處 (중략) 心卽氣也)." 『孟子師說』(張岱年, 『中國哲學大綱』, 김백희 옮김. 까치글방. 1998, p.202에서 재인용).

객의 일반적인 도식을 해체시키고 인식의 시선을 무력화시킨다. 결국 심재의 氣는 시선의 비우는 시선, 인식을 비우는 인식이 되는 역설이다. 그리하여 그것은 비어 있기 때문에 세계 전체를 다 받아들일 수 있는 제유의 구멍이 되는 것이다. 그것은 마음이 가위와 풀을 던지고, 편집을 하고자 하는 욕망을 비우는 것이다. 마음을 비우고 일체의 모든 것을 있는 그대로 받아들이는 것이다. 그리하여 마음과 사물 세계를 관통하는 기의 율동에 전적으로 참여하는 것을 말한다.[74]

(3)은 이러한 인식을 비우는 인식을 통해 얻을 수 있는 것이 무엇인가를 매우 시적으로 암시하고 있다. 여기서 빛[白]은 무엇인가? 福永光司의 표현을 빌리자면 '우주적 직관'[75]이다. 이것에 의해 비로소 (4)의 만물의 감화가 가능하게 된다. 그리고 우주의 기화 생성에 동참하게 된다. 이것은 주-객 대립을 전제로 하는 인식의 차원을 넘어서는 것이며, 결국 주-객 대립을 넘어선 화해이다. 이 화해야말로 감화이며 기화이다. 張立文은 심재의 기를 정신의 직각적 작용이며 이것에 의해 物과 我의 경계가 사라진다고 하였다.[76] 이러한 물아의 경계가 사라진 다분히 신비주의적인 화해

---

74) 진고응(陳鼓應)은 이렇게 말하고 있다. "마음과 기는 확연히 구분되는 두 가지가 아니다. 마음이 수양을 통해 무념과 깨달음의 경지에 도달한 것을 일컬어 기라 한다."(『노장신론』, p.271 참조.)

75) 福永光司, 『장자』, 東京, 朝日新聞社, 1973, p.147. 여기서 그는 氣를 우주적 직관으로 해석하고 있다. 이 우주적 직관에 의해서 드러나는 것, 이것이 본 논문의 중심 과제인 참실재이다.

76) 張立文, 앞의 책, p.36. 레비-스트로스는 그의 『야생적 사유』에서 정신과 자연, 사유와 물질을 공통으로 연결시켜 주는 연결 고리나 돌쩌귀가 바로 무의식이라고 보았다. 그에게 있어서 무의식은 인간의 것이면서 동시에 자연의 것이다. 그가 말한 야생적 사유는 곧 자연과 인간, 정신과 물질을 공통으로 관통하는 무의식적 사유와 다를 것이 없다(김형효, 『구조주의의 사유 체계와 사상』, 인간사랑, 1994, p.153-154 참조). 『장자』 심재의 氣는

란 매우 심미적 사태이다.

존재와 인식, 주관과 객관, 혹은 세계와 자아를 통일시키는 데는 3가지 방식이 있을 수 있다.

첫째, 세계를 자아화하는 것이다. 이때 세계에 대한 인식은 곧 세계를 지배 소유하는 것이 되기 쉽다. 독자적 가치와 실체성을 가진 것은 나 자신뿐이며 나머지 세계는 수단적·도구적 가치밖에 없는 비실체이다. 그러나 장자가 추구하는 바는 이러한 세계의 자아화와는 사뭇 다를 뿐만 아니라 오히려 대립된다. 장자에게서 발견되는 것은 자아의 확대가 아니라 자아의 해체[喪我]요 자아의 비움[無己]이다.

둘째, 자아의 세계화이다. 여기서 주관·주체란 말은 사라진다. 세계는 주관이 끼어들 여지가 없는 사물 존재들의 세계가 된다. 장자가 「천하」편에서 비판하고 있는 愼到의 무리 등이 이에 해당되겠다.

> 愼到는 知를 버리고 자아를 떠나 자연의 어쩔 수 없음에 따라서 사물에 대해 냉정하게 행동하는 것을 도리로 여겼다. (중략) 그래서 (신도는) 말한다. "무지한 사물처럼 되면 그것으로 그만이다. 賢聖의 능력을 쓰지 말아라. 저 흙덩어리는 (자연의) 도를 잃지 않는다." 호걸들은 서로 이 주장을 비웃으며 "신도가 말하는 도는 산 사람의 행동이 되지 못하고 죽은 자의 도리이다."라고 말한다. (신도의 이런 주장은) 정말 사람들로 하여금 괴이하게 여기게 만든다.[77]

---

야생적 사유의 무의식에 상응한다. 다만 장자에게 있어서 심재의 기는 無－意識이 아니라 최고의 오랜 수련을 통해 획득할 수 있는 모종의 최고의 경지이다.

77) "是故愼到棄知去己, 而緣不得已, 泠汰於物, 以爲道理. (중략) 故曰:「至於若无知之物而已, 无用賢聖. 夫塊不失道.」豪桀相與笑之曰:「愼到之道, 非生人之行, 而至死人之理, 適得怪焉.」"「天下」

"지를 버리고 자아를 떠나"는 것은 일견 장자의 심재와도 유사한 것처럼 보인다. 그러나 사물을 냉정하게 대하고, 무기체의 흙덩어리처럼 되는 것은 장자의 길과 전혀 상반된다. 장자의 심재는 일체의 사물(전체)을 받아들이는 것이며 이는 열린 심령을 통한 세계 전체와의 생명적 감응을 추구하는 것이지 죽은 사물이 되자는 것이 아니다. 이러한 사물화와는 달리 장자 속에는 心, 靈臺 등의 주관적 경지의 역할이 매우 주도적이다.

마지막 방법은 주관과 객관, 세계와 자아가 화해되어서 열리는 새로운 경계, 즉 장자의 길이다. 王玫에 따르면 『장자』에서 주객관계는 주체가 본위적이고 주도적인 작용을 일으키지만 주체와 객체는 모두 대립적인 양극이 아니라 서로 화해되는 것이며 상호 관계하는 전일적 체계이다.[78] 심재의 기에 의해서 지시되는 물아의 융합, 주객의 화해, 장자의 경계는 여기에 있다.

> (1) 雲將이 동쪽으로 여행하여[遊], 扶搖의 나뭇가지 아래를 지나다가 우연히 홍몽을 만났다. (중략) 운장이 물었다, "노인장은 뉘시오? 노인장은 어째서 그러고 있소?" 홍몽이 넓적다리를 두드리며 깡충깡충 뛰놀면서 운장에게 대답했다. "놀고 있소[遊]." (중략) 운장이 물었다. "하늘의 기는 조화를 잃었고, 땅의 기는 막혀서 뭉쳤으며 六氣는 고르지 못하고, 사철은 순조롭지 않습니다. 지금 나는 六氣의 정수를 모아 모든 생물을 육성해 나가고 싶습니다. 어떻게 하면 좋을까요?" 홍몽은 넙적다리를 두드리고 껑충껑충 뛰면서 고개를 내젓고 말했다. "난 몰라, 난 몰라." (중략)
> (2) 홍몽, "마음을 수양해야 하오. 당신이 그저 아무것도 하고 있지 않으면 사물은 저절로 감화되오. 당신의 형체를 잊어버리고 귀와 눈의 작용을 막아버리면 세상 사람들이 다 사물을 잊은 채 涬溟과 하나가 되는 거요. 마음을 풀어놓고 정신을 헤쳐내서 휑하니 아무것도 모르게 한다면 만물은 무성해져서

---

78) 王玫, 「從接受美學看莊子」, 『道家文化研究』, 第五輯, 上海, 上海古籍出版社, 1994, p.91 참조.

각기 그 근본으로 돌아가지만 그것을 알려 하지 않고 혼돈한 모양으로 평생 거기서 떨어지지 않고 하나가 되오. 만약 알려고 한다면 거기서 분리되어 버리오. 그 이름을 물어서는 안 되며, 그 참모습을 엿보아서도 안 되오. 만물은 본래 저절로 생겨나게 마련이오."[79]

유명한 雲將과 鴻濛의 우언이다. 운장은 구름을 주관하는 장수이다.[80] 이는 雲氣를 의인화한 것이다. '氣' 자의 옛 형태로 생각되는 '气'에 대해 『說文』에서는 雲氣를 본뜬 형상이라고 풀이하고 있는 것을 고려한다면 운장은 곧 氣임을 알 수 있다. 成玄英은 扶搖를 '神木'이라고 하였다. 신목은 신화학·종교학에서 흔히 말하는 우주목이며 우주목은 하늘과 땅을 이어 주는 중심이며 통로이다.[81] 「소요유」 편에서는 붕이 날아오를 때 扶搖를 치면서 날아오른다고 말하고 있다(搏扶搖而上者九萬里). 이때 부요는 회오리바람이다. 회오리바람 역시 아래와 위를 연결하는 통로가 된다. 그 통로를 타고 붕은 구만리장천으로 날아오르는 것이다.

하늘과 땅이 이어지는 통로란 곧 양기와 음기가 혼융되는 자리이다. 이 자리에서 놀고 있는 홍몽은 음양의 기운이 혼융되어 있

---

79) "雲將東遊, 過扶搖之枝而適遭鴻蒙. (중략) 曰, 「叟何人邪? 叟何爲此?」 鴻蒙拊脾雀躍不輟, 對雲將曰, 「遊!」 (중략) 雲將曰, 「天氣不和, 地氣鬱結, 六氣不調, 四時不節. 今我願合六氣之精, 以育群生, 爲之奈何?」 鴻蒙拊脾雀躍掉頭曰, 「吾弗知! 吾弗知!」 (중략) 鴻蒙曰, 「噫! 心養. 汝徒處无爲, 而物自化. 墮爾形體, 黜爾聰明, 倫與物忘. 大同乎涬溟, 解心釋神, 莫然无魂. 萬物云云, 各復其根, 各復其根而不知. 渾渾沌沌, 終身不離. 若彼知之, 乃是離之. 无問其名, 无闚其情, 物固自生.」" 「在宥」

80) 李頤注 "雲將, 雲之主帥也." 안동림, 『莊子』, p.298.

81) 엘리아데에 따르면 세계의 중심은 세계의 기둥 아래에 있으며 세계의 기둥은 흔히 우주산, 우주목으로도 나타난다. 그 세계의 중심은 지하, 지상, 천상의 연결점이며 통로이다(M. Eliade, *The Sacred and the Profane*, 이동하 역, 『성과 속 – 종교의 본질』, 학민사, 1983, pp.29 – 33 참조). 단군 신화 속의 신단수 역시 이러한 우주목이며, 오늘날까지 우리의 민속에 남아 있는 솟대는 우주목의 변형이다. 솟대는 천상과 지상을 연결하는 통로인 것이다.

는 자연의 元氣와 같은 것이라고 보아야 할 것이다. 그렇다면 운장이라는 기와 홍몽이라는 기는 무엇이 다른가? 여기에는 매우 심각한 인식론적 함의가 깔려 있음을 (1)의 말미에 있는 홍몽의 대답 "난 몰라"와 (2)의 말미에 있는 "만약 알려고 한다면 거기서 분리된다."는 등의 구절들을 통해 짐작할 수 있다.

운장은 '東遊'하는 氣이다. 여기에는 東이라는 방향성이 있다. 또한 전체적인 문맥을 볼 때 그의 遊는 뭔가를 찾기 위한 목적을 가진 여행이다. 그는 무엇인가를 알고자 한다. 알기 위해 홍몽에게 질문을 던지는 인식론적인 기이다. 반면 홍몽은 인식론적 기가 이를 수 있는 궁극적 상태, 존재와 융합되어 버린 기(심재의 기)이며, 그리하여 무목적적으로 놀고 있는 기이다. 홍몽을 이해하기 위해서는 '놀이'를 이해해야 한다.

호이징하는 놀이의 특징으로 다음 두 가지를 들고 있다. 첫째, 놀이는 자유스러운 것, 바로 자유이다. 모든 놀이는 자발적인 행위이며 명령에 의한 놀이는 이미 놀이가 아니다. "우주의 절대적 결정론을 부서뜨린 정신이 부서진 그 자리에 유입될 때, 비로소 놀이는 가능해질 수 있고 생각될 수 있고, 이해될 수 있다."82) 둘째, 놀이가 '일상적인' 혹은 '실제의' 생활이 아니라는 것이다. 따라서 필요와 욕망의 직접적인 만족 여부의 바깥에 있다. 홍몽의 놀이는 자유의 놀이이며 일체의 필요와 욕망이 사라진 무목적성의 놀이이다. 그러나 홍몽의 놀이는 호이징하가 말하는 문화적 놀이에서 다시 한 번 해체되는 자연의 놀이, 존재의 놀이다. 그리하여 홍몽의

---

82) J. huizinga, *Homo Ludens*, (김윤수 옮김, 『호모 루덴스』, 까치, 1987, p.14). 놀이의 특징에 대해서는 앞의 책 pp.18 - 23 참조.

놀이는 문화적 놀이에서 요구되는 놀이의 질서와 긴장, 규칙, 그리고 규칙에 대한 인지가 해체되고 노는 자와 놀이 대상, 놀이 그 자체가 하나로 화해되어 버리는 놀이이다. 이러한 놀이의 경계로 들어가기 위해 필요한 것이 인식의 경계를 넘어서는 것이다. 이는 곧 주객의 분리를 극복하고 화해하여 하나가 되는 것을 말한다. 감각과 지식 형체를 버리고 우주와 大通하는 坐忘은 이러한 인식을 넘어서는 화해 과정을 잘 보여주고 있다. 주객의 분리를 가로질러 크게 통하는 것이 홍몽의 놀이다. 주객의 분리가 사라질 때 인식도 지식도 사라진다. 인식 대상도 인식 주관도 사라진다. 그리하여 존재와 인식이 하나가 된다. 하나의 기가 된다. 홍몽의 "몰라"라는 대답은 이러한 경계를 보여주는 것이다.

여기서 분명히 해야 할 것이 있다. 홍몽과 그 자신이 말하고 있는 '滓溟'은 모두 자연의 원기이며, 우주적 결정론이 용해되는 자리인 혼돈이다.[83] 그러나 홍몽과 행명은 이름이 다르듯이 미묘한 구분이 있다. 이 우화 속에서 비록 홍몽이 의인화된 기라 할지라도 그는 어디까지나 주체성을 가진 것이고 행명은 그 주체가 지시할 수 있는 다른 그 무엇이다. 홍몽 자신이 운장에게 권하고 있는 '행명과 하나가 되는 것'과 행명 그 자체는 다르다. 행명이 자연의 기라고 한다면 홍몽이란 그것과 하나가 되어 있는 주체이다. 즉 홍몽이 주객의 화해 속에 드러난 경계라면 행명이란 장자의 실재

---

83) 成玄英은 鴻濛을 元氣로 보고, 滓溟을 자연의 氣로 보고 있다(郭慶藩, 앞의 책, p.385, p.391). 자연의 기가 곧 원기다. 원기가 未分渾沌의 氣일 때, 滓溟은 漢代에는 명확하게 원기를 가리키는 것으로 사용되었다. 王充은 『論衡』「談天」에서 "滓溟蒙澒, 氣未分之流也"라 하고 있다. 그러나 필자는 텍스트 속에서 홍몽과 행명의 미묘한 차이에 주목하고자 한다.

경계를 가능하게 하는 바탕으로서의 근원적인 기이다. 氣 그 자체
는 실재가 아니라 실재가 드러나는 경계를 가능하게 하는 조건이
다. 장자에게 있어서 주객의 화해라는 심미적 사태에 의해 이루어
지는 것이 지극한 경계이며 이 경계 속에서 드러나는 것이 '참으
로 실재하는 것'이다.

정세근은 그의 책 『莊子氣化論』에서 氣化論의 입장에서 정신
경지의 문제를 나름대로 포섭하고 있다. 그는 기의 복합적이고 다
층적인 성격을 이렇게 말하고 있다.

> 氣는 보편적이며 동시에 물질적이다. 다시 말해서 기는 '보편성을 가진 물
> 질'이다. 뿐만 아니라 기는 사람의 생명 생사의 주체이며, 동시에 우주 만물이
> 부단한 변화를 유지하게 하는 주체이다. 요컨대 기는 나와 만물의 변화 주체
> 이다.[84]

그에게 있어서 氣는 心物을 포섭하는 참다운 실재이다. 그러나
나는 그와 약간 견해를 달리하고자 한다. 氣는 실재 그 자체이기
보다는 실재의 경계를 가능하게 하는 조건이다. 참다운 실재는 氣의
조건 위에서 심미적 주객융합이라는 창발적 단계로 한 걸음 나아가
야 한다. 이것은 소위 주체의 '깨달음'을 요구한다. 이러한 모종의
'깨달음'과 결합하지 못할 때 氣는 접힌 가능성의 허상일 뿐이다.[85]

이러한 실재의 경계에로 들어가는 문이 언어적으로 弔詭이며 인

---

84) 鄭世根, 『莊子氣化論』, 臺北, 學生書局, 1993년, p.20.

85) 정세근 자신도 장자의 氣가 가지는 의의를 노자 道의 恍惚의 가능 근거를 해석해 주는 것
으로 보고 있다(『莊子氣化論』, p.48). 그러나 정세근의 여기에서 道의 恍惚에 대한 더 이
상의 천착은 보여주지 않는다. 그의 관심은 어디까지나 氣에 있는 것이다. 반면 본고의 입
장은 恍惚한 道를 참실재로 본다. 따라서 氣는 실재가 아니라 실재의 가능 조건이다. 장자
의 언어를 빌리자면 氣 자체는 地籟에 불과하다. 참실재는 天籟이다.

식론과 수양론적 측면에서 말하자면 심재이며, 심재의 기이다. 행명의 상태가 아니라 행명과 하나 되는 혼몽의 경계 속에서 드러난 실재의 경계가 이제부터 우리가 다루어야 할 장자의 심미적 실재관이 될 것이다.

요컨대 장자 자연학의 핵심 개념인 기는 매우 자연학의 영역을 넘어서는 다층적인 의미망을 가지고 있다. 기는 존재의 생성 질료이지만 동시에 지각 활동이며 나아가서 정신을 이루기도 한다. 여기서 더욱 중요한 것은 氣는 본래적으로 존재와 인식이 분리되지 않은 근원의 것이지만 또한 존재와 인식이 이미 분리된 이후에도 수련을 통해 획득할 수 있는, 존재와 인식의 화해의 조건을 이룬다. 존재와 인식이 한 덩어리가 될 때 그것은 모르는 것이 된다. 그리하여 언어·논리의 차원을 넘어서게 된다. 장자의 언어가 역설적 弔詭가 될 수밖에 없음은 그 언어의 표상 대상이 되는 기의 이러한 특성 때문이다.

# 제4장  장자 실재관의 특성

무엇이 참으로 있는가라는 존재론적이고 실재론적인 질문은 서양 철학사를 관통하는 화두일 뿐만 아니라 위대한 동양의 정신들에 있어서도 회피될 수 없는 것들이었다. 그러나 질문의 형식은 유사하지만 그것을 통하여 추구하는 바는 사뭇 서로 달랐다고 할 수 있다. 서양의 정신사가 대체로 이해와 지식에 비중을 두어 왔다면, 중국의 정신사는 거의 예외 없이 그러한 질문을 통한 모종의 깨달음을 인생의 가치·행복과 연결시키려고 해 왔다. 이것은 엄밀히 말하자면 실재의 문제라기보다는 실재관의 문제이다.

어떻게 해서 존재론적 질문이 가치론적 해결과 실재관 속에서 만날 수 있을까? 이 존재론과 가치론을 가운데서 연결시켜 주는 것이 존재(대상)와 인식(주체)의 화해이다. 여기에 장자 실재관의 특수성이 있다. 우리는 이미 3장에서 장자 실재관의 조건을 이루는 氣에 대한 검토에서 기가 가지는 존재와 인식의 화해이라는 특성을 살펴보았다. 이러한 氣論에 조건한 『장자』의 실재관은 존재와 인식, 존재와 가치 화해의 한 극단적인 전형을 이루고 있다.

장자의 문제의식은 대체로 노자를 계승하고 있다. 송항룡은 노장철학의 특징을 회의와 부정으로 보고 그 바탕은 확실성의 요구,

진지의 요구성이라고 하였다. 나아가서 그는 부정이란 회의의 불확실성에서 한 걸음 확실성 - '최소한 이것은 아니다.'라는 것 - 에로 나아간 것이며, 장자가 회의의 기반 위에 있다면 노자는 부정의 기반 위에 있다고 분석한다.[1] 회의는 내용이 없지만 부정은 그 자체가 하나의 내용이다. 따라서 부정보다 회의가 더욱 해체적이라고 할 수 있다. 노자는 보다 객관적인 道의 실상을 역설적 논리 구조 속에서 묘사하고 있지만 장자는 무규정의 무궁무진한 혼돈 속에 서 있는 것 같다. 장자는 오히려 무궁무진한 기화를 긍정하고자 한다. 그는 절대적이고 객관적인 법칙을 통하여 세계를 질서 지음으로써 얻게 되는 안식처를 거부하고 무질서와 혼돈을 견디려 하고 있다.[2] 크릴(H. G. Creel)은 장자에게 있어서 무진장한 변화와 자연의 '창조적' 재능은 자연의 질서와 규칙성보다도 훨씬 중요하게 평가되고 있다고 지적하고, 따라서 장자의 경우 道라는 단어는 '자연의 질서'로서의 자연의 존재 양상으로 번역하는 것조차 제한되어야 한다고 주장한다.[3]

무질서와 혼돈이란 무엇인가? 그것은 언표불가능성과 맞닿아 있다. 『장자』 도처에서 우리는 이러한 언표불가능성과 인식불가능성에 관한 역설적인 진술들과 만난다. 이것은 실재의 부정을 말하는 것인가? 아니면 불가지론인가? 그러나 우리가 세계에 대한 장자의 태도를 좀 더 충실히 살펴본다면 이것이 존재와 인식, 존재와 가치, 현상과 실재의 화해를 통하여 성취하고자 하는 깨달음과 필연

---

1) 송항룡, 『동양철학의 문제들』, 여강출판사, 1987, pp.194 - 196 참조.
2) "무한한 변화에 그것을 맡기다."(因之以曼衍), "무한한 경지에 깃들다."(寓諸無竟) 「제물론」
3) H. G. Creel, *Chinese Thought*, The new American Library Inc. 1953, p.219.

적으로 연관된 것임을 알 수 있다. 그리하여 顔世安의 다음의 주장은 매우 의미가 깊다고 하겠다. "장자 철학은 자연의 무한성에 대한 경이이며 일체의 규칙·구조, 이러한 인류의 心智가 이룰 수 있는 존재 양식 모두 이 무한성 속에 해소된다. 그것은 인간으로 하여금 더욱 심오한 존재 방식에 대한 깨달음을 얻게 한다."4)

　장자는 실재를 부정하거나 혹은 불가지론자가 아니다. 다만 그가 파악한 실재가 상식적인 실재와 양상을 달리하며 따라서 그 표현이 다를 뿐이다. 장자가 파악한 이 다른 양상의 실재야말로 장자 철학에 있어서 道의 핵심을 이루고 있다. 道는 다양한 의미를 가지지만 그것은 무엇보다 일단 참된 존재, 즉 실재이다. 그것은 분명히 작용이 있고 존재하는 증거가 있다. 다만 유감스럽게도 일반적인 우리의 인식 방법으로는 파악할 수 없을 뿐이다. 우리가 어떤 다른 적절한 방법을 사용할 수 있다면 그것을 획득할 수 있다.5) 장자가 말하고 있는 실재 그 자체를 체험할 수 없다 할지라도 우리는『장자』라는 텍스트를 통해서 그 실재를 보는 관점과 구조를 살펴볼 수는 있다. 불변과 변화, 전체와 부분, 주체와 객체의 관계 속에서 실재의 구조는 그 특징을 드러낸다. 이 장에서는 이러한 관계 속에서 드러나는 궁극적 실재의 현현 양식을 살펴보고자 한다.

---

4) 顔世安, 「生命, 自然, 道」, 『道家文化硏究』第一輯, 上海, 上海古籍出版社, p.114.
5) "夫道, 有情有信, 無爲無形. 可傳而不可受, 可得而不可見." 「大宗師」

# 1. 불변과 변화

장자에게 있어서 자연 세계[天地]는 氣의 부단한 기화와 생성 속에 놓여 있다. 기는 언제나 기화 과정으로 있다. 그리하여 자연 세계는 끊임없는 분화[分]와 생성[成], 그리고 파괴와 소멸[毁]의 과정 속에 놓여 있다. "사물이 생겨나는 것은 마치 말이 달리듯 빠르다. 움직여서 변화하지 않는 것이 없고 시간에 따라 변동되지 않는 것이 없다."[6] 자연 세계를 생생불식의 大流行으로 파악하는 것은 중국 철학의 일반적 특성이기도 하다. 이러한 특성은 불변하는 실체론적 실재를 전제하고 일체의 사물이 그 실재로부터 구성되어 나온다는 관점과 대립한다. 董光璧은 전자와 같은 관점을 생성론이라고 하고 후자와 같은 관점을 구성론이라고 명명한다. 생성론은 변화를 생성과 소멸 혹은 轉化라고 보나, 구성론은 변화를 불변적 요소들의 결합과 분리라고 본다.[7] 여기서 다시 살펴보아야 할 것이 현상(appearance)과 실재(reality)라는 (서양)철학의 오래된 난제이다. '우리의 감각과의 관계 속에서 다양하게 변하는 현상과 감각으로부터 독립하여 현상의 배후에서 현상을 가능하게 하는 불변의 객관적인 그 무엇인 실재'라는 이원론적 문제는 사실은 구성론이 직면할 수밖에 없는 문제다. 반면 생성론 속에서는 변화와 변화를 가능하게 하는 것은 분리되어 있지 않다. 변화와 불변, 변화와 변화시키는 것은 상대적일 뿐이고 일체는 생성의 과정 속에

---

6) "物之性也, 若驟若馳, 無動而不變, 無時而不移." 「秋水」

7) 董光璧, 『當代新道家』, (이석명 역, 『道家를 찾아가는 과학자들』, 예문서원, 1994), p.119.

놓여 있다. 변화와 변화시키는 것이란 과정 속의 위상에 따라 상대적으로 정해질 뿐이다.

唐君毅는 유럽인은 현상 밖에서 또는 피안에서 실재를 구하는 경향이 있는데 대해 대체로 중국인은 현상 속에서 그것을 찾으려 한다고 하였다.[8] 장자 역시 현상과 독립된 초월적 그 무엇을 인정하지 않는다. 장자의 사유 체계 속에서 현상과 실재의 이분법은 매우 낯설다. 다만 장자는 "지식은 어떤 대상과 일치를 보일 때 옳은 것이 되는데, 그 대상이란 것이 고정 불변한 것이 아니다."[9] 라고 말함으로써 대상을 이루는 존재란 변화 속의 현상을 벗어나지 못하며, 그래서 불변하는 보편적 지식의 건립이 어려움을 말하고 있다. 대상도 부단한 생성의 과정 속에 있고 그것을 인식하는 주체도 부단한 생성 과정 속에 있다. 여기서 문제되는 것은 현상과 실재의 이분법이 아니라 우리의 인식 경험이 만나는 현상(변화)의 부분적 양상과 전체의 양상이다. 이것은 현상의 불변적 양상과 변화적 양상의 문제가 된다. 일반적으로 우리는 단지 일정 시점, 일정 공간의 대상만을 파악할 수 있을 뿐이다. 이러한 한계는 장자가 상대주의 – 관점주의의 인식론을 건립하게 된 바탕이다.

> 物을 물 되게 하는 것[物物者]은 물과 경계가 있지 않다. 물 사이에는 경계가 있으니 이것이 물의 경계라는 것이다. 그 경계 없는 것은 경계 있는 것의 영역으로 움직이고 경계 있는 것은 경계 없는 영역으로 움직인다.[10]

---

8) 唐君毅, 「論中西哲學中本體觀念之一種變遷」, 『文哲月刊』, 1936. 1.

9) "知有所待而後當, 其所待者特未定也." 「大宗師」

10) "物物者與物無際, 而物有際者, 所謂物際者也. 不際之際, 際之不際者也." 「知北遊」. 林希逸은 不際之際를 "道散而爲物也"로 際之不際를 "物全而歸道"로 해석한다. 즉 '之'를 '가다'는 의미로 해석하고 있다. 왓슨(Watson) 역시 'move'로 번역하고 있다. '際'

일반적인 이원론적 구도에서 보면 物物者가 실재이고 物은 현상이라고 볼 수도 있다. 그러나 장자에게 이 두 차원이 분리되어 있지 않고 상호 침투·전화한다. 그렇다면 왜 物과 物 사이에는 경계가 생기는가? 이것은 전체를 보지 못하는 관점주의와 긴밀한 관계를 가진다.

대상은 氣이며 그리하여 끊임없이 변화·생성하고 있기 때문에 만약 그 기화하는 대상의 한 국면을 잘라서 보는 관점주의를 넘어서서 그 대상의 실상을 파악하려면 변화의 전체 양상을 모두 알지 않으면 안 된다. 연속의 대상을 관찰하기 위해서는 연속의 관점을 가져야 한다.

변화는 시간과 공간을 통해서 일어난다. 여기에 시간과 공간의 문제가 제기된다. 콜링우드(Collingwood)는 서양의 현대 자연관의 변화를 설명하면서 최소 시간과 최소 공간의 원리를 제시한다.[11] 그의 원리는 우리의 논의에도 매우 유익하다. 그에 따르면 어떤 종류의 자연적 실체는 오직 일정한 양의 공간 안에서만 존재할 수 있다. 그것이 무한히 분할될 수는 없다. 그것이 그것이기 위해서는 가능한 최소량이 존재해야 한다는 것이 최소 공간의 원리(Principle of Minimum Space)이다. 그리고 자연적 실체가 그것이 존재하기 위한 일정한 양의 시간이 필요하다는 것이 최소 시간의 원리(Principle of Minimum Time)이다. 예컨대 물과 같은 자연적 존재 S1이 존재

---

를 '경계'로 번역하는 것에는 약간의 오해의 여지가 있다. 지금까지 본고에서 사용된 '경계'는 『장자』에 나오는 '境'의 번역어다. 필자는 '경계'를 주객이 만나서 이루어지는 모종의 새로운 지평이라는 의미에서 사용해 왔다. 그러나 여기에는 주객의 동일성뿐 아니라 차이성의 의미도 포함되어 있다. 즉 '際'라는 경계선, 사이 등의 의미도 포함하는 것이다.

11) Robin G. Collingwood, *The Idea of Nature*, London, Oxford University Press, 1965, pp.17-27. 이후 최소 공간과 최소 시간의 원리에 대한 내용은 여기서 참고한 것임.

하는 곳에는 어디에나 그것의 가능한 최소량인 물분자가 존재한다. 이 최소량이 그것보다 더 적게 될 경우에는 더 이상 그 실체의 부분이 아니라 다른 존재인 산소나 수소가 되어 버린다. 한편 물의 단일 분자 내에 존재하는 수소와 산소 원자들의 운동들이 그들의 움직임을 성립시킬 수 있는, 즉 그 단일 분자를 구성할 수 있는 최소 시간이 존재한다. 이보다 더 짧은 시간이 경과할 경우에는 수소와 산소 원자들이 존재하지만 물분자는 존재하지 않게 된다. 수소와 산소가 속하는 존재의 종류인 S2 역시 더 작은 소립자 음전기와 양전기로 이루어진 존재 S3과의 관계에서 최소 시간, 최소 공간의 원리의 적용을 받는다. 어떤 것이 S1 S2 S3 중 어디에 속하는가 하는 문제는 얼마만큼의 어떤 길이의 시간과 어떤 크기의 공간이냐 하는 문제에 의존하게 된다. 그리하여 "우리 인간들보다 훨씬 더 크거나 작은 동물들, 그들의 생애가 우리보다 훨씬 더 빠르거나 늦게 지나가는 동물들은 매우 다른 종류의 과정들을 관찰할 것이다. 그리고 이 관찰들에 의해 자연 세계에 대해 우리의 것과는 매우 다른 觀을 갖게 될 것이다."[12]

장자가 「소요유」 편에서 은유적으로 표현하고 있는 것은 콜링우드의 최소 시간의 원리와 최소 공간의 원리에 상응한다. 크기가 몇 천 리나 되는 鯤과 鵬으로 은유되는 존재 차원을 S1이라고 하고 매미[蜩], 산비둘기[學鳩]로 은유되는 존재 차원을 S2라고 한다면 이들 사이에 최소 시간의 원리와 최소 공간의 원리가 적용된다. S1의 차원이 성립하기 위해서는 北冥이라는 거대한 물과 九萬里

---

12) 콜링우드, 앞의 책, p.24.

라는 거대 공간이 필요하며 S2의 차원이 성립하기 위해서는 느릅나무[楡]와 박달나무[枋]의 작은 공간만이 필요하다. 또한 「추수」편의 '우물 안 개구리'[井䵷], 황하의 신 河伯, 그리고 북해의 신인 北海若, 그리고 天地는 각각 최소 공간의 차원들이 적용되는 다른 크기의 존재 차원을 나타낸다. S1과 S2 사이에도 다양한 중간 차원이 있을 수 있다. 그들 각각의 차원에 이르기 위해서 최소 시간의 원리가 적용됨을 장자는 비유적으로 말하고 있다.

(1) 사물의 생성이란 마치 말이 달리듯 하여 움직여서 변화하지 않는 것이 없고 시간에 따라 이동하지 않는 것이 없다.[13]

(2) 작은 지혜[小知]는 큰 지혜[大知]에 미치지 못하고, 짧은 수명[小年]은 긴 수명[大年]에 미치지 못한다. 어떻게 그렇다는 것을 아는가 朝菌은 밤과 새벽을 모르고 매미는 봄과 가을을 모른다. 이것이 짧은 수명이다. 초나라 남쪽 명령이라는 나무가 있다. 5백 년 동안은 봄이고 또 5백 년 동안은 가을이다. 아득한 옛날 대춘이란 나무가 있었다. 8천 년 동안은 봄이고 다시 8천 년 동안은 가을이었다. 그런데 지금 장수한 사람으로 아주 유명한 팽조를 세상 사람들이 이에 견주려 한다. 이 어찌 슬픈 일이 아니겠는가?[14]

(3) 우물 속에 있는 개구리에게 바다에 대해 말해도 소용없는 것은 살고 있는 곳(공간)에 사로잡혀 있기 때문이오. 여름 벌레에게 얼음에 대해 말해도 별수 없는 것은 살고 있는 철(시간)에 집착되어 있기 때문이오. 편협한 선비에게 도에 대해 말해도 통하지 않는 것은 (지식을 습득했던) 가르침에 얽매여 있기 때문이오.[15]

---

13) "物之生也, 若驟若馳, 无動而不變, 无時而不移." 「秋水」

14) "小知不及大知, 小年不及大年. 奚以知其然也? 朝菌不知晦朔, 蟪蛄不知春秋, 此小年也. 楚之南有冥靈者, 以五百歲爲春, 五百歲爲秋. 上古有大椿者, 以八千歲爲春, 八千歲爲秋. 而彭祖乃今以久特聞, 衆人匹之, 不亦悲乎!" 「逍遙遊」

15) "井䵷不可以語於海者, 拘於虛也. 夏蟲不可以語於氷者, 篤於時也. 曲士不可以語於道者, 束於敎也." 「秋水」

(1)에서 보는 것처럼 일체는 무궁한 변화의 시간 속에 있다. 그러나 누구나 그 무궁한 변화를 볼 수 있는 것은 아니다. 무궁한 변화의 실상을 알기 위해서는 긴 수명에 따른 觀을 가져야만 한다. (2)에서 S1이 大年의 차원이라면 S2는 小年의 차원이다. S1과 S2는 서로 다른 觀을 가질 수밖에 없다. 이 다른 觀을 장자는 大知와 小知로 표현하고 있다. (3)에서 이러한 공간과 시간의 차원이 '觀' 혹은 정신 차원의 은유가 될 수 있음을 편협한 선비의 예를 통해 보여주고 있다.

여기서 장자가 추구하는 것은 당연히 S1의 차원과 그 차원의 觀인 大知이다. S2의 觀에서는 불변하는 것으로 보이는 것이 S1의 觀에서는 변화 속에 있다. 예컨대 아침나절에만 사는 버섯인 朝菌의 눈에는 불변하는 아침밖에 없지만 매미는 아침이 밤으로 변하는 것을 볼 수 있다. 매미는 밤낮은 알지만 일 년 4계절의 변화는 모른다. 이렇게 나아간다면 보통 인간의 눈에 불변하는 것으로 보이는 산도 팽조의 눈에는 들로 변하는 것을 볼 수 있으며 명령의 눈에 영원불변한 것처럼 보이는 우주의 법칙도 대춘의 눈에는 무한한 변화 속에 있는 것을 볼 수 있다. 이렇게 볼 때 장자에게 있어서 변화는 불변보다 상위에 있다. 라마르크는 種이 고정된 것처럼 보이는 것은 인간이 그의 한정된 시각, 즉 한정된 시간적 전망으로부터 이들을 파악하려 하기 때문이지 그 종의 내적 안정성 때문이 아니라고 하였다.[16] 한정된 시각이 아니라 보다 큰 시각, 나아가서 무한한 시각에서 보면 세계는 끊임없는 변화일 수밖에 없다. 向秀·郭象은 그러한 변화에 대해서 다음과 같이 적절하게 말하고 있다.

---

16) 정해창, 「과정철학의 실재관」, (정해창 외 공저, 『동서양의 실재관』, 한국정신문화연구원, 1994), p.26.

> 聖人은 변화의 과정 속에서 노닐며 날로 새로워지는 흐름에 자신을 놓아둔다.
> 만물은 다양하게 변화하고 (성인 또한) 그 변화하는 만물과 더불어 다양하게 변
> 화한다. 변화하는 것은 끝이 없으며 성인 또한 그것과 더불어 끝이 없다.[17]

장자의 성인은 변화를 불변보다 높은 존재 차원으로 보고, 불변을 추구하는 것이 아니라 오히려 변화 속에 노닌다. 이것은 불변의 실재를 변화하는 현상보다 존재론적 상위에 위치 짓는 일반적인 상식의 전도다. 王中江은 道를 自然으로 보고 이 자연에 대한 일반적인 해석을 수정하고자 한다. 일반적으로 '自然'은 '自己如此'(스스로 이와 같다)로 해석하지만 '如此'는 쉽사리 완성된 결과·상태로 이해된다. 그러나 자연은 언제나 연속적 과정과 쉼 없는 활동을 수반하고 있다. 그래서 그는 자연을 '自己如之'(스스로 가는 것 같다), '自己如向'(스스로 어디를 향하는 것 같다)로 해석할 것을 제의한다.[18] 그것은 언제나 변화의 과정이다.

이러한 변화의 과정은 오늘날 화이트헤드(Whitehead)의 과정철학을 통하여 새로운 형이상학으로 구축되고 있다. 그의 과정철학에 의하면 실재는 변화의 과정(process)일 뿐이다. 종래 철학의 실체 개념을 대치하는 것으로 화이트헤드의 '현실적 존재'(actual entity) 혹은 '현실적 계기'(actual occasion)라는 개념을 제시한다. 현실적 계기는 세계를 구성하는 궁극적 실재인데 이것은 쉼 없이 생기하는 것이며 지금 여기서 일어나는 것으로서의 사건(event)이다.[19] 그

---

17) "聖人遊於變化之途, 放於日新之流. 萬物萬化, 亦與之萬化. 化者無極, 亦與之無極."「大宗師注」

18) 王中江,「存在自然論」,『道家文化研究』第九輯, 上海古籍出版社, 1995, pp.11－12 참조.

19) 안형관,『화이트헤드 철학의 이해』, 이문출판사, 1988, p.15.

에게 있어서 현실 세계는 끝없는 과정이며, 과정은 현실적 존재(계기)의 쉼 없는 생성(becoming)이다. 홀(D. L. Hall)은 화이트헤드의 철학과 도가의 道를 비교하면서 도가의 道를 한마디로 화이트헤드적 과정(process)으로 정의한다. 그에 따르면 과정은 이성의 형상부여적 성격 때문에 직접적으로 사유될 수 없고 직관의 동적이고 형상배제적 성질에 의해서만 직접적으로 느껴질 수 있다. 우리가 파르메니데스의 연장선에서 이성의 우선권을 받아들인다면 "단지 존재는 ～이다." 그리고 변화는 비실재이다. 한편 도가와 같은 직관의 우선권을 받아들이는 것은 "단지 생성은 ～이다."라는 믿음을 요구한다. 이런 경우에 있어서 영속성 혹은 실체적 형상은 형이상학적으로 이차적이다.[20] 홀이 말하는 이성이란 小知, 小年의 觀이며 직관이란 大知, 大年의 觀이라 할 수 있겠다. '있음'의 불변적 '상태'보다 '됨'의 가변적 '과정'인 열역학적 비평형상태에서 새로운 과학적 세계관을 찾으려는 프리고진(I. Prigogine) 역시 이러한 과정적 사유의 맥락 속에 있다. 이러한 세계 이해들은 기의 무궁한 기화 과정과 흐름 속에서 대상의 존재를 파악하고자 하는 장자의 입장을 현대어로 번역할 수 있게 해 준다.

일반적으로 정의·규정은 세계의 불변의 양태를 포착한다. 그러나 끊임없는 변화는 정의와 규정을 불가능하게 한다. 장자에게 있어서 규정 가능한 불변이야말로 작은 세계이고 규정 불가능한 변화는 불변을 둘러싼 큰 세계이다. 그러나 역으로 그 변화 역시 더 큰 세계의 시각에서 보면 하나의 불변일 수 있다. 즉 규정 가능할

---

20) D. L. Hall, "Process and anarchy－A Taoist vision of creativity", *Philosophy Eest & West* V.28 N.3, 1978, p.275 참조.

수 있다. 예컨대 하루의 시간 속에서 달의 모양은 불변하는 것으로 지각되지만 보름의 시간 속에서 보면 달은 매일매일 변하는 것으로 지각된다. 다시 더 큰 단위의 시각에서는 그 변화의 불변적인 법칙(주기)이 포착될 수 있다. 그러나 또한 더 천문학적 시간 단위에서 볼 때 그 법칙 역시 변하고 있다. 까마득한 과거에는 달이 존재하지도 않았고 까마득한 미래에 달은 또한 존재하지 않을지도 모른다. 그것은 더 큰 변화 속에서 생성되었다가 사라지는 과정의 존재인 것이다. 변화와 불변은 양파 껍질처럼 무한히 교대로 감싸져 있다. 그러나 변화와 불변의 무한한 감싸기란 결국 무궁한 변화를 의미한다. 불변이란 변화의 주기적인 한 국면들이다.

> 시작이 있으면 그 앞에 아직 시작이 있지 않은 때가 있고, 또 아직 시작이 있지 않은 때가 있지도 않은 때가 있다. 있음[有]이 있고 없음[無]이 있으면 아직 있음과 없음이 있지 않은 때가 있고 또 그 앞에 있음과 없음이 있지 않은 때가 있지도 않은 때가 있다.[21]

여기에서 장자는 세계의 시작이 무한히 소급될 수 있음을 보여주고 있다. 이 소급 과정을 요약하면 '있음'과 '있지 않음이 있음'과 '있지 않음이 있지도 않음이 있음'이 된다. 여기서 '있음'을 '有'라 하고 '있지 않음'을 '無'라고 하면 그 과정은 이렇게 표시될 수 있다. 有→有(無有)→有(無有(無有))……. 이 과정은 무한히 확대될 수 있다. 그리하여 有無가 무한하게 감싸져 있는 시공의 세계가 열린다. 이는 앞의 변화와 불변의 무한한 감싸기와 상응한

---

21) "有始也者, 有未始有始也者, 有未始有夫未始有始也者. 有有也者, 有无也者, 有未始有无也者, 有未始有夫未始有无也者." 「齊物論」

다. 그리하여 무한한 감싸기로 이루어져 있으며 무한한 차원으로
열릴 수 있는 세계. 장자가 들어가고자 하는 실재의 세계는 이러
한 무한하게 확대되는 무궁한 시공체계 속에서 찾아져야 한다.


## 2. 부분과 전체의 和諧


### 1) 부분과 전체


　우물의 세계에서 황하의 세계, 北海의 세계, 天地로 무한하게
확대되는 무궁한 시공체계 속에 있는 실재의 모습을 장자는 아름
다움[天地之美]이라고 하였다. 장자가 말하는 道의 모습은 그 아
름다움이며 그 아름다움의 과정 자체이기도 하다. 道와 천지의 아
름다움의 특징은 부분으로 분할할 수 없다는 점에 있다. 그러나
장자는 하나의 관점을 취하여 도의 한 부분에 치우친 사람들이 천
지의 아름다움을 분석하고 쪼갬으로써 분별과 차별에 빠지게 되고
그리하여 천하의 혼란이 일어났음을 살피고 있다.[22] 분할과 부분
적 성취에서 도리어 가려지고 사라지는 道[23]의 특성은 한마디로
全一性(整體性: the whole one)이다. 장자는 道의 이러한 특성을
渾沌, 大一, 一, 大全 등으로 표현하기도 하였다.


---

22) “天下大亂, 賢聖不明, 道德不一, 天下多得一察焉以自好. (중략) 一曲之士也. 判天地之
　　美. 析萬物之理, 察古人之全, 寡能備於天地之美, 稱神明之容.” 「天下」
23) “道隱於小成.” 「齊物論」

> 그러므로 이 모든 식물줄기와 대들보, 추녀와 서시, 기이하고 괴상한 것들
> 도 道의 입장에서는 모두 통하여 하나가 된다(道通爲一). 어떤 것이 분리되면
> 완성되고, 어떤 것이 완성되면 훼손된다. 대개 사물에는 완성과 훼손의 차별이
> 없으며, 다시 통하여 하나가 된다.[24]

陳鼓應에 따르면 '道通爲一'은 道의 관점에서 사물을 보면 차별이 없음을 의미한다. 그리고 '一'은 각각의 사물 본연의 상태를 가리키며 전일성을 의미하는데 전 세계는 하나의 전일적 체계이다. 그에 따르면 어떠한 사물의 생멸 변화도 자연계 전체의 발전 과정의 한 부분에 지나지 않으므로 分, 成, 毁를 막론하고 모두 하나의 정체로 되돌아간다.[25] 道의 전일성은 고정된 것으로서의 전체가 아니라 처음과 끝이 서로 고리로 이어지는 氣의 끊임없는 생성과 변화의 과정 속에서 이루어지는 생성적 통일성[一]이다.[26] 이것은 무궁한 다양성과 변화를 포함하는 패턴의 통일성이다.

전일적 체계로서의 세계를 구성하는 부분들은 화이트헤드의 '진리관계' 속에서 자연 전체의 패턴에 참여되어 있다. 화이트헤드에 따르면 그 어느 쪽도 다른 쪽의 구성 요소가 아닐 수 있고 그들의 복합적 본성들은 그것들의 본질이 상이하다고는 하지만 공통 요인을 포함하고 있을 수 있는 성격의 것일 때 두 개의 객체는 진리관계를 갖는다. 진리관계가 두 개의 객체적 내용을 결합한다고 말할 수 있

---

24) "故爲是擧莛與楹, 厲與西施, 恢忄危憰怪,道通爲一. 其分也, 成也. 其成也, 毁也. 凡物無成與毁, 復通爲一." 「齊物論」

25) 陳鼓應, 『老莊新論』, (최진석 역, 소나무, 1997), p.244.

26) 3장에서 살펴본 「寓言」편의 "萬物皆種也, 以不同形相禪, 始卒若環, 莫得其倫, 是謂天鈞"을 상기할 것. 이러한 견해는 노자의 "反者道之動"(40장)이라는 주장과 상통한다. 그러나 장자는 노자처럼 이를 하나의 공식으로 제시하기보다는 일종의 느슨한 패턴으로 설정하고 그 속의 무궁한 변화를 포용하고자 한다.

는 것은 동일한 부분적 패턴이 양자로부터 추상되는 경우이며 그들 각각은 그 동일한 부분적 패턴을 나타내고 있다. 즉 두 개의 객체적 내용은 그것들이 각각 동일한 패턴에 참여할 때 진리관계로 결합된다. 따라서 그것들은 서로 상대방의 해석을 주고받으며 그 자신의 상대적 가치를 재조정하게 된다.[27] 장자의 체계에 있어 자연의 부분인 무한한 사물들은 서로 독립적이면서도 상호간에 무한한 진리관계 속에서 전체의 패턴에 참여하여 전체와의 제유의 패턴을 형성한다. 이러한 통일적 패턴을 장자는 '理'라고 하였다. 理는 본래 사물의 유형, 玉의 斑紋, 근육의 섬유 조직과 같은 것을 의미하는 글자였다. 그것은 'pattern'이라는 영어로 적절하게 번역될 수 있다.

> 스러졌다가 성하고, 가득 찼다가 텅 비고, 끝난 즉 다시 시작된다. 이것이 대도의 법을 말하고 만물의 이치[理]를 말하는 까닭이다.[28]

> 도를 아는 자는 반드시 이치[理]에 통달하게 되고, 이치에 통달한 자는 반드시 방편에 밝다.[29]

> 천지는 大美가 있으면서도 말하지 않고, 사시는 분명한 법칙을 지니면서도 논하지 않고, 만물은 생성의 이치[理]를 지니면서도 설명하지 않는다.[30]

여기에서 나타나고 있는 理는 道에 따라서 만물이 생성되는 패턴들을 말하고 있다. 생성 과정 속에서의 완성과 훼손이 결국 하나로 된다고 할 때 그 하나란 바로 이러한 패턴의 통일, 理를 말

---

27) A. N. Whitehead, *Adventures of Ideas*, (오영환 역, 『관념의 모험』, 한길사, 1996, pp.374 – 375).

28) "消息盈虛, 終則有始. 是所以語大義之方, 論萬物之理也." 「秋水」

29) "知道者必達於理, 達於理者必明於權." 「秋水」

30) "天地有大美而不言, 四時有明法而不議, 萬物有成理而不說." 「知北遊」

함이다. 理는 각각의 개체를 패턴 속에, 화이트헤드의 용어를 빌리면 진리관계 속에 결합한다. 이러한 理를 이루는 자연의 모습이 전일성이다.[31)

따라서 천지만물이 '하나'가 되는 전체적 진리를 얻지 못한 知者의 탄식, "나는 천지의 위대한 전체(실재, 진리)을 알지 못한다."("吾不知天地之大全也" 「田子方」)라는 진술과 화이트헤드의 "진리를 부분적으로 안다는 것은 우주를 왜곡하는 것이 된다."[32) 는 주장은 의미가 상통한다.

세계를 부분으로 환원시켜 보지 않고 전체로서 보고자 하는 것은 오늘날 전체론(holism), 시스템적 사고(system's thinking)에 나타나고 있다. 이들의 견해에 따르면 세계는 일체가 서로 깊이 연결되어 있어 만약 나누고 쪼개어서 요소로 환원시키면 그 연결성이 파괴된다. 연결성이 파괴되면 그 세계는 사라진다. 예컨대 한의학에서 경락이란 몸의 부분들이 만들어 낸 연결망, 네트워크다. 이러한 네트워크에 의해 몸은 생명이 된다. 그런데 만약 몸이 죽게 되면 이러한 네트워크가 사라진다. 단백질 덩어리로 변한 시체의 해부에서 경락을 찾을 수 없는 것은 너무나 당연한 것이다. 개체가 일정한 수준의 연결이나 조직에 도달하면 구성 요소들 속성의 합으로 설명할 수 없는 창발적 특성이 나오고 개체 혹은 세계를 구성 요소로 개별화시키면 이러한 창발적 특성이 나오기 전의 조직 수준으로 환원되어 버려 창발적 특성이 사라진다. 경락이란 생명의

---

31) 徐復觀 역시 美와 理, 全, 純을 동일한 내포를 가진 것으로 파악하고 있다. 그리하여 그는 "美, 理, 全, 純 등의 개념들은 장자의 사상을 놓고 볼 때 서로 위치나 순서가 바뀌어도 무방한 것이다."고 주장한다(徐復觀, 『中國藝術精神』, p.90. 참조).

32) Whitehead, 앞의 책, p.376.

연결망에서 나오는 일종의 창발적 특성이다. 그러나 창발적 특성은 한 번만 나타나는 것이 아니라, 복잡성의 정도의 각 단계에 있어 하나하나의 단계를 넘을 때마다 각기 다른 창발적 특성이 나타날 수 있다.[33]

장자가 세계를 보는 관점은 전체론적·시스템론적 관점과 상응한다. 시스템론적 관점에서 말하는 복잡성의 여러 단계는「齊物論」속에서 여러 겹의 꿈 우언으로도 은유되고 있다. 세계는 꿈과 꿈 속의 꿈과 꿈속의 꿈속의 꿈, 즉 양파 껍질 같은 여러 겹의 꿈으로 감싸져 있고 그 속에 우리는 던져져 있다.[34] 이 꿈들에서 한 겹씩 깨어날[覺, 혹은 깨달음] 때마다 우리는 조금씩 더욱 참된 실재에로 나아가게 된다. 그만큼 더욱 우리는 보다 큰 세계의 진리관계와 연결성을 깨달아 가는 것이며, 보다 큰 진리관계를 형성하는 것이다. 이것은 앞에서 논의한 최소 시간과 최소 공간을 요구하는 각 차원의 단계를 돌파하여 차원을 상승시키고 확장시켜 가는 것과 일치한다. 장자가 추구하는 최종의 경계는 '무한의 시간과 무한의 공간에서의 觀'을 통해 획득되는 모종의 실재이다. 그것은 꿈의 양파 껍질을 모두 벗겨 버리는 것이며 단 하나의 것도 배제됨이 없는 전체와 갖는 진리관계이며, 동시에 복잡성의 모든 단계를 돌파하여 얻게 되는 온전한 세계 전체일 것이다. 그 전체 혹은 전체의 과정이야말로 궁극의 실재이며 道이다.

---

33) F. Capra, *The Web of Life*, (김용정 외 역,『생명의 그물』, 범양사, 1998, pp.58 - 59 참조). 김유신,「전체론에 대한 과학철학적 접근」,『과학사상』23호, 1997 겨울, pp.222 - 223 참조.

34) "方其夢也,不知其夢也. 夢之中又占其夢焉, 覺而後知其夢也. 且有大覺而後知此其大夢也. (중략) 丘也與女, 皆夢也. 予謂女夢, 亦夢也."「齊物論」

「大宗師」편에서 女偊의 입을 빌려 장자는 깨달음의 각 단계를 다음과 같이 말하고 있다.



> 사흘이 지나자 천하를 잊을 수 있게 되었다. (중략) 7일이 지나자 사물을 잊게 되었다. (중략) 9일이 지나자 삶을 잊게 되었다. 삶을 잊게 되자 비로소 환히 눈부신 깨달음을 얻게 되었다. 깨달음을 얻게 되자 절대적 경지를 보게 되고, 절대적 경지를 보게 되니까 古今을 초월하게 되며 古今을 초월하게 되자 죽음도 삶도 없는 경계에 들어가게 되었다.[35]

'천하'와 '사물', '삶'은 시공간적인 제한들이며 거기에 얽매이면 그 각각 수준의 관점과 단계를 벗어나지 못하게 된다. '잊는다'는 것은 '버린다'고 해석해도 무방하다. 잊거나 버린다는 것은 모든 관계를 차단한 폐쇄된 목석이 되어 간다는 것이 아니다. 그것은 각 경계에서 자아를 얽어매고 있는 구속과 관점들을 버린다는 것이다. 그리하여 그것은 오히려 각 경계의 제한과 고착을 돌파하여 더 큰 연결망, 더 큰 진리관계를 갖는 것이다. 그리하여 최종 깨달음의 경지인 고금을 초월하고 죽음도 삶도 없는 경계는 바로 '무한한 시간의 觀'의 획득이며 무한한 네트워크, 무한한 진리관계의 차원으로 들어서는 것이다.

부분에 집착하면 실재의 한 부분만 보게 되므로 우주(전체, 궁극적 실재)를 왜곡하게 된다. 그렇다면 이 전체를 구성하고 있는 부분들은 모두 허상이거나 환상인가? 그렇지 않다. 「知北遊」편에서 道가 어디 있는가를 묻는 동곽자의 질문에 대하여 "없는 곳이 없

---

35) "三日而後能外天下. (중략) 七日而後能外物. (중략) 九日而後能外生. 已外生矣, 而後能朝徹. 朝徹, 而後能見獨. 見獨, 而後能无古今. 无古今而後能入於不死不生." 「大宗師」

다.”고 장자는 답한다. 동곽자의 계속된 집요한 질문에 대한 장자의 대답은 땅강아지, 돌피, 기와 심지어 똥이나 오줌에도 道가 있다는 것이다. 동곽자의 실체론적 질문에 대해 장자는 범신론적 응답을 통해 그의 질문을 해소시켜 버린다. 道는 특정한 어디에 있다고 한정해서도 안 되고 그렇다고 道가 사물을 떠나 있는 것이라 여겨서도 안 된다.36) 도를 어떤 한정된 시공간 - 최소 공간과 최소 시간의 원리에 지배받는 시공간 - 에서 찾으려는 동곽자의 질문은 그 자체가 잘못된 것이다. 그리고 ‘전체’라는 시공간은 道이고 ‘부분’이란 시공간은 허상이라는 단순한 생각도 잘못된 것이다. 「天道」 편에서 장자는 “대저 道는 아무리 큰 것에 대해서도 다하여 없어지는 일이 없으며 아무리 작은 것에 대해서도 버려두는 일이 없다. 그러므로 만물 속에 구비되어 있다.”37)고 하였다. 道 속에 모든 것이 들어 있고 모든 것 속에 道가 들어 있다. 즉 전체 속에 부분이 포함되어 있고 부분 속에 전체가 포함되어 있다. 개체 사물은 그 부단한 생성 과정으로서 우주적 氣化의 한 고리를 이룬다. 각각의 한 고리 역시 우주적 氣化의 전일적 체계를 내포하고, 우주적 氣化의 전일적 체계는 각각의 개체 사물의 존재 가운데에서 현시되어 나온다. 우리는 이것을 이미 제유의 양식이라고 규정하였다.

---

36) “東郭子問於莊子曰, 「所謂道惡乎在?」 莊子曰, 「無所不在.」 東郭子曰, 「期而後可.」 莊子曰, 「在螻蟻.」 曰, 「何其下邪?」 曰, 「在稊稗.」 曰, 「何其愈下邪?」 曰, 「在瓦甓.」 曰, 「何其愈甚邪?」 曰, 「在屎溺.」 東郭子不應. 莊子曰, 「夫子之問也, 固不及質. 正獲之問於監市履狶也, 每下愈況. 汝唯莫必, 无乎逃物.」 「知北遊」

37) “夫道於大不終, 於小不遺, 故萬物備.” 부분과 전체의 시스템론적·제유적 관계를 규명하기 위한 유사한 노력들이 끊임없이 있어 왔다. 우파니샤드의 “梵我一如”, 인드라의 그물, 성리학의 “理一分殊”, 라이프니츠의 단자와 예정조화, 융의 집단무의식 - 原型 - 개인의식, 하이데거의 존재와 존재자가 그것이다. 데이비드 봄(D. Bohm)의 홀로그램(hologram) 이론 역시 이러한 관계의 표현이다.

이러한 장자의 세계는 '유기체적 과정'(organic process)을 이루고 있다.[38] 그것은 우주 전체의 부분들 모두가 하나의 패턴을 이루는 유기적 전체에 속하고, 그들 모두는 大流行의 생성 변화 과정의 참여자로서 상호 작용한다. 유기체적 과정 속에서는 부분의 실체성이 중요한 것이 아니라 관계－연결망, 네트워크－가 더욱 근본적이다. 전체는 부분들의 관계의 총체이며 부분은 유기체 속의 관계망에 참여함으로써 존재성을 확보한다. 이때 확보하게 되는 존재성 속에는 전체가 반영되어 있다.

결국 부분에서 부분만을 보는 것은 그 부분 존재 차원의 시공에 갇힌 小知이며 蝸, 學鳩, 「秋水」편에 등장하는 우물 안 개구리가 그 예이다. 부분 속에서, 무궁한 변화 속에 펼쳐지고 있는, 생생불식하는 과정으로서의 전체를 보는 것이 '무한한 시공에서의 觀'이며, 大鵬의 시각이며, 大知이며, 至人의 직관이다.


## 2) 유기체로서의 실재


위진 시대의 向秀·郭象은 현재까지 알려진 바로는 『장자』에 대해서 본격적인 해석 작업을 최초로 수행한 사람들이다. 그들의 주석은 탁월한 또 하나의 철학 체계를 이루지만 그 탁월한 체계 때문에 『장자』를 제대로 이해하고자 하는 후학에게 오히려 많은

---

38) H. W. Mote, *Intellectual Foundation of China*, (권미숙 역, 『중국 문명의 철학적 기초』, 인간사랑, 1991, p.35). 모우트는 유기체적 과정을 중국의 우주발생론의 일반적 모형으로 보고 있다. 니이담(Needham) 역시 그의 저서 *Science and Civilizati*on in China에서 장자 철학의 특징을 한마디로 유기체의 철학이라고 하였다.

오해를 일으키게 하고 있다. 그러나 向秀·郭象의 오독은 오히려 장자를 이해하는 중요한 한 단계가 될 수 있다. 장자를 이해하기 위해서 우리는 그들이 주장하는 '獨化論'을 통해서, 그러나 그것의 극복을 통해서 나아가야 한다.39)

森三樹三郞는 向秀·郭象의 자연관을 세 가지로 요약하고 있다. 1) 만물의 주재자는 존재하지 않는다. 2) 사물의 생성원인은 존재하지 않는다. 3) 無는 有를 낳을 수 없다.40) 이것은 向秀·郭象이 '自然'이라는 글자의 본래 뜻에 철저히 충실했기 때문이다. 自然이란 '스스로(저절로) 그러함'이다. 주재자나 생성 원인이 외부에 있다면 그것은 이미 自然이 아니라 他然이다. 그리하여 그들은 모든 것을 각각 홀로 생성한다는 '獨化'를 주장하게 된다.

向秀·郭象에 따르면 장자의 세계는 자발성에 근거하는 철저한 自生自化의 세계이다. 이것을 向秀·郭象은 獨化라고 한다. 그들은 장자 「제물론」의 천뢰에 대한 주에서 이렇게 말하고 있다.

> 無는 이미 없음이므로 有를 생성할 수 없다. 有가 아직 생성되지 않았다는 것은 또 생성할 수 없다는 것이다. 그렇다면 생성하는 자는 누구인가? 그것은 (有가) 스스로 홀로 생성할 뿐이다. 스스로 생긴 것이지 내가 생성해 준 것이 아니다. 내가 만물을 생성할 수 없고 그렇다고 사물이 나를 생성할 수도 없다. 나도 또한 그 스스로 그러한 것[自然]이기 때문이다. 자기 스스로 변화해 가는 것, 이것을 天然이라고 한다. 천연은 인위가 아니라는 것이다. 그러므로 天(의

---

39) 向秀·郭象의 注를 연구한 것으로 대표적인 것은 牟宗三의 『才性與玄理』가 있지만 '獨化'를 독립적인 주제로 하여 본격적으로 다루고 있지는 않다. 森三樹三郞은 『無の思想』(講談社, 1984)에서 向秀·郭象의 獨化를 無因自然으로 해석하면서 비교적 상세하게 분석하고 소개하고 있다. 그러나 獨化論이 가진 한계에 대해서는 분석하고 있지 않다. 유인희도 「동서 자연관의 비교 연구」에서 서양의 인간중심적인 자연관과 비교하면서 獨化를 분석하고 있지만 역시 비판적으로 그 한계를 지적하고 있지는 않다.

40) 森三樹三郞, 『無の思想』, pp.15-20 참조.

개념)으로 말하는 것은 그것이 자연임을 밝히려는 까닭이다. (중략) 그러므로 만물은 각자 스스로 생겨 변화해 가는 것이지 (누군가에 의해서) 나오게 된 바가 없다. 이것이 바로 天道이다.[41]

그들은 '無'를 글자 그대로 '없다'로 해석한다. 그리하여 그들은 외적 원인으로서의 창조주설을 배격하였다. 뿐만 아니라 그들에게 自然은 일체의 외부 타자와의 인과적 사슬에서 벗어나 글자 그대로 스스로 그러한 것이며, 自生自化하는 것이다. 내적인 보편적 원인조차도 부정한다. 만물이 각자 스스로 생겨 변화해 갈 때 다양한 개체의 변화 속에 내재하는 어떤 보편적 근원조차 그들은 인정하지 않는다. "莫知其根也"(「知北遊」)라는 다분히 불가지론적, 그러나 그 이상의 의미를 함의하고 있는 장자의 입장에 대해 向秀·郭象은 아예 그런 뿌리란 게 없음을 주장한다.

道는 무능하다. 여기서 도에서 얻었다고 하는 것은, 안으로는 바로 스스로 얻음[自得]을 밝히려는 것일 뿐이다. 스스로 얻은 것이지 도가 그들로 하여금 얻도록 할 수는 없다. (중략) 밖으로는 도에서 얻은 것도 아니요, 내적으로 자기(의 작위)로 말미암아 얻어진 것도 아니다. 홀로 스스로 얻은 것이요, 홀로 변화[獨化]하는 것이다.[42]

道는 무능하며 만물의 생성은 道와 아무 관련이 없이 홀로 화한다는 이러한 向秀·郭象의 獨化論은 장자의 언어가 가진 역설과

---

41) "無旣無矣, 則不能生有. 有之未生, 又不能爲生. 然則生生者誰哉? 塊然而自生耳. 自生耳, 非我生也. 我旣不能生物, 物亦不能生我, 則我自然矣. 自己而然則謂之天然. 天然耳, 非爲也, 故以天言之. 所以明其自然也. (중략) 故物各自生而無所出焉, 此天道也." 焦竑, 『莊子翼』, 「齊物論」의 注. 이하 向秀와 郭象의 注는 모두 焦竑의 『莊子翼』에 근거한다.

42) "道, 無能也. 此言得之於道, 內所以明其自得耳. 自得耳, 道不能使之得也. (중략) 外不資於道, 內不由於己, 掘然自得而獨化也."(「大宗師」편의 注)

弔詭에 대한 명백한 誤讀이거나 혹은 의도적 무시에서 비롯된 것이다. 장자가 심혈을 기울인 역설의 논법과 제유의 수사학을 통해 '말할 수 없는 것을 말할 때' 그들은 여기서 '없다'는 것만을 읽는다. 그들은 드러난 문법에만 충실했고 숨겨진 문법을 무시했다. 예컨대 그들은 '有生於無'에서 '無'를 '있음'에 대한 부정으로만 이해하고 있다. 그리하여 그들은 이렇게 말한다. "莊老가 왜 때때로 無를 외쳤을까? 그것은 사물을 생성하게 한 것은 아무것도 없다는 것, 즉 사물은 그 자신 속에 내재한 근거에서 생성하였다는 것을 확실히 하기 위해서이다."[43] 여기서 그들은 '없음'만을 강조하면서 '없음으로 있음'의 역설을 보지 않는다. 나아가서 '없음이라는 개념조차도 없어진 경지'를 알지 못한다. 그들은 언어의 덫에 걸려 있다. '自然'의 의미에만 집착하여 『장자』에서 나타나고 있는 만물과 道의 연결, 타자와의 무궁한 往來와 感應을 애써 무시하고 있다.

獨化 속에는 타자와의 인과성이나 '관계'가 성립될 수 없다. 독화론은 오히려 일체의 보편성이 사라진 철저한 의미의 상대주의다. 이러한 상대주의 속에는 세계의 중심이 없다. 각각의 존재는 세계 속에 아무런 내적 연관 없이 환유적으로 인접해 있을 뿐이다. 이것은 오늘날의 해체주의와 일맥상통한다. 向秀·郭象과 해체주의는 모두 '중심이 없음'만을 알고 '없음이 중심'(빈 중심)이 될 수 있음을 알지 못한다.

『장자』 안에는 向秀·郭象의 獨化論을 대변하는 듯한 견해가 나오고 있다.

---

43) "夫莊老之所以屢稱無者何哉? 明生物者無物, 而物自生耳"(「在宥」篇의 注)

少知가 물었다. "계진은 '하는 것 없다[莫爲]'라 하고 접자는 '하게 하는 것 같다[或使]'라 하는데 이 둘의 이론은 어느 쪽이 이치에서 치우쳐져 있습니까?" 대공조가 대답했다. "닭이 울고 개가 짖는다는 것은 누구나 다 알고 있지만 아무리 지혜가 높은 자라도 그 스스로 그렇게 화하는 바(자연의 작용)를 말로 설명할 수가 없고 또 그들이 무엇을 하려는지 마음으로 추측할 수도 없다. 이 일을 분석하여 그 정밀함이 비할 데가 없는 데에 이르고 더할 나위 없는 큰 범위에 이른다 할지라도 '무엇인가가 작용한다'는 것도 '작용하지 않는다는 것'도 사물에 구애됨을 면치 못하고 마침내 지나쳐서 부당한 것이 된다. 무엇인가가 작용한다면 작용하는 것이 (사물과 같은) 실체가 되고 작용하지 않는다면 아무것도 없는 허무가 된다. 名과 實은 사물이 있는 자리이고 無名과 無實은 사물의 빈곳이다. (중략) '혹사'니 '막위'니 하는 것은 언어에 바탕하는 것이어서 사물과 함께 시작되고 끝난다. 도는 있다고 할 수도 없고 없다고 할 수도 없다. 도라는 이름도 가정해서 그렇게 부르는 데에 지나지 않는다. '혹사'니 '막위'니 하는 것은 사물의 한 끄트머리에 대해 말하고 있을 뿐인데 어떻게 자연의 大道로 여길 수 있겠는가?"[44]

成玄英에 따르면 '莫'은 '無'이며 '使'는 '爲'이다. 계진은 無爲로서 도를 삼고 접자는 도에는 사물에 작용하는 주재적인 무엇이 있음을 주장하고 있다.[45] 이 둘은 그 당대 우주론 내지는 형이상학에 있어서의 두 흐름을 대변하고 있다. 이를테면 그 당시의 일반적인 사상 경향으로 볼 때, 주재자 혹은 창조자의 기능을 인정하는 或使은 다분히 유가와 묵가의 형이상학을 대변하는 셈이고 무위를 주장하는 莫爲는 아무래도 도가류의 해체주의적 견해에 가깝다. 向秀·郭象의 독화론은 계진의 막위와 동일한 이론틀이다.

---

44) "少知曰:「季眞之莫爲, 接子之或使, 二家之議, 孰正於其情, 孰偏於其理?」大公調曰: 「鷄鳴狗吠, 是人之所知, 雖有大知, 不能以言讀其所自化, 又不能以意測其所將爲. 斯而析之, 精至於无倫, 大至於不可圍. 或之使, 莫之爲, 未免於物, 而終以爲過. 或使則實, 莫爲則虛. 有名有實, 是物之居. 无名无實, 在物之虛. (중략) 或使莫爲, 言之本也, 與物終始. 道不可有, 有不可无. 道之爲名, 所假而行. 或使莫爲, 在物一曲, 夫胡爲於大方?」"「則陽」

45) 郭慶藩, 앞의 책, p.916.

道란 텅 빈 기표일 뿐이며 실체가 없는 것이어서 만물은 自生自化한다는 동일한 주장이다. 그래서 상·곽의 注에서는 계진의 주장을 옹호하고 있다. "대저 만물이란 스스로 그러한 것이지, (타자의) 인위가 그렇게 할 수 있는 것이 아니다. 이로 볼 때, 계진의 주장이 타당하다."[46] 그러나 대공조의 입을 통해 장자는 분명히 이 둘 다 언어의 그물에 걸려 있다고 비판한다. '혹사'도 名이고 '막위'도 名이다. 장자의 표면적 언어에 사로잡혀 역설 그 너머로 나아가지 못하는 獨化論도 名이다. 도는, 그 도에 의해 역동적으로 굽이치는 실재의 세계는 어떤 주재자가 있어 그렇게 만들고 있다 해도 진리의 한 끄트머리에 불과하고, 이러한 견해를 부정하고 어떠한 주재자도 작용도 없으며 만물은 自生自化한다 하여도 진리의 한 끄트머리에 불과하다. 도는 實도 아니고 虛도 아니다. 그것은 實이면서 虛이고 虛이면서 實이다. 그것은 작용하면서 작용함이 없고, 작용함이 없으면서 작용한다. 非有非無이다.

그러나 向秀·郭象은 자신의 말 속에 자신의 관점을 벗어날 수 있는 구멍이 있음을 깨닫지 못한 것 같다. 그들이 "나의 출생은 내가 낳아준 것이 아니다. (중략) 모든 있음, 모든 없음, 모든 행위, 모든 만남은 모두 나의 것이 아니다. 理 스스로 그러할 뿐이다."[47]라고 말할 때, 이 '나의 짓'이 아닌 '스스로 그러함'이란 다름 아닌 自然의 理의 작용이다.[48] 理란 개체성을 넘어서 자연의 패턴인 것

---

46) "夫物有自然, 非爲之所能也. 由斯而觀, 季眞之言當也." 「則陽」 편의 注, 『莊子翼』
47) "夫我之生也, 非我之所生也. (중략) 凡所有者, 凡所無者, 凡所爲者, 凡所遇者, 皆非我也. 理自爾耳." 「德充符」 편의 注
48) 유인희, 「동서 자연관의 비교 연구」, p.44 참조.

이다. '스스로 그러함'이란 개체의 독자성이면서 동시에 개체들을 이어 주는 자연의 제유의 패턴[理]이다. '理 스스로 그러함'을 말하는 한, 각 개체가 일체의 원인과 일체의 관계가 없이 자생자화한다고 주장하는 그들의 獨化論은 성립되지 않는다. 그것은 오히려 일체의 개체들이 '진리관계'를 가지는 패턴의 自生自化이어야 한다.

> 손과 발은 다른 역할을 가진다. 오장은 저마다 기능을 달리한다. 그들은 서로 함께 하지 않으나(차이성) 온갖 부분이 동화되고 조화된다(동일성). 이에 서로 함께 하지 않으면서 함께 한다(차이성 – 동일성). 그들은 서로 상호적으로 행위하지 않으나, 겉으로나 속으로나 모두 서로를 보완한다. 이에 상호적 행위를 하지 않으면서 상호적 행위를 한다.[49]

라고 말할 때 그들은 동일성 속에 동일성 – 차이성이 포섭되는 장자의 제유의 유기체론에 접근하고 있다. 그들의 獨化論에는 이러한 의미 체계의 구멍을 가지고 있다. 다만 그들은 이러한 구멍을 중요시하지 않았다. 이 구멍 속으로 미끄러져 들어갈 때 비로소 우리는 장자를 만날 수 있다.

向秀・郭象의 독화론에 따르면 근본적으로 개체와 개체는 아무런 상호 연관을 가질 수 없다. 아무런 상호 감응도 불가능하다. 그러나 장자가 우리에게 보여주는 세계의 모습은 그렇지 않다. 장자의 세계는 끊임없이 獨化하면서 상호 사귐과 감응 속에 역동적으로 기화 생성되어 가는 세계다. 그러나 자생자화의 獨化와 사귐・감응은 논리적으로 모순을 이룬다. 왜냐하면 獨化 속에는 타자와

---

49) "手足異任. 五臟殊管. 未嘗相與而百節同和. 斯相與於無相與也. 未嘗相爲而表裏俱濟. 斯相爲於無相爲也". 「大宗師」편의 注. 괄호 안은 필자가 덧붙인 것임.

의 인과성이 성립되지 않는다. 그러나 사귐·감응은 어떤 식으로든 간에 상호 영향력의 주고받음이다. 이것은 어떻게 설명될 수 있는가? 상호 인과성을 벗어난 自生自化를 자발성(spontaneity)이라고 한다면 상호간의 감응, 영향력의 주고받음은 상응성(conformity)이라고 할 수 있다. 자발성과 상응성에 대한 논의는 제유를 설명하는 과정에서, 그리고 군데군데에서 이미 단편적으로 행해졌다. 다만 여기에서는 좀 더 구체적이고도 총체적으로 다루어 보고자 한다.

向秀·郭象이 사용하고 있는 '獨化'의 獨은 『장자』 속에 매우 중요한 개념이다. 다음 몇 개의 용례를 보자.

(1) 환히 비치는 깨달음을 얻게 된 이후에 '獨'의 경지를 보게 된다.[50]

(2) 천지 사방을 드나들고 온 나라를 노닐어 홀로 가고 홀로 온다. 이런 경지를 獨有라고 한다.[51]

(3) 홀로[獨] 천지의 정신과 왕래한다.[52]

장자에게 있어서 獨은 스스로 자기 자신을 결정하는 '自然', '自己', '自取'의 의미와 상통한다.[53] 그리고 동시에 (1)에서 보는 것처럼 장자에게 있어서 '獨'은 정신적인 자유와 해방을 이룬 깨달음의 경지, 그 경지에서 열리는 경계이다. 정신적 경지로서의 獨은 일체의 物의 구속으로부터 벗어나 있음을 말하고 있다. 그러나 外

---

50) "朝徹而後能見獨." 「大宗師」
51) "出入六合, 遊乎九州, 獨往獨來, 是謂獨有." 「在宥」
52) "獨與天地精神往來." 「天下」
53) 徐復觀, 『中國人性論史』, p.148.

物의 구속으로부터 벗어났다는 것은 일체의 관계를 단절했다는 것이 아니다. 그것은 오히려 참된 관계의 시작을 의미한다. (2)(3)에서 보는 것처럼 獨의 경지를 이룬 이후에야 비로소 온 사방, 온 천지와 왕래할 수 있게 되는 것이다. 이 '왕래'가 다름 아닌 상응이며 감응이다. 장자는 또한 다음과 같이 말하고 있다.

> 성인은 살아 있을 때는 자연스레 행동하고[天行], 죽으면 만물의 변화를 따르며[物化], 고요히 있을 때는 음기와 덕을 합하고, 움직이면 양기에 조화된다. (중략) 사물을 느끼고서야 응한다.[54]

> (성인은) 기쁨과 노여움이 사시(의 자연스런 변화)와 통하고 사물과 조화되어 그 끝을 알 수 없다.[55]

獨의 경지에 이른 성인은 천지의 기운과 조화되고 또 感應하는 것이다. 『장자』 도처에서 발견할 수 있는 '通', '大通'은 이러한 조화와 감응을 말함이다. 向秀·郭象은 이 점을 간과하고 있다. 獨은 폐쇄가 아니라 열림이다. 獨은 자아에 대한 집착이나 폐쇄가 아니라 오히려 喪我이며 無己이다. 그리하여 獨은 자발성의 극치이면서 동시에 상응성의 출발이 된다.

그렇다면 이러한 자발성과 상응성이 어떻게 모순 없이 함께 하게 되는지 알아보자. 다음 구절에 중요한 단서가 있다.

> 성인이란 천지의 美에 근원을 두고 만물의 이치에 통달해 있다. 이렇기 때문에 지인은 무위하고 대성인은 작위가 없으니 이는 천지에 대한 관조를 이룸

---

54) "聖人之生也天行, 其死也物化. 靜而與陰同德, 動而與陽同波. (중략) 感而後應, ……" 「刻意」

55) "喜怒通四時,與物有宜而莫知其極" 「大宗師」

이다. 지금의 저 神明과 지극한 정기는 사물의 천변만화와 함께 하여 사물의 죽고 생겨남과 둥글고 모남을 있게 하였다. 그 근본을 알지 못하나 만물은 무성하게 오랜 옛날부터 있어 왔다. 우주가 크다 해도 (그것, 즉 도의) 안을 떠나지 못하고 가을 짐승의 털이 가늘다 해도 도를 통하여 그 형체를 이룬다. 천하의 만물은 모두 쉴 새 없이 변화하면서도 음양의 사시는 운행하여 각각 그 질서를 얻는다. 혼연히 없는 듯하면서도 있고, 유연히 그 형체는 보이지 않지만 신묘한 작용을 한다. 만물은 (이 작용에 의해) 양육되면서도 그것을 알지 못한다. 이것을 本根이라고 하는데 (이러한 것을 알아서) 천도를 觀할 수 있다.[56)]

일체의 만물이 제각각 自生自化하고 있다. 그리고 그것을 그러하게 만드는 공통된 근원[根]은 알 수 없다. 알 수 없다는 것은 없다는 것이 아니다. 공통된 근원인 그 무엇은 만물을 존재하게 만드는데 지극히 큰 것에서부터 지극히 작은 것, 일체의 생성 기화 작용이 그것을 떠날 수 없고 그것에 의거한다. 그러나 그것은 잘 알 수 없고 드러나지 않기 때문에 일체의 존재들이 단지 獨化하는 것처럼 보인다. 그리하여 상호간에 아무런 인과 관계가 없이 自生自化하는 것 같은, 현상적으로 드러나는 세계의 겉모습이 자발성이라면, 잘 드러나지는 않지만 그것을 통하여 음양 사시가 운행되고 각각이 질서를 이루고 있는 모습이 상응성이다. 이러한 상응성의 세계는 현상적 세계 속에 은폐되어 있는 숨은 차원의 질서이다.

상호 모순적으로 보이는 이러한 현상을 양립할 수 있게 하는 것이 '本根'이다. 本根은 어떻게 그러한 것을 가능하게 하는가? 本根은 그 존재 양식이 없는 듯이 존재하고 드러나지 않으면서 신묘

---

56) "聖人者, 原天地之美, 而達萬物之理, 是故至人无爲, 大聖不作, 觀於天地之謂也. 今彼神明至精, 與彼百化, 物已死生方圓, 莫知其根也, 扁然而萬物自古以固存. 六合爲巨,未離其内. 秋毫爲小, 待之成體. 天下莫不沈浮, 終身不故. 陰陽四時運行, 各得其序. 惛然若亡而存, 油然不形而神, 萬物畜而不知. 此之謂本根, 可以觀於天矣."「知北遊」

한 작용을 하므로 우리 인식의 한계선에서 점멸하고 있다. 즉 그것을 본체론적으로 말하면 道이고, 그 작용의 측면에서 말하면 神이다. 고리와 같은 기화의 순환 과정(始卒若環)으로 말한다면 그것은 '빈 중심'이요, '없음이 중심'이 되는 모습이다. 그것이 빈 중심이기 때문에 그것의 신묘한 작용성은 다름 아닌 無爲이다. 그것은 '생성하는 무'이다.

> (성인 혹은 道가) 만물과 사귈 때는 無의 경계에 이르러 구하는 것을 베풀어 주고, 때에 맞추어 자유로이 활동하면서 (만물이) 歸一하도록 한다. 큰 것, 작은 것, 긴 것, 짧은 것, 가까운 것, 먼 것 등이 제 나름대로 갖추어지도록 한다.[57]

인용문의 주어를 陳鼓應은 道로 보고 안동림은 聖人으로 보고 있다. 그러나 성인이란 다름 아닌 道의 체현자이기 때문에 두 가지 해석이 모두 다 허용될 수 있다. 成玄英에 따르면 '時騁而要其宿'에서 '騁'은 '縱'의 뜻이며 '宿'은 '會'의 의미다.[58] 즉 자유롭게 활동하면서도 하나로 귀일한다는 것이다. 하나로 귀일하면서도 제각각의 자발적 개체성을 갖춘다. 자유로운 자발성 속에 활동하는 만물들은 道라는 중심을 통해 하나로 연결되어 상응하게 되는 것이다. 그러면서도 만물의 자발성을 해치지 않고 제 나름대로 갖추어지도록 할 수 있는 이유는 그것이 無의 경계에 있기 때문이다. 道는 그 텅 빔으로 일체 만물의 연결망이 된다.

---

57) 故其與萬物接也, 至無而供其求, 時騁而要其宿(大小, 長短, 脩遠. 各有其具). 「天地」 괄호 부분에 대해서 陳鼓應은 郭象의 注가 원문에 잘못 끼어든 것으로 보아 빼고 있으나 郭慶藩의 『莊子集釋』에서는 원문으로 들어가 있다. 의미를 분명히 하는 뜻에서 후자를 따른다.

58) 郭慶藩, 앞의 책, p.414.

이는 牟宗三이 말하는 '不生之生'과 상통한다. 牟宗三에 의하면 도가의 "도는 만물을 생성한다(道生之)"(『노자』 51장). 그러나 여기서의 생성은 실제로는 生하지 않는 '不生之生'이다. 즉 생의 활동은 物이 스스로 생하고 스스로 자라는 것인데 도는 그 만물의 본성을 금하지 않고 그 근원을 막지 않아 일체가 자연히 흘러가게 만든다.[59]

「則陽」 편에서 장자는 말한다.

> 춘하추동은 각기 기가 다르지만 하늘이 사사로이 하지 않으므로 (4계절을 갖춘) 일 년이 이루어지고, 다섯 가지 벼슬이 각기 직분은 다르지만 君이 사사로이 하지 않으므로 나라가 다스려진다. (중략) 만물은 각기 이치(패턴)가 다르지만 도가 사사로이 하지 않으므로 이름이 없고, 이름이 없으므로 無爲하고, 無爲하지만 하지 않는 일이 없다.[60]

여기서 '사사롭다'는 것은 지배하고 소유한다는 것이다. 그러나 道라는 중심은 일체의 것을 지배하고자 하고, 자기동일성을 강요하는 은유적인 실체적 권력이 아니다. 그것은 일체의 것을 흩어지지 않게 연결망과 진리관계로 묶어 주면서도 아무것도 강요하지 않고 일체가 제각각 스스로 그러하게 한다. 그리하여 사물들은 모두 자발성 속에서 빈 중심을 통하여 서로 상응하며, 각자가 전체를 반영한다. 그리하여 모든 존재는 각자 자기의 기와 직분, 이치대로 움직이는 차이성 속에서 하나의 도라는 동일성에 참여한다.

---

59) 牟宗三, 『中國哲學十九講』(정인재 외 역, 『中國哲學特講』, 형설출판사, 1993), pp.119 - 122 참조.

60) "四時殊氣, 天不賜, 故歲成. 五官殊職, 君不私, 故國治. (중략) 萬物殊理, 道不私, 故无名. 无名故无爲, 無爲而无不爲." 「則陽」

즉 도는 아무것도 하지 않으면서 모든 것을 하는 것이다.

『노자』의 유명한 25장의 "사람은 땅을 본받고, 땅은 하늘을 본받고, 하늘은 도를 본받고, 도는 '스스로 그러함'을 본받는다(人法地, 地法天, 天法道, 道法自然)."는 구절을 보자. 이것을 수직적이고 주재적인 위계의 위상을 보여주는 것으로 해석하면 곤란하다. 오히려 원의 중심을 찾아 들어가는 관계로 본다면 보다 명료해진다. 안쪽이 보다 근원적이다. 人의 층보다는 地의 층이 더 원의 안쪽을 차지한다. 地보다는 天, 天보다는 道가 가운데를 차지한다. 그 다음의 自然은 논리적 순서상 道보다 더 안쪽인 최종의 중심의 위상을 가진다. 그러나 자연은 중심의 실체를 지시하는 기호가 아니다. 王弼은 "道法自然"을 다음과 같이 풀이하고 있다. "자연을 본받는다는 것은 모난 데에 있으면 모난 것을 본받고, 둥근 데에 있으면 둥근 것을 본받아서 자연에 위배되지 않는다. '자연'이란 것은 (언어로) 지칭할 수 없는 언어이며 궁극의 말이다."[61] 자연은 다양한 존재의 공통된 중심, 즉 동일성을 찾아 들어가는 방향성을 일거에 역전시켜 오히려 다양한 존재들과 각 층의 자발성과 차이성을 있는 그대로 긍정하는 도의 작용의 표현이며, 겹겹이 둘러싸인 바깥의 층 혹은, 환유적으로 흩어진 개체들 전체와 그 전체의 총체적인 자발성을 현시하는 기호이다. 만물의 총체적인 자발성을 현시한다는 것은 사실 아무것도 지시하지 않는 것이다. 그것은 언어의 지시성을 벗어난다. 즉 '자연'은 언어의 지시대상이 될 수 있는 특정한 실체가 아니라 일체의 자발성을 가능하게 하는 道의 작

---

61) 法自然者, 在方而法方, 在圓而法圓, 於自然無所違也. 自然者, 無稱之言, 窮極之辭也.

용성이다. 그리하여 그것은 '지칭할 수 없는 언어'이지만 '궁극의 말'이 되는 것이다.

근원의 중심으로 찾아 안으로 들어가면 마치 클라인 씨의 병처럼 오히려 다시 밖이 된다. 왜냐하면 道의 위상학에서 도는 제유의 빈 중심이기 때문이다. 이러한 위상학 위에서 우리는 "(장자 제물론의) 본질적 상대성의 체계는 상호 관통적인 체계인데 그 체계 안에서는 모든 실체들이 그 자신의 본질과 다른 것들의 본질을 섞어 짬에 의해서 있는 그대로의 그 자신이 된다."[62]는 方東美의 말을 이해할 수 있게 된다.

화이트헤드의 합생(concrescence) 개념을 생물학의 이론에 적용시키고 있는 조용현은 합생을 각 요소들이 독립성과 자율성을 유지하면서 전체의 부분으로서 통합되어 가는 생물학적 과정으로 규정한다.[63] 이러한 합생을 통해 종의 창조적 공진화가 이루어진다고 그는 보고 있다. 이러한 합생의 과정은 道의 자발성 – 상응성의 제유적 위상학을 과학적으로 예증하고 있다. 또한 자기 조직의 우주론을 주장하는 에리히 얀치는 다음과 같이 말하고 있다.

> 거시세계와 미시세계가 공진화 과정에서 분화하는 것은 이 단계에서 저 단계에로의 '도약'이 아니다. 각 단계는 그대로 남아 한층 더 진화하기 때문에 진화과정들의 수준들은 각 수준만이 아니라 그 수준들의 위계적인 성층화의 과정에서 그 수효와 복합성이 다 같이 증가한다. 그 수준들은 재편되기는 하지만 그 어느 하나도 사라지지 않는다.[64]

---

62) 方東美, "The World and the Individual in Chinese Metaphysics", p.115.

63) 조용현, 「공생, 합생, 그리고 창발성」, (한국화이트헤드학회, 『창조성의 형이상학』, p.104).

64) Erich Jantsch, *The Selt-organization Universe*, (홍동선 역, 『자기 조직하는 우주』, 범양사, 1993), p.328.

이렇게 실재의 각 수준은 하위 수준을 감싸면서 새로운 창발성을 통하여 더 큰 차원으로 열린다. 그런데 이러한 양식을 가장 뚜렷하게 볼 수 있는 것은 유기체이다. 장자의 실재의 기본 모델은 바로 그 유기체의 구조인 것이다.

위에서 행한 논의들을 따라간다면 자연스럽게 장자의 우주가 유기체적 우주임을 알 수 있다. 우선 '유기체(organism)'라는 개념은 근대의 발명이다. 유기체설이란 생물 혹은 생명 현상이란 기계적 부분의 결합이 아니라 각 부분의 유기적 결합으로 이루어진다는 견해이다. 이는 근대 생물학의 발전 속에서 나타나는 개념이다. 유기체라는 개념은 식물학자 J. Evelyn이 1664년경에 처음으로 사용하였다. 이후 데카르트에 의한 기계론과 기계론에 반대하는 생기론(vitalism)의 논쟁 과정을 거치면서 유기체론은 생명에 대한 가장 총체적 이해로서 확립되었다.

데카르트의 기계론적 세계관에 대해서 유기체적 세계관을 철학적으로 제시한 사람은 라이프니츠이다. 라이프니츠의 견해를 발전시키면서 최근 화이트헤드는 자신의 철학을 유기체의 철학이라고 명명하고 있다. 화이트헤드에 따르면 세계는 유기체이다. 그는 데카르트의 자기원인적인 실체 개념을 비판하고 세계의 궁극적 요소를 끊임없이 상호 관계하면서 생성하는 일련의 사건(event)으로 보고 있는데 이 사건을 그는 현실적 존재(actual entity)라고 부른다. 현실적 존재는 그 자체가 이미 "복잡하고도 상호 의존적인 경험의 방울들"[65]이다. 우리의 지각 대상이 되는 모든 대상은 사건의 場

---

65) 화이트헤드, 『과정과 실재』, p.73.

속에서 일정한 맥락을 가지며 다른 대상들과 유기적 관련을 맺으면서 출현한다. 그에게 있어서 유기체란 끊임없는 생성과 그 생성의 과정이 유기적인 상호 관계 속에서 이루어지는 것을 말한다. 이러한 유기체의 기본 모델은 역시 생명체인 것이다.

서양의 'organism'에 해당되는 한자는 '機'이다. '機'를 생명과 관련된 의미로 사용한 것은 앞서 살펴본 『장자』의 「至樂」 편이 가장 앞선 문헌 가운데 하나일 것이다. 「至樂」 편과 가까운 시기에 본격적으로 생명체를 다룬 문헌이라 할 수 있는 『黃帝內經·素問』의 「六微旨大論」 篇에는 "출입이 폐하면 神機(의 작용)가 사라지게 된다(出入廢, 則神機化滅)."고 하여 신체 안의 生氣의 動靜을 조절하는 작용의 기틀을 神機라 하고 있다.66) 또 같은 책 「五常政大論」 篇에서는 "(신체) 안에 근거하고 있는 것을 명하여 神機라 일컫는데, 神이 사라지면 機(의 작동)가 쉬게 된다(根于中者, 命曰神機, 神去則機息)."고 하고 있다. 여기서 機라는 것은 神이라는 생명 작용이 일어나는 기틀이며 어떤 조직을 말하고 있다.67) 機는 생명 작용을 가능하게 하는 자기 조직을 가진 기틀이라고 볼 수 있다. '機를 가지고 있는 것[有機]'은 생명이고 '기를 가지지 못한 것[無機]'은 생명이 없는 것이다.

또한 중국 우주론·자연학의 토대 개념인 氣 역시 생명의 의미를 함축하고 있다는 것은 이미 살펴보았다. 그라함(A. C Grahan)의 다음과 같은 말은 매우 시사적이다.

---

66) 郭靄春(主編), 『黃帝內經素問校注』, 北京: 人民衛生出版社, 1995, p.870.
67) 郭靄春, 앞의 책, p.949 참조.

氣는 본래 호흡과 깊은 관계 속에서 형성된 개념이다. 호흡이란 말할 것도 없이 생명작용을 의미한다. 즉 氣는 일종의 생명 에너지의 의미를 함축하고 있는 셈이다. 氣와 機가 서로 긴밀한 관계에 있다는 것은 이미 3장에서 다루었다. 장자는 모든 생명의 순환을 機에서 機로의 순환이라고 하였으며 또한 그가 가장 이른 시기에, 가장 총체적으로 氣의 우주론을 건립한 사상가라는 점을 염두에 둔다면 그의 우주론의 특성이 有機的인 것임을 쉽사리 짐작할 수 있다.

최근의 물리학과 생물학의 성과를 새로운 세계관적·문명적 함의 속에 수용하고 있는 카프라의 유기체에 관한 주장은 몇 가지로 요약이 가능하다.[69] 모든 유기체는 전체성을 가지고 있으며 부분으로 환원이 불가능하다. 유기체는 그 시스템 속에 다층구조를 생성하고 있다. 각각의 구조들은 그 부분들의 관점에서는 전체가 되지만, 동시에 그보다 큰 전체(복잡성의 증대)에 대해서는 부분이 된다. 매 단계마다 부분으로 환원되지 않는 창발적 특성을 갖는다.

---

68) A. C. Graham, Chuang Tzu, p.156. Sarah Allan의 *The Way of Watter and Sprouts of Virtue,* (오만종 옮김, 『공자와 노자 그들은 물에서 무엇을 보았는가』, 예문서원, 1999) pp.136 - 137에서 재인용.

69) 카프라의 앞의 책, pp.47 - 48, p.56, pp.120 - 128 참조.

이러한 생물시스템은 모든 단계에서 각 부분들 사이의 연결망 패턴을 형성하여 상호 작용한다. 상호 작용을 통해서 유기체는 자기 조직, 혹은 스스로 자동제작을 하면서 동시에 열린 시스템으로 작동하는 끊임없는 과정이다. 이러한 생명 과정이란 인지를 통한 앎, 즉 정신의 과정이기도 하다.

시대적 맥락의 차이, 개념적 내포의 상당한 차이에도 불구하고 장자의 언어 속에는 이러한 유기체론의 발상이 거의 표현되고 있다. 장자에 의하면 우주 전체가 유기체이다. 우선 장자의 비유법에서 이러한 발상이 암암리에 드러나고 있다. 예컨대「추수」편에서 사람을 만물의 세계와 비교해 본다면 마치 말에 난 가느다란 터럭과 같다(此其比萬物也, 不似豪末之在於馬體乎?)는 비유에는 만물의 세계가 말과 같은 하나의 유기체임이 암시되고 있다. '物我一體'에서 '體'는 서양의 실체 개념이 아니라 말 그대로 '몸'이다. 만물과 내가 하나의 유기체적 몸을 이룬다는 것이다.

장자의 우주는 또한 다층적 구조로 겹겹이 감싸여 있다. 그 각 수준은 그에 상응하는 '觀'에 의하여 실재화된다. 카프라가 말하는 연결망은 다름 아닌 부분과 전체가 상호 참여하는 제유의 구조이다. 앞서 동곽자와 장자의 대화에서 살펴본 것처럼 도는 전체이면서 동시에 부분 속에 있다. 그리하여 도라는 전체는 모든 개체 사물의 연결망 구실을 해 주고 있다. 이것을 잘 표현해 주고 있는 것이 그 대화의 마지막에 나오는 '周'·'遍'·'咸'이다. 이것은 일체가 도를 통한 연결망 속에 있음을 표현하는 기표들이다. 3장에서 해석한 바와 같이 만물이 機에서 나와 실로 파란만장하고 다양한 種으로의 변화 과정을 거친 뒤 다시 機로 돌아간다는「至樂」

편의 생물학적 담론은 장자가 생각하는 우주의 근본 구조가 氣論에 바탕한 생물학적 모델임을 알 수 있게 해 주며, 모든 생명들이 생명의 대연쇄의 연결망을 이루고 있는 일대 장관을 보여주고 있다.

장자의 우주는 그 어떤 제작자나 조작자도 없이 스스로 자기 조직을 한다. 이것을 나타내는 말이 무엇보다 바로 '自然'이다. 이는 앞에서 살펴본바, '자발성'이다. 장자의 다음 말을 들어 보자.

> 마치 어떤 참된 주재자[眞宰]가 있는 듯이 보이기도 하지만 그러나 그 모양을 볼 수는 없다. 작용은 뚜렷한데 그 형태는 볼 수가 없다. 실정[情]은 있으나 모습이 없다. 백 개의 뼈마디, 아홉 개의 구멍, 여섯 개의 내장이 모두 갖추어져 있어도 우리는 그중 어느 것만을 좋아한다고 할 수는 없다. 당신은 그 모두를 좋아할 텐가? 반드시 사사로운 편애가 생기리라. 그렇다면 모두 臣妾으로 여길까? 그 臣이나 妾들이 서로 다스릴 수는 없을까? 서로 교대로 君이 됐다 臣이 됐다 하는 것일까? 실로 참된 주인이 있는 것일까? 이 실정을 알건 모르건 간에 그것 자체에는 더해지는 것도 보태지는 것도 없다.[70]

이 대목은 특히 니이담이 장자를 유기체의 철학으로 규정하는 데 결정적인 논거가 된 곳이기도 하다. 向秀·郭象은 우주의 제작자·조작자라 할 수 있는 眞宰의 존재에 대해서 부정하고 있다. 결국 이 부분은 만물이 스스로 그러함을 밝히는 주장이라는 것이다. 成玄英 또한 진재의 존재를 부정하기는 마찬가지다.[71] 반면 呂吉甫는 "천뢰는 알기 어렵고 진군은 보기 어렵다. 오로지 명하

---

70) "若有眞宰, 而特不得其眹. 可行已信, 而不見其形, 有情而無形. 百骸.九竅.六藏, 賅而存焉, 吾誰與爲親? 汝皆說之乎? 其有私焉? 如是皆有爲臣妾乎? 其臣妾不足以相治乎? 其遞相爲君臣乎? 其有眞君存焉? 如求得其情與不得, 無益損乎其眞?"「齊物論」

71) 向秀·郭象의 注와 成玄英 疏의 내용은 각각 다음과 같다. "起索眞宰之朕迹, 而亦終不得, 則明物皆自然, 無使物然也", "夫肢體不同, 而御用各異, 似有眞性, 竟無宰主." 郭慶藩, 앞의 책, pp.56-57.

니 자아를 잃어버림으로써 마음으로 이어짐이 가능하게 된다.”[72]
고 하여 진군과 천뢰를 병렬시킴으로써 진군과 천뢰를 모두 실재
하는 도의 은유로 보고 있다. 陳鼓應은 진재를 造物이나 자연, 道
로 해석하는 것은 잘못된 것이고 전후 문맥을 볼 때 '참된 자아[眞
我]'로 보아야 한다고 주장한다.[73] 인용된 구절 앞 부분에는 인간
감정 변화의 원인에 대해서 말하고 있다. 따라서 문맥상으로는 陳
鼓應의 견해가 타당해 보인다. 그러나 인간과 우주의 관계가 '소
우주 : 대우주'의 관계라는 것은 중국 고전적 사유의 가장 기본적인
유비임을 상기한다면 '참된 자아'인 진재를 도나 자연 조물자로 보
지 못할 이유가 없다. 문제는 그것이 있느냐, 없느냐 하는 것인데,
장자는 있다 해도 상관없고 없다 해도 상관없다고 말하고 있다.
보다 정확히 말한다면 있다 해도 틀리고 없다 해도 틀린다. 그것
은 있으면서 없다. 없으면서 있다. 이는 앞의 절에서도 이미 살펴
본 바지만 道가 '無'로서 존재하기 때문이다. 도는 모든 것을 관통
하고 통합하는 전체이지만, 그것은 동시에 모든 개체(부분)들의 자
발성으로 이루어진 통합이다. 참된 마음은 몸의 모든 부분을 총괄
하고 통합하지만 그것은 동시에 모든 부분들의 자발적인 상호 작
용의 연결망 그 자체이다. 마찬가지로 道는 우주의 모든 부분을
총괄하고 통합하지만 그것은 동시에 모든 부분들의 자발적인 상호
작용의 연결망이다. 그 연결망을 통해 인체는, 그리고 우주는 자기
조직을 한다. 이것이 '自然'이며, 생명이다. 이러한 유기체의 패턴

---

72) “天籟之難知, 眞君之難見. 唯嗒然喪我, 以心契之斯可得.” 焦竑, 『莊子翼』, 齊物論
　　p.22.
73) 陳鼓應, 『莊子今注今譯』, p.47.

은 제유적인 것이다.

유기체는 고리와 같이 순환하는 피드백의 구조를 지니면서도 열린 시스템이다. 열려 있다는 것은 결과가 아니라 과정이라는 것이다. 프리고진은 다음과 같이 말하고 있다.

이제 우리는 평형에서 멀리 떨어진 상태에서는 새로운 형태의 구조가 자발적으로 형성될 수 있다는 것을 알게 되었다. 평형에서 멀리 떨어진 조건하에서는 무질서와 열적인 혼돈으로부터 질서로 변환된다는 것이다. 물질의 새로운 동역학적 상태, 주어진 계와 그 주변 환경과의 상호 작용을 초래하는 생태가 생겨나게 된다.[74]

이러한 구조를 그는 소산구조(dissipative structure)라 부르고 있다. 이 소산구조에서는 요동이 일어나고 이 요동을 통해 계는 끊임없는 자발적인 창발적 조직화를 이루어 가는 과정이다. 그에 말에 따르면 "생명은 무생명의 요동이고, 파충류는 어류의 요동이며, 조류는 파충류의 요동이며 인간은 포유동물의 요동"[75]이다. 프리고진의 소산구조에 대해서 카프라는 다음과 같이 해석하고 있다. "프리고진이 생물 시스템의 구조를 소산구조로 기술했을 때, 그는 그 구조가 에너지와 물질의 흐름에 대해 개방되어 있음(열림)에 주된 강조점을 두었다. 따라서 생물 시스템은 열려 있으면서 동시에 닫혀 있는 셈이다."[76] 열려 있다는 것은 시스템이 변화하는 과정 속에 있음을 말해준다. 즉 유기체는 이러한 과정적인 존재다. 『장

---

74) I. Prigogine & I. Stengers, *Order out of Chaos —man's new dialogue with nature*, (신국조 역, 『혼돈으로부터의 질서』, 정음사, 1989, p.49).

75) 『과학사상』 1996, 여름호의 좌담에서 프리고진의 말. p.39.

76) 카프라, 앞의 책, p.223.

자』 속에는 이러한 현대 과학에 정확하게 상응하는 언어는 없다. 그러나 『장자』에 나오는 모든 존재들은 변화와 흐름의 과정 속에 놓여 있다. 우리의 인식작용에 포착되는 개체들이란 흐름 속에 잠시 형성된 결절이다. 모든 존재는 '흐르는 몸'[流體]인 것이다.

모든 존재는 기의 일시적 응집이며 기는 끝없이 변화하는 흐름이다. 이를 장자는 氣化라 하고 있지 않던가. 아내가 죽었을 때 장자는 이렇게 말하고 있다.

> 근원을 살펴보건대 본래 삶이란 없었오. 단지 삶이 없었을 뿐만 아니라 본래 형체도 없었소. 단지 형체가 없었을 뿐만 아니라 본래 기도 없었오. 그저 '흐릿하고 어두운 속'[芒芴之間]에 섞여 있다가 변해서 기가 생기고, 기가 변해서 형체가 생기고, 형체가 변해서 삶이 있게 되었오. 이제 다시 변해서 죽어가는 거요.[77]

芒芴之間이란 프리고진이 말하는 무질서·열적인 혼돈과 상응한다. 거기에서 氣와 形, 그리고 生이 태어나는 것은 혼돈으로부터 질서로의 변환이다. 「대종사」 편에서 병이 들어 온몸이 비틀어진 子輿는 그의 왼팔이 닭으로 변하고, 오른팔이 활로 변하고, 꽁무니가 수레바퀴로 변할 수도 있음을, 그리고 그 변화를 우리는 수용해야 함을 보여주고 있다. 또한 「추수」 편에서 장자는 이렇게 무궁하게 일어나는 생성 변화를 '反衍' '謝施'이라고 표현하고 있다. '反衍'이란 서로 상반된 곳으로 끝없이 일어나는 변화를 말한다. '謝施'는 한없는 교체를 뜻한다. 왓슨은 '반연'을 'endless change'

---

77) "察其始. 而本无生. 非徒无生也而本无形. 非徒无形也, 而本无氣. 雜乎芒芴之間, 變而有氣, 氣變而有形,形變而有生, 今又變而之死." 「至樂」

로 '謝施'를 'boundless turning'로 번역하고 있다.[78] 이 모두 일종의 '요동'이며 생성 변화이다. 특히 成玄英은 '謝施'에 대해서 다음과 같이 주석을 달고 있다.

謝는 대신하다는 뜻이고 施는 쓰임이다. 만물은 혹은 적은 것들이 모여서 많은 것을 이루고, 혹은 많은 것이 흩어져 적은 것을 이룬다. 그러므로 베풀어서 쓰고 교체하여 물러나고(施用代謝) 하여 항상된 일정함이 없다.[79]

이러한 '謝施'는 끊임없이 聚散하고 交替되는 일종의 우주의 신진대사 작용이다. 우주는 살아서 신진대사 활동을 하는 유기체인 것이다. 이러한 우주의 신진대사 작용이란 다른 말로 하면 氣化이다. 氣로 이루어진 몸으로 우주의 氣化와 함께 함을 장자는 '物化'라 하였다. 이러한 氣化 과정 속에 나타나는 신묘한 작용성이 神(정신)이다. 神이란 '흐르는 몸[流體]'인 氣가 일정하게 자기 조직화 과정을 거쳐 복잡성을 띠게 되었을 때 나타나는 작용이다.

장자의 우주는 이러한 유기체적 패턴 속에서 무궁하게 변화하는 과정으로서의 우주이다. 이러한 유기체적 우주 속에서 主客和諧라는 최고 수준의 창발적 특성을 가지는 장자의 실재의 층이 나타나게 된다.

---

78) Watson, 앞의 책, p.181.

79) "謝, 代也. 施, 用也. 夫物或聚少以成多, 或散多以爲少, 故施用代謝, 無常定也." 郭慶藩, 앞의 책, p.585. 정세근은 '施用代謝'는 곧 代謝作用과 같은 의미로 본다(정세근, 앞의 책, p.212).

# 3. 주체와 객체의 和諧

## 1) 주체와 객체

주객관계란 장자에게 있어서는 物과 我(혹은 心)의 관계이다. 세계의 유기체적 과정이 온전한 전체라고 한다면 그것은 주체와 객체를 포괄하지 않을 수 없다. 세계의 전일성은 세계를 전일적인 것으로 파악하는 관찰자의 관찰 행위까지 포함하는 역동적 과정일 때만이 하나도 빠뜨림이 없는 전일적인 것일 수 있다. 최소 시공을 요구하는 각각의 차원을 돌파하여 '무한한 시공의 觀'을 통한 궁극의 전체와 직면하는 바로 그 순간 이 '觀'은 觀하는 자신까지도 화해되어 있는 전체 속에 들어서게 된다. 이것은 매우 곤란한 문제를 발생시킨다. 즉 대상이 '觀' 그 자체와 화해되어 버림으로써 대상성을 상실하게 된다. 대상이 사라져 버리면 인식이 불가능해진다. 그리하여 궁극의 인식, 궁극의 앎[知]은 모르는 것[無知]이 되어 버려야 한다는 역설에 놓이게 된다.[80] 다음 장자의 말을 들어 보자.

> 육합 밖의 일에 대해서 성인은 거기에 있으나[存] 논하지 않고 육합 안에 대해 성인은 논하나 비평하지 않는다. (중략) 분석을 하면 분석되지 못한 것이 남게 되고, 분별을 하면 분별되지 못한 것이 남게 된다. 그것이 무엇인가? 성인은 (도를) 가슴속에 품어 버리지만, 보통 사람들은 분별하여서 남에게 보인

---

80) 「知北遊」 편에서 다음과 같은 無始의 말은 이러한 역설을 잘 보여주고 있다. "(道를) 모른다고 한 편이 깊고 안다고 한 편은  다(不知深矣, 知之淺矣)."

다. 고로 분별을 하게 되면 보지 못하는 바가 있게 된다. (중략) 고로 알지 못
하는 데에서 그치는 것이 지극한 지식이다. 누가 능히 말할 수 없는 말을 알
며, 도로 나타나지 않는 도를 알리오?[81]

六合이란 인식 가능한 시공간이다. 六合의 밖이란 세계를 초월
한 곳이라기보다는 인식 한계를 넘어서는 시공간의 무한성을 말하
는 것이며, '무한한 시공의 觀'을 통해서만 드러나는 층의 실재이
다.[82] 이것에 대해서 말할 수는 없다. 왜냐하면 분별과 구별[分]에
의거하는 언어로 포착되지 않기 때문이다. 따라서 이성적 인식의
범주를 벗어난다[所不知]. 언어로 표현할 수 없고, 이성적 인식으
로 포착할 수 없다고 해서 없는 것은 아니다. 聖人이 '(거기에) 있
음[存]'을 잊어서는 안 된다.[83] 인식론적 과정은 分, 辯의 과정인
데 전체에 대해서 그러한 인식을 감행하게 되면 항상 더 많은 부
분의 '不分'과 '不辯'의 접힌 잉여의 주름을 남기게 된다. 그렇다
면 우리는 실재를 어떻게 파악할 수 있는가? 이 물음에 대한 해결
은 '懷'라는 자에 열쇠가 있다. 懷라는 것은 품는 것이다. 그것은
대상을 인식하는 것이 아니라 대상과 한 몸이 되는 것이다. 즉 주
체와 객체가 冥合하는 것이다. 그것은 知→不知, 外→內로의 차원
변경이다. '무한한 시공의 觀'이란 不知의 觀이며, 그곳에서 인식

---

81) "六合之外, 聖人存而不論, 六合之內, 聖人論而不議. (중략) 故分也者, 有不分也. 辯也
   者, 有不辯也. 曰:「何也? 聖人懷之, 衆人辯之以相示也. 故曰辯也者, 有不見也. (중
   략) 故知止其所不知,至矣. 孰知不言之辯, 不道之道?」"「齊物論」

82) "六合之外"에 대해서 成玄英은 "重玄至道之鄕也"이라 하고 있다(郭慶藩, 앞의 책,
   p.85).

83) '存'에 대해서 向秀와 郭象은 "어떤 理가 거기에 존재한다(有理存焉)."고 하고, Watson
   은 "admits its existence"라고 번역하고 있다. 그러나 특별히 그렇게 해석할 이유가 없다.
   문장 그대로 "성인이 (거기에) 존재한다."고 해서 무리가 없다. 실제로 陳鼓應은 그렇게 번
   역하고 있다(陳鼓應, 『莊子今注今譯』, p.78 참조).

은 사라지고 삶만이 남는다. 대상은 사라지고 몸만 남는다. 그곳에
서 聖人은 단지 살고(聖人存) 있다. 즉 궁극적 실재란 이미 대상이
아니다. 그것은 삶, 생명 과정 그 자체이다.

그리하여 '무한한 시공의 觀'의 지평은 주체와 객체, 의식과 대
상, 관찰자와 현상이 뒤섞여 버리는 역설적인 불확정성 속에 놓이
게 된다. 그것은 心도 아니고 物도 아니며, 동시에 物이면서 心이
기도 한 기묘한 경계가 된다. 이것을 장자는 「應帝王」편에서 元
氣의 상태인 渾沌으로 표현하고 있다. 혼돈은 儵과 忽이 일곱 개
의 구멍을 뚫어 주자 죽어 버린다.[84] 일곱 개의 구멍은 인식의 수
단이 되는 감관이다. 인식은 주객을 나누고 세계를 분절하고 쪼갬
으로써 가능하다. 주객이 나누어지고 세계가 분절되고 쪼개질 때
이미 거기에는 전일적인 전체(혼돈)란 없다.

王玫는 장자의 실재 인식 과정을 인식 주체가 채용한 세계 인식
의 방식이 자아 체험, 자아실현의 기초 위에서 "천지는 나와 더불
어 함께 살고, 만물은 나와 더불어 하나가 된다(天地與我幷生, 萬
物與我爲一)."(「齊物論」)고 하는 최고 경지에 도달하는 과정으로
보고 인식 주체의 주관 능동성을 중시한다는 점에서 '독자중심론'
의 수용미학과 비교하고 있다.[85] 수용미학은 인식의 중심이 부단
히 주체 의식에로 기울어짐에 따라서 독자의 지위 역시 더욱 두드
러진다. 단 수용 객체인 텍스트의 존재 역시 전혀 의의가 없는 것
이 아니라 다만 주-객체의 전일적 체계의 관계에서 보면 그것은

---

84) 이러한 장자의 혼돈은 노자의 惚恍(14장)과 상통한다.

85) 王玫, 「從接受美學看莊子」, 『道家文化硏究』, 第五輯, 上海, 上海古籍出版社, 1994,
    p.85.

독립적이지 않고 상대적이고 개방적이어서 일종의 미결정 구조이
다. 그것의 존재 가치는 독립적 의의를 낳지 못하고, 그 존재의 의
의는 독자의 관념과 의식 중에서 장차 구체화된다. 그래서 미결정
성을 가진 문학 텍스트와 독자의 책읽기 과정 가운데에서 양자 결
합이 구체화됨에 따라 완정한 작품이 생성된다.[86] 장자의 실재 인식
과정 역시 주체와 객체의 불가분성에 대한 깨달음을 필요로 한다.

　의식 및 개념 구조와 독립된 객관적 세계가 존재하고 그 세계는
인간 인식 및 개념과는 독립되어 있으면서도 인간의 개념으로 파
악될 수 있다는 과학적 실재론은 오늘날 양자역학에 의해서도 근
본적으로 흔들리고 있다. 하이젠베르크의 불확정성의 원리나 보어
의 상보성 원리에 입각한 양자역학은 세계를 분리할 수 없는 하나
로 보아야 함을 함의하고 있다. 관측자마저 관측 대상과 분리될
수 없는 것이다. 관측자가 대상을 분리시켜 측정하는 순간 실체는
이미 관측자에 의해 교란된다. 이 교란되기 이전, 즉 관측자와 관
측 대상이 분리되기 전의 실체란 무엇인가? 김성구에 의하면 그것
은 여러 가지 가능성이 중첩되어 있는 허상일 뿐이다. 존재하지
않는 것이라고도 말할 수 있고 모든 것을 가능케 하는 그 무엇이
라고도 할 수 있는 것으로서 결코 분석을 통해서 무엇이라고 말할
수 없는 것이다.[87] 이 '그 무엇' 역시 수용미학의 텍스트처럼 미결
정성의 구조 속에 놓여 있다. 신경과학자 마투라나와 바렐라에 따
르면 어떤 물건이 '저기 바깥'에 있다는 경험은 인간의 구조에 의
해 특수한 방식으로 형성된 것이다. 기술하는 가운데 생겨나는 '저

---


86) 王玫, 앞의 논문, pp.92－93.
87) 김성구, 「하이젠베르크의 불확정성 원리」, 『과학사상』 17호, 1996년 여름. p.200.

물건'의 밑바닥에 인간의 구조가 깔려 있는 것이다. 우리들이 존재하는 방식과 세계가 우리에게 나타나는 방식을 따로 나눌 수는 없다. 그리하여 그들은 "모든 인식 활동은 저마다 한 세계를 내놓는다."[88]고 주장한다. 다만 여기서 주의해야 할 것은 '물 자체'는 알 수 없는 것으로 전제해 두고 세계를 주관에 의해서 구성하는 칸트의 인식론과는 다르다는 점이다. 수용미학이나 마투라나는 '물 자체'를 따로 인정하지 않는다. 우리가 존재와 얽혀서 우리에게 나타나는 세계, 그것이 굳이 말하자면 물 자체이다. 화이트헤드의 '주관주의 원리'(subjectivity principle)에 따르면 대상이라는 것이 언제나 경험하는 주체의 현실적 계기(actual occasion)와 서로 관계되고 있음을 명백히 하고 있다. 이때 대상이란 단지 사물 혹은 외부적 사물, 외부적 존재자와 단순한 동의어가 아니라 언제나 경험하는 주체 속에 내재하는 것으로서의 존재자이다.[89] 앨런 월리스의 표현을 빌리자면 우주는 의식과 대상이 상호 작용하는 '참여적 우주'이다.[90] 장자의 우주가 바로 그러하다.

대상과 주체의 얽힘은 근원적이다. 궁극의 차원의 전 단계, 심지어 가장 낮은 단계에서도 이미 대상과 주체는 얽혀 있다. 다만 그것이 은폐되어 있을 뿐이다. 그 '은폐되어 있는 차원'[無]을 보지 못하는 자는 자신의 주관과 분리되어 대상으로 '나타난 세계'[有]가 참다운 세계라고 착각하고 객관적 사실로서 믿는다. 그러한 세

---

88) H. R. Maturana & F. Varela, 앞의 책, p.35.

89) 안형관, 앞의 책, p.68 참조.

90) Alan Wallace, *Choosing Reality*, (홍동선 역, 『과학과 불교의 실재 인식』, 1997), p.143.

계가 자신의 실존, 자신의 관점의 반영임을 알지 못한다.

"모든 인식 활동은 저마다 한 세계를 내놓는다."는 마투라나의 말을 장자의 어휘로 번역하면 "모든 관점[觀]은 저마다 한 경계[境]를 성립시킨다." 그리하여 무수한 관점의 세계가 성립하게 된다. 그리하여 장자는 말한다. "物은 저것 아닌 것도 없고, 이것 아닌 것도 없다. 저것(타인의 관점)으로부터 보면 이것을 알 수 없으나, 이것(자기의 관점)으로부터 보면 이것을 알 수 있다."91) 그러나 장자는 관점주의를 최종적으로 올바른 인식 방법으로 확립하고자 하지 않는다. 그것은 관점에 얽매인 成見을 타파하기 위하여 전략적이고 방편적으로 제시된 것이다. 小知는 관점에 얽매여서 그 관점이 절대적 진리라고 집착하게 된다. 小知는 그 관점의 세계를 성립시키는 시공에 머물러 있고 그에게 있어 그의 觀 너머에 있는 것은 단지 가능성으로 접혀 있을 뿐이다. 그는 궁극적 실재를 깨닫지 못한다. 왜냐하면 그가 보는 세계는 실재의 한 부분의 경계에 불과하며 氣化의 단면이기 때문이다. 그는 여전히 꿈속에 있다.

大知는 움직일 수 없는 진리라고 여겨지는 것들이 기실 하나의 관점에 불과함을 깨닫는다. 그는 세계가 공간적으로 무궁함을 알아서 멀고 가까운 것을 두루 다 관찰한다. 시간이 무궁함을 알아서 과거와 현재를 통틀어 밝힌다.92) 그리하여 최종적으로 '무한한 시공의 觀'을 획득하여 전체로서의 참된 실재 속에 들어서게 된다. 이것이 꿈속에서 완전히 깨어나는 大覺이다. '무한한 시공의 觀'이

---

91) "物无非彼, 物无非是. 自彼則不見, 自是則知之." 「齊物論」

92) "夫物量無窮, 時無止 (중략) 大知觀於遠近 (중략) 知量無窮. 證曏今故, (중략) 知時無止." 「秋水」

란 무한한 관점을 포함하기 때문에 '관점'의 정의를 벗어난다. 즉 '무한한 시공의 觀'이란 역설적으로 일정한 관점이 아니다. 따라서 거기에 나타나는 세계 역시 일반적인 '있음'의 세계가 아니다.

> 光曜가 無有에게 물었다. "당신은 있는 거요, 없는 거요?" (無有가 대답이 없으므로) 광요는 더 물을 수가 없어 그 모습을 찬찬히 쳐다보았다. 아득하고 휑하니 빈 것 같았다. 온종일 그를 쳐다보아도 보이지 않고 귀를 기울여도 들리지 않으며 잡아도 잡히지 않았다. 광요는 말했다. "지극한 경계다. 어느 누가 이 경지에 이를 수 있겠는가! 나는 無의 경계가 있음을 알고 있었지만 無도 없는 경계를 몰랐다."93)

成玄英은 光曜는 대상을 보는 의식, 無有는 보이는 경계의 의인화로 해석한다.94) 그러나 無有는 단순한 경계가 아니라 궁극의 경계, 궁극적 실재를 표현한다. 그것은 일반적인 존재(대상)가 아니다. 대상으로서의 그것은 '없음'이다. 그러나 주객 대립이 해소되지 않았을 때는 '없음'도 하나의 유한한 대상일 뿐이다. 주객의 화해 속에서는 '없음조차 없어지는 경계'[無無]가 열린다. 이러한 경계를 장자는 「소요유」 편에서 "아무런 있음도 없는 곳"(無何有之鄕), "한없이 드넓은 들판"(廣莫之野) 등의 메타포로 표현하고 있다. 이 경계가 바로 물아일체이며, 물아일체가 바로 궁극의 실재이다.

「養生主」에서 포정이 기예를 연마해 가는 과정을 다음과 같이 말하고 있다.

---

93) "光曜問乎無有曰, 夫子有乎, 其無有乎. 光曜不得問, 而孰視其狀貌. 窅然空然, 終日視 之而不見, 聽之而不聞, 搏之而不得也. 光曜曰, 至矣, 其孰能至此乎. 予能有無矣, 而未 能無無也"「知北遊」

94) "光曜者, 是能視之智者. 無有者, 所觀之境也. 智能照察, 故假名光曜. 境體空寂, 故假 名無有也." 陳鼓應, 『莊子今注今譯』, p.583.

제가 좋아하는 것은 道인데 그것은 技보다 앞서는 것입니다. ①제가 처음 소를 잡을 때는 눈에 보이는 것이란 모두 소뿐이었으나, 3년이 지나자 이미 ②소의 모습은 눈에 전혀 보이지 않게 되었습니다. 요즘 저는 神으로 소를 대하지 눈으로 보지는 않습니다. 감각과 지각이 멈추어진 채 神이 행하고자 하는 대로 따를 뿐입니다. [95]

①이 주객 분별적 인식이라면 ②는 주객의 분별이 사라진 무분별적 직관이다. '소'라는 대상이 사라져 버리고 心과 物이 하나가 되어 버릴 때 포정은 비로소 최고의 경계를 얻게 된다. 그것을 그는 道라고 하였다. 이 경계에서는 감각과 지각이 사라지고 새로운 차원의 神이 드러난다. 徐復觀에 따르면 "외부 사물의 구속을 받지 않는 心으로부터 발생된, 분별상을 초월하는 직관과 지혜, 다시 말해 精으로부터 발생되는 작용, 이것이 바로 神이다."[96] 神은 무분별적 직관의 작용이다. 또한 神은 노자의 惚恍과 통하는 것이며, 홀황은 장자에게 있어서 혼돈과 상응한다. 황홀한 신은 주체와 객체의 화해를 여는 직관이다. 장종위앤(Chang Chung‐yuan)에 따르면 직관의 국면에서는 아는 자와 알려지는 것 사이의 어떠한 분리도 없다. 주체와 객체는 동일화되는데 이것은 우주와 만물 사이의 화해와 상호 관통에 의해 나타나는 최고의 정신적 힘이다.[97] 이러한 '神의 觀'이란 앞서 논의된 '심재의 觀'이며 '무한한 시공의 觀'이다.

융(C. G. Jung)은 내적인 심리적 영역과 외부의 물리적 세계와의

---

95) "臣之所好者道也. 進乎技矣. 始臣之解牛之時, 所見无非全牛者. 三年之後, 未嘗見全牛也. 方今之時, 臣以神遇, 而不以目視, 官知止而神欲行." 「養生主」

96) 徐復觀, 『中國人性論史』, p.388.

97) Chang Chung‐yuan, *Cretivity and Taoism*, N.Y. Harper & Row, 1970, p.41.

유의미한 연결을 위해 동시성(synchrony)이라는 원리를 제시한다. 융에 따르면 동시성이란 인간이 자연 속의 비인과적 패턴을 이루는 사건에 참여하는 것이며, 그리고 의미심장하게 관계하는 것이다. 내적 대 외적, 심리적 대 물리적, 그리고 정신적 대 세계적 잠재력과 같은 대립물이 의미심장한 비인과적 동시성의 경험으로 연결된다. 이러한 동시성이 가능한 까닭은 집단무의식의 가장 깊은 레벨에서는 그 가장 깊은 무의식이 자연의 외적 세계의 기초가 되는 패턴에 참여하고 있기 때문이다. 이 레벨에서 의식은 곧 세계이다. 융이 말하는 원형(archetype)은 개인의 실존의 밑바닥에서 작용하고 있는데 곧바로 대우주의 패턴이 지닌 일반적인 질서가 특정한 순간에 나를 통해 표현되는 수단이 되는 것이다. 즉 원형은 세계와 의식의 동시성을 가능하게 하는 수단이다.[98] 동시성의 원리는 心物 화해와 융합의 한 예증이 된다. 崔宜明에 따르면 『장자』에서 나타나는 '化'는 객관 존재의 理이며, '觀'은 주관 인식의 원칙인데, 化와 觀의 통일이 곧 사실 세계의 必然之理이다.[99] 즉 化(객관)와 觀(주관)의 통일이 세계의 理이다. 융의 동시성 원리나 崔宜明이 말하는 것은 서로 상통한다. 이러한 논의들이 성립할 수 있는 것은 다른 이유가 아니다. 실재가 그러하게 나타나기 때문이다.

요컨대 연속적인 감싸기의 꿈에서 하나씩 깨어나서 궁극의 차원이 열릴 때 그 궁극적 차원이 가지게 되는 창발적 특성이 바로 주객의 융합인 것이다. '주객이 융합된 惚恍한 실재'[渾沌]는 존재도

---

98) 동시성에 관한 논의는 Harold Coward의 논문 「Taoism and Jung: Synchrony and The self」과 이은봉의 논문 「주역의 동시성원리와 이상」을 참고하였다.
99) 崔宜明, 앞의 책, p.186.

아니며 인식도 아니다. 동시에 그것은 존재이면서 인식이다. 왜냐하면 궁극의 실재의 차원에서 대상의 세계는 단지 고립된 대상이 아니라 이미 의식과 화해된 것이기 때문이다. 따라서 여기서 세계는 이미 의식적이며 의식은 이미 세계이다. 대상과 의식이 융합되는 것, 주객을 관통하는 깨어남이 곧 깨달음이다. 결국 장자에게 있어서 궁극적 실재란 바로 그 깨달음에 의해서 가능해진다. 이 깨달음의 주어는 결코 이성이나 의식 혹은 그 이성이나 의식을 담지하고 있는 개체라기보다 이미 주체와 객체를 아우르고, 세계를 관통하는 氣, 그 자체라고 할 수 있다. 무아경에서 노래를 부르던 공자는 이렇게 말하고 있다. "시작도 없고 끝도 없나니 人은 天과 더불어 하나이다. 대저 지금 노래를 부르는 자는 그 누구인가?"[100] 그 노래를 부르는 자는 누구인가? 공자인가, 바람인가, 세계인가? 그것은 공자이기도 하고, 바람이기도 하고, 세계이기도 하며 또 그 모두를 관통하는 氣인 것이다. 馬其昶이 『莊子故』에서 "사람의 지각은 모두 음양의 기와 운동에 의해 일어나며 결코 자기 개인에 의해 생기는 것이 아니다."[101]라고 할 때 그 氣이다.

소동파(蘇東坡)가 문동(文同, 호는 與可)의 대나무 그림을 보고 지은 시는 이러한 주객융합이 예술 창조 과정에서 나타날 수 있는 모습을 보여주고 있다.

與可畫竹時　　여가가 대나무를 그릴 때
見竹不見人　　대나무만 보고 사람은 보지 아니한다

---


100) "無始而非卒也. 人與天一也. 夫今之歌者. 其誰乎?" 「山木」
101) 안동림 역주, 『莊子』, p.541.

| 豈獨不見人 | 어찌 사람을 아니 볼 뿐이겠는가 |
| 塔然遺其身 | 깜박 그 자신의 존재마저 잊어버린다 |
| 其身與竹化 | 일신이 대나무로 화해 버리니 |
| 無窮出淸新 | 무궁히 솟는 청신함이여 |
| 莊周世無用 | 이 세상에 장주가 없으니 |
| 誰知此凝神 | 누가 이 그림의 정신을 알아주랴 |

문여가와 대나무는 하나의 氣로 통합되는데 그것은 '凝神'이란 말로 표현되고 있다. 이 응신은 「소요유」의 막고야산의 신인 우화에서 등장하는 '神凝'에서 나온 말인데 그것은 정신이 집중되어 최고의 경계에 이름을 말한다. 응신은 정신이면서 주객이 융합하는 心齋의 氣이며, "적막한 곳(주객이 화해되는 곳)에서 합해지는 氣"("合氣於漠", 「應帝王」)이다. 이 경계에 이르면 일체[天地]가 살아 있는 기의 정신들이다. 정신은 사방으로 트이고 흘러서 이르지 않는 곳이 없다. 위로는 하늘에 닿고 아래로는 땅에 도사린 채 만물을 기화 생성시킨다. 이 경계가 方東美가 주장하는 중국 철학의 핵심적 특성인 萬物有生論[102]이 그 가장 진정한 의미에서 실현되는 자리이며, 동시에 동아시아 예술의 궁극적 경계가 열리는 자리이기도 한 것이다.


## 2) 道와 德

앞에서 논의한 주객융합을 통해 나타나는 실재를 가리키는 장자의 기표가 道이다. 道는 노자에서뿐만 아니라 장자에서도 궁극의

---

102) 方東美, 『中國人生哲學』 p.48.

개념이다. 그러나 道라는 개념은 장학 후기에 주로 사용된 용어이
며, 초기에는 도에 상응하는 개념으로서 天, 一, 造物 등과 같은
감성적 표현들이 주로 사용되었다. 이런 표현들에 비해 道는 매우
추상화된 개념이다. '道' 자는 장자 자신의 저술로 추정되는 내편
보다 장자의 후학들이 지은 것으로 추정되는 外·雜篇에 주로 등
장한다.

道라는 개념이 이미 노자에 의해서 철학적으로 제기되었고 노자
철학과 발전적 계승 관계에 장자가 위치하고 있음에도 불구하고
장자가 왜 굳이 道 개념 대신에 天과 一 등의 개념을 주로 사용하
였는가는 흥미로운 문제다. 天이나 一로써 자연의 관념을 표명하
는 것이 道로써 자연을 표명하는 것보다 일반인들이 파악하기가
더욱 쉬웠기 때문일 것이라는 추정103)은 단순하지만 일리가 있다.
여기에 한 가지 이유를 덧붙인다면 장자는 언어, 특히 추상적으로
개념화된 언어가 가져올 왜곡의 위험성을 예민하게 감지하고 있었
기 때문일 것이다. 시적인 형태를 보이고 있음에도 불구하고 『노
자』에는 추상적 개념들과 그 개념들로 형성된 명제로 가득 차 있
다. 반면 장자는 모종의 깨달음을 명제로 지식화하여 제시하기보다
는 그러한 깨달음을 독자들이 체험할 수 있는 구체적인 상황을 제
시한다. 그것이 우언의 형식이다. 따라서 추상적인 道보다는 구체
적인 天이 그의 사유의 성향에 더 적합하다고 할 수 있다. 그러나
내편과 외·잡편이 약간의 상이점에도 불구하고 계승과 발전의 관
계에 있다는 것을 전제로 한다면 道 개념은 내편의 天, 一, 造物

---

103) 徐復觀, 『中國人性論史』, p.112.

등의 의미를 아우르며 종합된 총체적이고 궁극의 개념으로 인정해
야 한다.

　'道'라는 글자는 金文을 살펴볼 때 십자형의 교차로를 나타내는
'行' 字 속에 눈과 눈썹이 있는 모습이다.[104] 눈과 눈썹은 이후
'首' 字가 된다. '首'는 머리·시작·처음의 것·비롯·먼저·근
본·上位·가서 닿는 것(가는 목표) 등의 다양한 뜻이 있다.[105] 이
러한 분석에 따를 때 道는 매우 다양한 의미를 가질 수 있다. 실
제『장자』속의 道의 개념은 많은 다른 개념들을 포함하면서 매우
복잡한 함의를 지니고 있다. 다음 구절을 보자.

> 道는 情도 있고 信도 있으나 無爲이며 無形이다. 전할 수는 있지만 받아
> 들일 수는 없고, 체득할 수는 있지만 볼 수는 없다. 스스로 자신의 존재의 근
> 본이 되고 천지가 생겨나지 않은 옛날부터 진실로 존재하였다. 그것은 귀신과
> 상제를 신령스럽게 해 주고 천지를 생기게 하였다. 태극보다 위에 존재하지만
> 높다 하지 않고 육극의 아래에 있지만 깊다 하지 않고 천지보다 앞서 존재하
> 였지만 오래되었다 하지 않고 상고의 시대보다도 오래되었지만 늙었다 하지
> 않는다.[106]

　위에서 나타나는 도의 몇 가지 특징을 다음과 같이 정리할 수
있다. ① 도는 실존한다. ② 그러나 일반적인 사물처럼 감각으로
지각될 수 없다. ③ 도는 자존하는 것이다. ④ 도는 천지만물을 낳

---

104) Sarah Allan,『공자와 노자 그들은 물에서 무엇을 보았는가』, p.110 참조.

105) 여기서 십자로는 일반적으로 해석되는 '선택을 요하는 갈림길'이라기보다 오히려 모든 길
　　이 모이는 곳으로 해석 가능하다. 십자로는 모든 길이 모이는 곳이면서 동시에 모든 길이
　　시작되는 곳이다.

106) "夫道, 有情有信, 無爲無形. 可傳而不可受, 可得而不可見. 自本自根, 未有天地, 自
　　古以固存, 神鬼神帝, 生天生地. 在太極之上而不爲高, 在六極之下而不爲深, 先天地
　　生而不爲久, 長於上古而不爲老."「大宗師」

는다. ⑤ 도는 시공을 초월한다. 그러나 이는 도의 복잡한 내용의 한 일단일 뿐이다. 수많은 학자들이 서로 다른 수많은 道의 함의를 찾아내고 있다. 이에 대한 분석들을 몇 개만 열거해 본다면 실로 장자 철학의 모든 핵심적 내용들이 망라되고 있음을 알 수 있다. 예를 들어 보자. 崔大華는 장자 도의 근원성의 함의를 ① 自本 ② 周遍 ③ 주재성 ④ 초월성으로 나눈다(崔大華, pp.119–122). 이강수는 도의 성격으로 ① 언어로 정의할 수 없다 ② 物에 의해 物되지 않는다 ③ 無의 無無와 無無無 ④ 만물에 두루 통함 ⑤ 혼연일체 ⑥ 자기 스스로 자기 존재를 성립시킴, 이 여섯 가지로 분석한다(이강수, 『노자와 장자』, pp.186–200). 劉笑敢은 도의 성질을 ① 절대성 ② 영원성 ③ 초월성 ④ 보편성 ⑤ 무차별성 ⑥ 무목적성으로 분류한다(劉笑敢, pp.56–63).

이러한 道의 다의성은 자칫 도 개념을 정의하는 것 자체를 무의미하게 만들 우려가 있다. 『장자』 속에서 수없이 만나는 '도는 정의할 수 없는 것', '감각을 통해서 알 수 없는 것'이라는 언표들을 상기한다면 우리가 어떻게 정의를 한다 할지라도 道는 그 정의를 초과하는 기표임을 알 수 있다. 한마디로 그것은 총체성의 기표다. 그것은 항상 그 자신의 기표를 넘어서고 있는 기표이다.

"도를 도라고 부르는 순간 그것은 이미 참된 도가 아니다."라는 노자의 정의 그 이상의 정의를 어떻게 할 수 있겠는가. 여기에 福永光司의 말을 한 마디 덧붙여 두자.

道는 인간의 지적 인식의 범위를 넘어서 있어서, 우리가 그것을 알려고 한다면 우리 인간의 사려분별을 넘어서 체험하는 수밖에 없다. (중략) 道를 인간

이 대상으로 파악하려고 하는 한, 그것은 항상 무질서로서의 혼돈, 즉 살아 있는 혼돈이다.[107]

다만 본고는 지금까지 道를 '무한한 시공의 觀'에 의해 나타나는 정의 불가능한 궁극적 실재, 혹은 질서와 혼돈을 감싸고 있는 전일적인 실재로 봐 왔음을 상기하면 되겠다. 그러나 道는 실재라는 개념을 항상 초과하는 실재이다. 이러한 정의 불가능의 총체성으로서의 道는 德을 통하여 구체적으로 현실화된다. 德을 통하여 道는 드러난다.

德은 갑골문, 금문 등을 통한 사라 알란(Sarah Allan)의 언어학적 분석에 따르면 식물의 성장과 마음 간의 긴밀한 연관성을 내포한다.[108] 이를 통해서 사라 알란은 덕이 일종의 선의 싹이 되는 관계를 말하려고 한다. 『禮記』「鄕飮酒儀」에서는 "덕이란 몸에 얻은[得] 것(德也者, 得於身也)"이라 하고 있다. 갑골문이 가진 상형과 『禮記』의 의미를 종합한다면, 식물의 성장처럼 우리 마음에 체득되어 자라는 것이 덕인 것이다. '德＝得'은 매우 일반화된 당시의 용법이었다. 장자 역시 「天地」 편에서 다음과 같이 말하고 있다.

> 태초에는 無가 있었다. 존재도 없고 이름도 없었다. 여기서 一이 생겼는데 一은 있어도 형체가 없었다. 만물은 이 一을 얻음[得]으로써 생겨났는데 그것을 德이라고 한다. 아직 형체가 없으면서 (음양의)나뉨이 생겨 유행하면서 조금도 틈이 없었다. 이것을 命이라고 한다. (一은) 머물고 운동하면서 사물을 낳는데 사물이 이루어져서 理가 이루어진다. 이를 형체라 한다. 형체가 신묘한 작용을 유지하면서 각기 고유한 법칙이 있게 된다. 이것을 性이라고 한다. 性

---

107) 福永光司, 『莊子－古代中國の實存主義』, (임헌규 외 역, 『난세의 철학』, 민족사, 1993, p.199).

108) Sarah Allan, 앞의 책, p.158.

이 잘 닦여지면 본래의 덕으로 돌아가고, 덕이 지극한데 이르면 태초의 상태
와 같아진다. 같아지면 비게 되고, 비게 되면 커진다. 말을 해도 새가 우는 것
처럼 무심해진다. 새 부리가 자연히 움직이듯이 무심하면 천지와 더불어 합일
이 된다. 합일이 되면 흔적이 없어져 어리석고 어두운 것만 같다. 이를 玄德이
라 하며, 자연과 하나가 되었다고 한다.[109]

여기서 역시 德은 得이다. 그렇다면 '얻는다'는 것은 무엇인가?
이는 一이라는 무분별의 상태로부터 분별이라는 개체 생성의 시작
을 의미한다. 이미 3장에서 '一'은 무규정의 無(전체)와 존재[有,
物: 부분]를 이어 주는 제유의 매개로서 生起 혹은 生氣라고 규정
하였다. 따라서 얻음이란 이 一, 즉 제유의 매개, 生起를 얻는 것
이다. 여기서 위에 나타난 만물의 생성과정을 간단히 도식화하면
'無(태초)→하나[一]→德→性(多)→德→하나[一]→無'이 된다. 徐
復觀은 一과 德을 구분하여 "덕은 아직 형체가 없다는 점에서는
一과 서로 같고, 분화가 있게 되었다는 점에서는 오히려 이미 一
보다 한 단계 더 아래로 구체화되었다."고 하였다. 또 性과 德을
구분하여 "사람과 물건 자체에 내재화한 도가 추상적인 도의 방면
에 근접하여 말할 때는 덕이고, 구체적인 형태의 방면에 근접해서
말할 때는 性"이라고 하였다.[110] 이렇게 본다면 無, 一, 德, 性이
모두 다르지 않다. 이 모든 것은 '하나'[一]이다. '하나'의 유행하
는 계기적 모습이며 그 유행의 위상에 따라 다른 이름이 붙여진다.

---

109) "泰初有无无有无名. 一之所起, 有一而未形. 物得以生, 謂之德. 未形者有分, 且然无
　　間, 謂之命. 留動而生物, 物成生理. 謂之形. 形體保神, 各有儀則, 謂之性. 性修反德,
　　德至同於初. 同乃虛, 虛乃大. 合喙鳴. 喙鳴合, 與天地爲合. 其合緡緡, 若愚若昏, 是
　　謂玄德, 同乎大順."「天地」陳鼓應에 따르면 "大順"은 自然이다(陳鼓應, 앞의 책,
　　p.311).

110) 徐復觀, 앞의 책, 각각 p.119, p.118.

190

道는 바로 그 전체로서의 '하나'이다. 이것을 '큰 하나'라고 한다
면 도식 가운데 들어 있는 一은 '작은 하나'라고 할 수 있다. 이
'작은 하나'가 각각의 개체 속으로 내재화할 수 있게 하는 기능,
창조적 작용성이 德이다. 이렇게 德이 작용할 때 '큰 하나'와 개체
속으로 내재화되는 '작은 하나'는 다시 '하나'가 된다. 이것이 부분
이 전체가 되고 전체가 부분이 되는 제유적 실재의 실상이다.[111]
이러한 실재의 실상을 깨달을 때 주객이 하나가 되어 어리석고 어
두운 것 같은 '不知'의 차원에 들어가게 되는 것이다. 요컨대 道는
'하나'이고 그 '하나'를 가능하게 해 주는 것이 德이다. 『장자』의
외편에서부터 道와 德이 결합하여 道德이 될 때 그것은 이러한
생생불식하며 기화유행하는 제유적 실재의 실상을 함의하고 있다.

여기서 德의 역할을 좀 더 덧붙인다면 덕은 一에서 多, 즉 다양
성과 복잡성에로 가는 창조성과 多에서 다시 一, 즉 통합성에로
복귀하는 조화[和]의 역할을 함께 수행한다. "마음을 덕의 조화된
경지에서 노닐게 하여 만물에 대해 그 하나 되는 것을 본다(遊心
乎德之和, 物視其所一. 「德充符」)."고 할 때 德은 존재론적이며
미학적 개념인 것이다. 그리하여 장자는 "德이 너를 아름답게 해
주며 道가 장차 너에게 깃들 것이다."(德將爲汝美, 道將爲汝居.

---

111) 이러한 제유적 매개로서 '一'이 잘 표현되어 있는 예가 우리나라 단군교 계열의 경전인 『天
符經』이다. 예컨대 "一始無始一 析三極 無盡本 天一一 地一二 人一三"을 보자. 세계
가 하나에서부터 시작된다는 의미에서 인용 구절의 첫 자인 一은 무분별의 상태로부터 분
별이라는 개체 생성의 시작을 의미한다. 그리하여 이 一은 하나라고 이름 붙여지기 이전
의 하나이며 본래부터 있어 온 하나인 '無始一'이라는 전체와 삼극, 나아가서 만물이라는
부분들을 제유적으로 매개하게 된다. 그것을 잘 보여주는 구절이 "天一一 地一二 人一
三"이다. 천지인이라는 삼극으로 나뉘어 있지만 그 속에 모두 一이 들어가 있다. 이 一은
'無始一'의 一과 삼극을 이어 주는 통로이다. 이런 식으로 계속 나아가면 삼극에 의해서
이루어지는 일체의 만물 속에도 이 一이 들어가 있게 된다. 一은 부분이자 전체다.

「知北遊」)라고 말한다. 덕과 연결된 美. 여기에서 우리는 장자의 실재관에서 나타난 미학, 실재의 심미적 성격의 단초를 구할 수 있게 된다. 이러한 심미적 특성은 장자 실재의 다른 측면이 아니라 실재의 내적 속성이며, 실재의 궁극적 표현이 된다는 점에 주의해야 한다.

# 제5장   장자의 심미적 실재

"장자의 철학은 미학이다."[1]라고 李澤厚는 극단적으로 말하고 있다. 홀(David L. Hall)에 따르면 서양 사상의 주류는 논리적 질서(logical order)인 데 반하여 중국적 사고방식에는 심미적 질서(aesthetic order)가 일반적으로 퍼져 있었다.[2] 그러나 이런 견해는 별로 새로울 것이 없는 일반론적 견해다. 실로 중국적 질서를 창조해 냈던 위대한 인물들은 대부분 시인과 성인과 예언자의 혼합적 능력 속에서 깨달은 지혜를 구체화시킨 사람들이다. 그 가운데서 道家, 특히 장자에게 있어서 미학적 성향이란 더욱 현저해져서 그의 사상의 핵심적 틀을 형성하고 있다. 方東美는 장자 형이상학의 핵심을 수학적 물리적 공간을 정신적 즐거움의 해방된 영역으로서 무궁한 회화 예술의 공간으로 변형시키는 것 속에서 찾는다.[3] 이는 매우 적절한 지적인데 실로 이후 중국의 미학과 심미의식은 그 연원의 상당 부분이 『장자』에서 유래한다. 따라서 장자를 연구하는데 미학적 측면을 도외시한 이해란 매우 피상적인 결

---

1) 李澤厚, 『中國古代思想史』, 安徽文藝出版社, 1994, p.184.
2) 이광세, 「로티와 동양사상」, 『과학사상』 22호, p.149.
3) 方東美, "The World and the Individual in Chinese Metaphysics", p.113 참조.

과를 가져올 수밖에 없을 것이다.[4] 장자에게 있어 미학적 측면은 그의 형이상학 체계의 한 부분이 아니라 그의 체계의 근거이자 결론이다. 우리가 지금까지 논의해 온 장자의 실재, 그 근저에 심미적 관점이 놓여 있을 뿐만 아니라 실재, 그 자체가 미학적 구조로 구축되어 있다.

여기서 간과해서 안 되는 것은, 선진 시대의 사상 일반이 그러하지만, 장자에게 있어서 미학적인 것과 인식론적인 것, 존재론적인 것은 분리할 수 없는 혼연일체를 이루고 있다는 점이다. 그 혼연한 가운데에서 '미학적'이라는 것은 굳이 오늘날 미학 개념으로 말하자면 '심미 체험(미적 경험)'과 주로 관계되는 감성학인 것이다. 장자에게 이 감성적인 심미 체험은 단순한 지각의 한 형태가 아니라 인식론적·존재론적·가치론적인 근본성과 얽혀 있는 정신의 최고 경계의 문제가 된다. 우리는 이미 장자의 체험이란 주관이면서 동시에 객관, 의식－인식이면서 동시에 세계임을 살펴보았다. 따라서 장자에게 있어서 감성을 통한 심미 체험은 단순한 주관적 경험이 아니라 주객 화해, 물아일체에 의해 이루어지는 실재의 현현이다. 이렇게 현현하는 실재는 모종의 예술 경계를 이룬다. 그 경계는 또한 장자 철학의 핵심인 道와 직결되어 있다.[5]

---

4) 劉笑敢의 『莊子哲學及其演變』(최진석 옮김, 『莊子哲學』, 소나무, 1990)은 장자의 사상 전반을 매우 치밀하고 체계적으로 분석한 역작이다. 그러나 그는 장자의 미학적 영역을 간과하는 결함을 드러낸다.

5) 徐復觀 역시 장자가 추구했던 道는 최고의 예술 정신과 본질적으로 같다고 주장한다. "나는 장자가 추구했던 도는 한 위대한 예술가가 표현해내는 최고의 예술 정신과 본질적으로 똑같다고 말하고 있는 것이다. 그런데 구체적으로 다른 점이 있다면 예술가가 성취해 낸 것은 예술 작품이고, 장자가 성취해 낸 것은 예술적인 인생이라고 하는 점이다. 그리고 장자의 이른바 성인·지인·신인은 다름 아닌 예술화한 인생의 대명사에 지나지 않는 것이다."(徐復觀, 『中國藝術精神』, p.87.)

심미 체험을 통해 드러나는 장자의 실재를 나는 '심미적 실재'라고 명명하고자 한다. 심미적 실재의 심미성은 단순한 미의 추구가 아니라 기실은 참다운 행복[至樂]을 얻고자 하는 인생론적 가치 추구, 어떻게 하면 고통에서 벗어날 수 있는가 하는 해방의 문제와 직결되어 있다. 따라서 4장에서 살펴본 다층적 경계 속의 실재관이 다분히 존재론적인 측면을 말한 것이라면 이 장에서 살펴 볼 심미적 실재의 깨달음은 매우 실존적이고 주체적인 깨달음의 과정, 혹은 인생론적 해방의 과정이 될 것이다. 장자의 실재가 대상이 아니라 삶 그 자체임을 다시 한 번 상기할 필요가 있다. 심미적 실재, 즉 심미적 체험과 삶, 이는 실로 장자의 철학이 최후에 도달하고자 하는 결론인 것이다.

## 1. 物我의 심미적 화해

許愼의 『說文』에서는 '美'를 "羊大爲美"로 분석한다. 그러나 또 『說文』에는 "대는 사람의 뜻이다[大, 人也]." "대는 사람의 모습을 본떠 그렸다(大像人形)."라고 하고 있다. 따라서 "羊大爲美"는 곧 "羊人爲美"라고 볼 수 있다. 羊이 吉祥을 상징하는 짐승으로 주로 제사의 희생으로 사용되었다는 것을 감안한다면 '美' 字는 제사 상황 속에 있는 희생과 그 희생을 바치는 인간으로 구성된 글자라고 보아야 한다. 최근의 갑골문 등의 연구를 통해 '美' 자가 머리 위에 양모양의 장식을 쓰고 있는 大人의 상형임이 밝혀지고 있다.

이때 양머리 장식을 쓴 대인은 토템 신앙과 관련된 샤먼일 가능성이 높다. 이렇게 본다고 해도 크게 다르지 않다.[6] 제사란 인간과 초월적인 세계를 연결시켜 주는 것이며 개체와 세계를 연결시켜 주는 것이다. 고대인은 제사를 통하여 우주(세계)와 만난다. 인간과 인간의 만남도 마찬가지다. 영어 'society'에 해당되는 '社會'란 땅신에게 제사 지내는 날 社에서 행해지는 마을 사람들의 회합을 의미한다. 고대 중국에서 제사란 사람들의 만남에서도 그 중심을 차지했던 것이다. 결국 "羊人爲美"의 美는 초월세계(聖)와 인간(俗), 그리고 타자와 자아를 연결하는 고리임을 보여준다.

장자 철학에 있어서도 타자인 세계[物]와 자아[我]의 문제는 근원적인 문제 상황 속에 놓여 있으며 또한 장자는 이 문제에 대해서 미학적 방식을 통한 해결을 시도하고 있다. 이 장에서는 이러한 가운데 드러나는 장자의 미학과 미학적 해결이 무엇인지를 추적해 볼 것이며, 그것을 통해 얻게 되는 체험과 삶이란 무엇인가를 살펴볼 것이다. 이 과정을 통해 장자가 찾은 궁극적 실재가 심미적 실재임이 드러날 것이다.

---

6) 그 외에도 『說文』에 근거하여 李澤厚와 劉綱紀는 美가 미각적 쾌감[味]와 연결됨을 주장하고 있다. 그들에 따르면 미감은 다음과 같은 특징을 가진다. 첫째, 미각의 쾌감은 이지적인 사고가 아니라 직접적이거나 직각적이다. 둘째, 그것은 배불리 먹고 싶은 마음 이외에도 초공리적인 욕망의 만족이다. 셋째, 미감의 쾌감은 개체의 기호나 흥미와 밀접한 관련이 있다 (李澤厚·劉綱紀 主編, 『中國美學史』, 권덕주 외 옮김, 서울: 대한교과서주식회사, 1992, pp.82－83). 노자는 "味無味"(63장)라는 명제를 제시함으로써 味를 하나의 美的 범주로서 제기하고 있다. 35장에서는 "道之出口, 淡乎其無味"라 하여 道가 일종의 味라는 美的 享受와 연결될 수 있음을 말하고 있다. 이러한 味의 분석은 중국의 美를 탐구하는 데 매우 유익한 면을 많이 가지고 있다. 味에 대한 분석은 皮朝綱의 『中國古代文藝美學槪要』(四川省社會科學院出版社, 1986) 1장을 참고할 것. 그러나 장자에게 있어서 味는 뚜렷한 美的 범주나 철학적 개념으로 정립되고 있지 못하다. 따라서 본고에서는 이에 대해서 상세히 다루지 않는다.

## 1) 物과 我

장자는 「達生」편에서 "무릇 모습과 꼴과 소리와 색이 있는 것
은 모두 物이다."[7]라고 하였다. 중국 고대 철학에서의 소위 '物'은
사물을 가리키는 보편적인 이름이다. 전국 시대의 사상을 종합 정
리했다고 할 수 있는 荀子는 物을 다음과 같이 정의한다.

> 그러므로 사물이 비록 많지만 때에 따라 어느 하나를 칭할 때도 있으므로
> 그것을 物이라고 한다. 즉 物이라는 것은 大共名이다.[8]

일체 존재하는 모든 사물이 物이다. 한 걸음 더 나아가서 李澤
厚는 장자에게 있어서 物은 인간이 마음대로 지배할 수 없는 자연
적·사회적 역량 두 가지를 포함한다고 본다. 가뭄, 홍수 등과 같
은 천재, 인간의 질병, 요절 등은 전자에 속하는 것이고 사회생활
속에서 인간이 겪는 貴賤, 榮辱, 窮通 등은 후자에 속한다.[9] 즉
物이란 세계를 형성하는 존재자들이며 그 존재자들의 자연적·사
회적 관계 그리고 그 관계 속에서 나타나는 현상 모두를 포함한다.
그것은 자연적 기화 현상과 그것에서 벗어난 인위적 작위에 의해
서 형성되는 일체의 현상 모두를 포함한다. 그것들은 세계를 구성
하며 자아에 대하여 마주 서 있는 타자들이다. 마주 서 있을 뿐만
아니라 자아 속으로 끊임없이 미끄러지며 들어와 잘못된 자아상를
구성하기도 한다. 기실 자아란 오늘날 정신분석학 등을 통해서 밝

---

7) "凡有貌像聲色者, 皆物也."
8) "故萬物雖衆, 有時而欲遍擧之, 故謂之物. 物也者, 大共名也." 『荀子』「正名」
9) 李澤厚, 『中國美學史』, (권덕주 외 옮김, 대한교과서주식회사, 1992, p.280).

혀지고 있듯이 욕망에 의해 자아화된 타자들로 층층이 둘러싸인 양파적 구조로 되어 있다.[10) 장자에게 있어서 자아의 층상은 4장 말미에서 인용했던 「천지」 인용구 내용을 검토해 보면, 제일 바깥의 층을 이루고 있는 것이 形이며, 그 안의 층이 性이라면 제일 안쪽이 德이다. 잘못된 자아의 층이 형성되는 곳은 形의 층이다. 이는 우리가 곧잘 자아[我, 己]라고 착각하게 되는 형체로서의 자아이다. 다음 形 안에 있는 性은 자연으로부터 품부받은 개체성의 근원인 본유적 자아이다. 그러나 가장 중심에 있는 德은 개체성의 구멍이다. 이곳은 개체가 전체(자연) 속으로 미끄러지는 곳이며 道와 통하게 되는 곳이다. 그리하여 장자는 "性을 닦아서 德으로 돌아(性修反德)"가야 한다고 하는 것이다.[11)

타자들이 形 - 性과 이어지며 자아화되는 과정은 두 가지 상반된 방향에서 그러나 동시에 이루어진다. 첫째, 외부로부터의 강요에 의해 타자들이 자아화된다. 국가와 제도의 권력들은 끊임없이 개체의 形에 자신들의 층을 건설하고자 한다. 즉 국가와 제도와 윤리라는 사회적 기의들이 자아라는 기표를 끌어매고 있다. 그것들은 자아를 그것들의 텍스트 속에 한 요소로 구성하고자 한다. 반면 다른 측면에서 보면 자아 역시 끝없이 자기의 층을 확대시키려는 능동적 욕망을 가진다. 타자의 지배를 통해서 자아를 확대하고자

---

10) 윌리엄 제임스의 '자아의 층상구조'에 따르면 자아는 중심에서부터 본질아, 정신아, 사회아, 물질아가 양파 껍질처럼 겹겹이 둘러싸고 있다(김기곤, 『욕망의 인간학』, pp.98 - 99). 라캉에게 있어서도 자아는 자기 자신의 집 속에서 주인이 아니며, '나'는 하나의 타자이다(김형효, 『구조주의의 사유 체계와 사상』, p.21). 나는 타자들의 담론이다.

11) 융과 비교하면 形은 의식, 性은 개인 무의식, 德은 집단 무의식과 어느 정도 상응하는 것일지도 모른다. 또는 唯識과 비교하면 形은 六識, 性은 마나식, 德은 아뢰야식과도 어느 정도 유사하다. 성리학의 인성론과 더불어 이러한 인성론의 비교는 보다 방대하고 깊은 분석을 요하는 문제이다. 다음 기회를 기약한다.

하는 권력의 욕망을 가진다. "물질은 외계의 것으로서 쳐다보면 단순히 외부의 물건에 불과하다. 하지만 자기의 욕망을 움직여 그 물건을 자기의 소유물(소유욕이나 자기주장욕 등이 작동한다)로 만들면 그것은 금방 자아로 바뀐다."[12] 이러한 두 방향의 자아화 과정은 상호 되먹임 속에서 증폭된다. 여기에 타자[物]와 자아가 뫼비우스의 띠로 꼬인 상호 지배와 폭력, 그리고 고통이 생겨난다.

장자의 철학 체계는 '세계 – 객관적 대상인 타자 – 物'과 '자아 – 주관적 자아(혹은 己) – 心'의 관계에 대한 심원한 고뇌와 통찰로 가득 차 있다. 이러한 고뇌와 통찰이 앞장에서 지금까지 논의해 온 장자의 자연학과 형이상학을 가능하게 했고 또한 그러한 논의들의 목적은 결국 이 物我 관계의 해결에 있는 것이다. 장자의 道가 다분히 객관적 성격을 가진 노자의 道와는 달리 지인의 정신 경지와 불가분의 관계를 갖는 것이라면 物我의 문제는 장자 실재관의 핵심으로 바로 진입하는 길이다. 동시에 오늘날 '타자 담론'[13]과도 소통되는 시사점을 줄 수 있다.

物의 속성은 시공간 내에서의 끊임없는 변화이다. 끊임없이 생성하고 변화하는 物의 한 측면에 집착하여 마음이 물과 얽혀 매듭이 지게 되면(物有結之) 그것은 우리의 '觀'을 제약하고 우리의 생명을 해치게 된다(以物害己). 物에 지배받고 물에 부림을 당하는 것이다. 그리하여 "잠들면 꿈을 꾸어 마음이 쉴 새가 없고, 깨어나

---

12) 김기곤, 앞의 책, p.99. 그러나 사실은 이러한 자아의 욕망도 자연적인 것이라기보다 타자에 의해서 구성된 것이다.

13) '타자'의 문제는 라캉과 사르트르 등에 의해 제기되었고 포스트모더니즘에 와서 중심 문제가 되었다. 데리다, 레비나스, 들뢰즈 등의 철학자들에게 있어서 '차이'와 '타자'는 그들 담론의 중심축을 이룬다.

면 형체가 열려서 외계와 접촉하여 얽히게 되어 날마다 마음으로 다툰다.”14) 이러한 마음을 장자는 ‘죽음에 가까운 마음(近死之心)’이라고 하였다. 물에 얽매이는 삶은 죽음의 양식인 셈이다. 장자의 사유 과정은 삶을 죽음의 양식에서 살림의 양식으로 변화시키고자 하는 모험이다. 장자는 이를 위하여 物을 부정하는 데로 나아가는 해결을 결코 취하지 않는다. 王弼은 老子注(12장)에서 “배를 위하는 자는 물로써 자기를 기르고, 눈을 위하는 자는 물에 의해 부림을 당한다(爲腹者以物養己, 爲目者以物役己).”라 하고 있다. ‘물에 의해서 자기가 사역됨(以物役己)’에서 ‘물로써 자기를 기름(以物養己)’으로 나아가는 과정이 또한 다름 아닌 장자 철학의 기본 흐름이기도 하다. 즉 物과 我가 서로 해치지 않고 서로를 기르는 올바른 관계의 정립을 추구하고 있는 것이다. 그런데 장자는 物我의 문제가 인간의 인식 능력의 한계 때문에 인식론의 차원에서 해결의 실마리를 찾을 수 있다고 믿지 않는다. 그렇다면 장자가 추구하는 해법은 무엇인가? 그것이 바로 심미적·미학적 차원으로의 전환을 통한 미학적 삶인 逍遙이다.

카시러(E. Cassirer)는 예술 문제를 주관적인 극과 객관적 극 사이의 갈등 속에서 찾는다. 예컨대 모방설은 객관적 극을 중시하는 이론이다. 모방설의 대표자로서는 아리스토텔레스가 있다. 루소 등의 낭만주의자들은 감정표출을 중시하는 주관적 극의 편에 서 있다. 그들에게 있어 예술은 경험적 세계의 기술이나 재현이 아니라, 情動과 정열의 분출이다. 반면 객관과 주관의 통일 속에서 예술을

---

14) “其寐也魂交, 其覺也形開, 與接爲構, 日以心鬪.” 「齊物論」

이해하려는 입장이 있다. 이 입장은 예술이란 주관이 객관과 만나서 그 속에서 形相(eidos)을 관조하고 창조하는 것으로 본다. 이 입장에서 예술은 현실의 발견이다. 그러나 이 발견은 이전의 어떤 것의 반복이 아니다. 이 입장에 따르면, 예술가는 과학자가 사실들 혹은 자연 법칙의 발견자인 것과 꼭 마찬가지로, 자연의 형상의 발견자이다.[15] 장자의 입장은 일단 객관과 주관의 통일을 추구하는 세 번째 입장에 가깝다. 그러나 여기서 간과할 수 없는 것은 서구의 형상이 근본적으로 현상 초월적인 것인 데 반하여 장자에게 일어나는 경계는 초월과는 사뭇 다르다는 점이다. 또한 장자에게 있어서 주객의 이러한 만남은 초월도 아니지만 단순한 취미 판단의 문제도 아니다. 그것은 단순한 취미 판단을 넘어서 그의 인생론적 문제 해결과 존재론적 참실재에 대한 깨달음과 직결되어 있다.

장자의 철학은 기본적으로 고통에서 출발한다. 고통은 어디서 오며 어떻게 그것으로부터 해방될 것인가 하는 것이 장자의 근원적인 문제의식이다. 따라서 安命論을 장자 철학의 출발점으로 삼는 劉笑敢의 견해[16]는 타당하다. 그러나 저항할 수 없는 '不得已'한 (필연의) 命의 기초 위에서 어떻게 장자는 고통의 해방[懸解]과 자유[逍遙遊]에로 나아갈 수 있었던가? 장자의 기본적인 문제들은 세계[物]와 자아의 잘못된 관계 혹은 그 관계에 대한 잘못된 인식 속에서 고통이 나온다는 것이다. 이 잘못된 관계를 올바른 관계로 전화시켜 가는 곳에 장자의 사유와 실천의 노정이 자리하고 있다.

---

15) E. Cassirer, *An Essay on Man*, (최명관 역, 『인간이란 무엇인가?』), pp.199 – 206 참조.
16) 劉笑敢, 앞의 책, p.47.

그리고 올바른 관계, 그것이 장자가 찾아낸 참된 미이며, 심미적
실재의 경계이며 소요의 삶이다.


## 2) 外物

장자가 여는 시공은 '있음[有]'과 '없음[無]'이 양파 껍질처럼 무
한히 교대로 감싸여 있으면서 屈伸하고 聚散하는 중층적인 氣化
의 시공이다. 장자는 無를 절대적 의미가 아닌 有와 역동적으로
상호 침투하고 변전하는 상대적 의미로 파악하고 있다. 장자는 有
에서 無로 거슬러 올라가고 또 無에서 無無로 거슬러 올라가고,
이어 無無無, 無無無無……에로 나아간다. 그리하여 장자는 無를
상대적 개념으로 변화시켜 계속 더 높게 끌어올림으로써 다층적이
고 무궁한 시공간 체계를 열었다.[17] 언어·지식, 이성적 인식[知]
이란 근본적으로 '한계를 정하는 것'[有]이다. 그것들은 무궁한 전
체를 닫힌 부분들로 왜곡시킬 위험성을 항상 가지고 있다. 전체를
부분으로 축소, 편집, 왜곡시키는 것은 잘못된 物我 관계의 근원적
원인을 이룬다. 이 잘못된 物我 관계가 物과 我 모두를 해치고 고
통을 낳는 것이다. 그리하여 장자는 그러한 왜곡된 앎으로부터 벗
어날 것, 즉 '無知'를 강조한다. '無知'는 인식론의 끝이요 실천적
수양과 미학적 깨달음의 시작이다. 장자에게서 수양의 실천 공부와
미학은 나누어지지 않는다. 왜냐하면 장자가 추구하는 미학은 실천
적 삶의 미학이기 때문이다.

---

17) 陳鼓應, 『老莊新論』, p.334.

「大宗師」편에서 장자는 道를 터득해 가는 공부 과정을 다음과 같이 제시하고 있다.

사흘이 지나자 (그는) 천하를 잊게 되었소. 천하를 잊게 되었으므로 나는 또 수련을 계속하도록 하였는데, 7일이 지나니까 (그는) 사물을 잊게 되었소. 사물을 잊게 되었으므로 나는 또 수련을 계속하도록 하였는데, 9일이 지나니까 삶을 잊게 되었소. 삶을 잊게 되자 비로소 환히 눈부신 깨달음을 얻게 되었소.[18]

깨달음을 얻는 과정이 外天下→外物→外生……으로 제시되고 있다. 여기서 '外'는 버려 가는 과정(向秀·郭象注 "外猶遺也.")이며 『노자』 48장에서 말하고 있는 "학문을 하는 사람은 날로 더하고 도를 닦는 사람은 날로 덜어낸다. 덜어내고 덜어내어 무위에 이른다(爲學日益, 爲道日損, 損之又損, 以至於無爲)."의 '損'에 상응하는 것이다. 줄인다는 것은 정욕과 인위적으로 꾸미는 것을 줄인다는 말이다.[19] '外'는 욕망의 대상이 되는 것을 버려 가는 것이지만 동시에 그 대상과 얽혀 있는 가짜인 자아의 욕망을 줄여 가는 것이다. 달리 말하자면 자아의 층을 이루고 있는 양파 껍질을 벗겨 나가 폭력적으로 자아화된 타자들을 타자로써 풀어 놓아 주는 것이다. '外天下'에서 '天下'는 정치 행위가 미치는 인간 세상을 가리킨다. 따라서 '外天下'는 정치와 관계된 지배욕, 인정욕과 같은 것을 버리는 것이다. '物'은 일반적인 물질 재화이다. 따라서

---

18) "三日而後能外天下. 已外天下矣, 吾又守之, 七日而後能外物. 已外物矣, 吾又守之, 九日而後能外生. 已外生矣, 而後能朝徹." 「大宗師」

19) 河上公注 "日損者, 情欲文飾, 日以消損."(陳鼓應, 『老子註釋及評介』, p.251 참조.) 여기서 정욕은 생리적 욕망이 아니다. 老莊에게 있어서 생리적 욕망은 자연으로서 긍정된다. 문식과 병칭되고 있는 데서 알 수 있듯이 정욕은 인위적으로 조장된 욕망이다.

‘外物’은 물질적 소유욕을 버리는 것이다. 버림의 궁극적 대상은 ‘生’이다. ‘生’은 이기적인 생의 욕망이다. 그러나 ‘外生’은 생명을 버린다는 것이 아니다. 이기적 생의 욕망이 구성하고 있는 자아라는 족쇄로부터 해방되는 것을 말한다. 이 자아는 다른 모든 욕망의 뿌리이다. 양파 껍질처럼 겹겹이 싸인 폐쇄된 자아의 경계를 개방[通]하여 욕망으로부터의 해방되는 것이다. 욕망의 無化라기보다 욕망의 족쇄로부터 자유로워지는 것이다.

이러한 버림－개방의 과정은 일련의 가짜 자아[20]의 해체 과정이기도 하다. 이 자아의 해체 과정이 장자의 공부다. 다른 곳에서 장자는 "사물을 잊고 하늘을 잊는 일, 그것은 忘己라고 하며 忘己한 사람이야말로 하늘의 경계에 들어간 자라 할 수 있다."[21]라고 말하고 있다. 여기서 말하는 忘己가 곧 外物·外生이다. 이것을 또한 장자는 ‘無己’라고도 한다. 忘己와 無己는 (주체의 소멸이 아니라) 세계와 자아의 그릇된 관계, 즉 지배·소유·집착에로 진입하게 하는 폐쇄된 자아의 층, 그 층에 새겨진 잘못된 욕망의 소멸을 뜻한다.

關鋒의 有待→無己→無待 삼단도식에서 유대는 성심에 의해 형성된 가짜 자아의 차원이다. 그리하여 自와 他의 구별이 있어서로 대립관계에 있는 상대적 차원이다. 이 관계 속에서 우리는 세계에 대해 시/비, 귀/천, 선/악, 미/추의 대립하는 상대적인 가치 판단을 내리게 되고, 보다 가치 있다고 판단된 것에 대해 욕망을

---

20) 「齊物論」의 “吾喪我”에서 ‘我’는 부정되어야 할 가짜 자아[形]이며 ‘吾’는 喪我를 행하는 수행의 주체라고 할 수 있다. ‘無己’에서의 ‘己’ 역시 가짜 자아에 해당된다.

21) “忘乎物, 忘乎天, 其名謂忘己, 忘己之人, 是之謂入於天.” 「天地」

가지고 집착하게 된다. 여기에서 모든 다툼이 일어나고 모든 고통이 발생한다. 無己는 그 자아의 껍질을 돌파해 나가는 실천적 수양 공부의 자리이다. 반면 무대는 실천적 수양을 통해 이루어지는 도의 차원이 된다.

이렇게 양파 껍질과 같은 자아의 폐쇄된 층들을 다 벗겨내면 고정된 중심으로서 실체적인 진짜 자아란 존재하는가? 그러나 껍질 속의 '속'이란 존재하지 않는다. 껍질 다 벗겨진 그 자리가 德이며 德은 개체성이 사라지는 자리이다. 그 자리를 나타내는 기호가 '無'이다. 그러나 '無己'란 주체의 소멸이 아니라 주체가 '無로 있다'는 것이다. 無로서 있는 주체란 무엇인가? 그것은 자아의 무한한 부정이 타자와의 무궁한 緣起로 바뀌는 道와 德의 자리다. '無로 있는 주체'라는 의미의 無己는 또한 "氣란 공허하여 무엇이나 다 받아들인다. 참된 도는 오직 공허(구멍) 속에 모인다. 이 공허가 곧 심재이다(氣也者, 虛而待物者也. 唯道集虛. 虛者, 心齋也)."라고 할 때의 심재의 자리이며, 여기에서 장자의 심미적 물아일체가 가능해진다. 심재는 외부의 사물 자체의 존재를 회의하거나 부정하지 않는다. 오히려 그릇된 物에 대한 욕망의 작용[心]을 멈추게 하여 일체의 타자[物]에게 마음을 개방하는 공부이다. 감각과 인식·분별[符]을 하는 마음의 작용을 멈추게 하여 마음이 외부의 한 부분에 얽매이는 것을 막는 것이다. 그리하여 일체의 것(전체)에 마음을 개방하는 것이다. 이때 외부의 것이란 독립된 물 자체가 아니라 미결정의 가능성 속에 흘러 다니고 있는 것들이다. (최소 시공의 원리에 따른) 정신 작용의 단계에 따라서 그만큼의 세계로 성립된다. 氣란 모든 분별 작용을 넘어선 직각적인 직관이며, 정신이면서 동시에 세계이다. 이러한 상태에 이르기 위해서는 마음을 전일하게 해야 한다. 그것은 마음을 공허하게 비우는 것이다. 그 텅 빈 마음속에 세계의 전체가 환하게 비친다(虛室生白). 타자들의 자아화가 '物有結之'라면 자아가 비어서 타자와의 무궁한 緣起를 이루는 것을 '物化'라고 한다.

　이렇게 그릇된 욕망이 소멸된 상태를 장자는 '無情'의 상태라고 한다.

> (1) 혜자가 장자에게 물었다. "사람에겐 본래 情이 없는[無情] 걸까?"
> 장자: "그렇다."
> 혜자: "사람이면서 정이 없으면 어찌 그를 사람이라 하겠나?"
> 장자: "도가 얼굴 모습을 베풀어 주고 자연이 몸의 형상을 베풀어 주었는데 어찌 사람이라 아니할 수 있겠나?"
> 혜자: "이미 사람이라고 한 이상 어찌 정이 없다고 하는가?"
> 장자: "내가 정이 없다고 하는 것은 사람이 좋고 나쁨에 의해 스스로의 몸을 해치지 않고 항상 자연을 따르면서 인위적으로 삶을 덧붙이지 않음을 말한다."[22]
> (2) 이제 나는 그대에게 사람의 情에 대하여 말하겠다. 눈은 빛깔을 보고자 하고, 귀는 소리를 듣고자 하며, 입은 맛을 음미하고자 하고, 心志는 만족을 추구한다.[23]

　(1)에서 장자가 말하는 無情은 그릇된 욕망의 소멸이지 생득적인 德과 性으로 말미암은 활동의 소멸이 아니다. (2)는 바로 그 그릇된 情인 그릇된 욕망을 제시하고 있다. 그릇된 욕망은 好惡의 감정으로 자신을 손상시킬 뿐만 아니라 세계도 손상시킨다. 즉 세

---

22) "惠子謂莊子曰: 「人故無情乎?」 莊子曰: 「然.」 惠子曰: 「人而無情, 何以謂之人?」 莊子曰: 「道與之貌, 天與之形, 惡得不謂之人?」 惠子曰: 「旣謂之人, 惡得無情?」 莊子曰: 「是非吾所謂情也. 吾所謂無情者, 言人之不以好惡內傷其身, 常因自然而不益生也.」 「德充符」

23) "今吾告子以人之情, 目欲視色, 耳欲聽聲, 口欲察味, 志氣欲盈." 「盜跖」

계와 자아를 잘못된 관계 속에 정립한다. 그릇된 욕망으로부터 벗어날 수 있을 때 세계와 자아는 서로 해치는 관계가 아닌 새로운 관계 속에 진입할 수 있게 된다.[24] 역설적으로 무정 속에서 비로소 장자는 세계와 자아의 정감·감응의 관계, 즉 심미적·미학적 관계에로의 통로를 발견한다. 카시러가 "미적 자유는 정열의 결여, 스토아학파 식의 무감동이 아니라, 바로 이와 반대되는 것이다. 그것은 우리의 정서 생활이 그 최대의 힘을 획득한다는 것이다. 그리고 또 바로 이 힘 속에서 그것이 그 형태를 바꾼다는 것을 의미한다."[25]라고 말할 때의 미적 자유와 장자의 무정은 그리 멀지 않은 거리에 있다.

무정은 "至樂無樂"의 장자적 논법에서 보자면 至情이 된다. 至情은 천지만물과 서로 해침이 없이 상통하는 情이다. 그것은 소유나 자아화의 집착에서 해방된 情이며, 우리의 정서가 최대의 힘을 획득하는 것이며, 그 가운데 진정한 의미의 예술적 감응이 가능해진다. 무정하면 곧 虛靜에 이르게 된다. 이 허정하고 무정한 마음은 빈 구멍이 되고 이 구멍을 통해서 우리는 천지만물과 예술적 감응[通]을 통한 심미적 존재 관계 속에 들어서게 된다.[26] 「달생」 편에서 痀僂가 매미를 잡는 우화나, 梓慶이 鐻를 만드는 우화는 허정이 모든 장인의 활동(예술)이 반드시 갖추어야 할 정신 상태임

---

24) "聖人處物不傷物. 不傷物者, 物亦不能傷也. 唯無所傷者, 爲能與人相將迎."「知北遊」. 劉笑敢 역시 安命論에서 소요론으로 넘어가는 관건이 無心無情에 있다고 본다(劉笑敢, 앞의 책, p.145).

25) E. Cassirer, 앞의 책, p.214.

26) "言以虛靜推於天地, 通於萬物, 此之謂天樂."「天道」. 劉紹瑾에 따르면 "無情의 배후에는 도리어 자연과 자유의 통일을 추구하고, 인간의 본질적 진정을 체현하려는 추구가 있다."(劉紹瑾, 『莊子與中國美學』, 廣東高等敎育出版社, 1992, p.237.)

을 말해주고 있다. 皮朝綱에 따르면 허정의 상태란 심미적 관조의 작용과 이어져 있다.[27] 무정과 허정은 장자에게 있어서 미학적·심미적 세계로의 통로인 것이다. 즉 올바른 물아 관계로의 통로이다.

坐忘 역시 無己, 心齋와 유사한 과정을 통해 허정에 이른다. 劉紹瑾에 따르면 장자의 예술-인생철학의 과정은 '忘'에서 '游'에 이르는 과정인데 이 '忘'의 과정이란 마음을 허정하게 하는 과정이며 '游'를 전개하는 조건이 된다.[28] 다만 좌망에서는 심재의 기보다 적극적 개념인 '大通(개방, 열림, 감응)'이 제시된다.

안회가 말했다. "저는 얻은 바가 있습니다."
공자: "무엇을 말이냐?"
안회: "저는 인의를 잊었습니다."
공자: "됐다. 그러나 아직 미흡해."
(얼마 후) 다른 날, 다시 만나서 안회가 말했다. "저는 얻는 바가 있었습니다."
공자: "무엇을 말이냐?"
안회: "저는 예악을 잊었습니다."
공자: "가하다. 하지만 아직 미흡해."
(다시 며칠이 지난 후) 다른 날, 또 안회가 만나서 말했다. "저는 얻는 바가 있었습니다."
공자: "무엇을 말이냐?"
안회: "저는 좌망하게 되었습니다."
공자가 놀라서 물었다. "무엇을 좌망이라고 하느냐?"
안회: "손발이나 지체를 잊고, 귀와 눈의 작용을 물리쳐서, 형체를 떠나고 지식을 버리고 크게 통함과 하나가 되는 것, 이것을 좌망이라고 합니다."
공자: "하나가 되면 (편벽된 차별의) 좋아함이 없어지고 (만물과 함께) 변화면 집착하지 않게 된다. 너는 정말 훌륭하구나. 나도 네 뒤를 따라야겠다."[29]

---

27) 皮朝綱, 앞의 책, p.66 참조.

28) 劉紹瑾, 『莊子與中國美學』, p.51, p.175 참조.

29) "顏回曰, 「回益矣.」 仲尼曰, 「何謂也?」 曰, 「回忘禮樂矣.」 曰, 「可矣, 猶未也.」 他日, 復見, 曰, 「回益矣.」 曰, 「何謂也?」 曰, 「回忘仁義矣.」 曰, 「可矣, 猶未也.」 他日, 復見, 曰, 「回益矣.」 曰, 「何謂也?」 曰, 「回坐忘矣.」 仲尼蹴然曰, 「何謂坐忘?」 顏回曰,

좌망은 외물·심재와 마찬가지로 일련의 공부 과정을 상세히 보여주고 있다. 여기서 인의예악이라는 이데올로기적 이념과 손발이나 지체 등의 형체는 가짜의 자아를 나타내는 기표들이다. 그것은 세계와의 관계에서 잘못된 욕망으로 구성된 것이다. 그리고 귀와 눈에 의한 지식은 가짜의 자아를 통해 일어나는 인식의 분별 작용이다. 장자에게서 수양 공부란 이러한 것들을 버리는 것이다. "言以虛靜推於天地, 通於萬物."에서 '虛靜'이 심재에 해당된다면 '通'은 좌망에 해당되는 것이다. 外物, 忘己, 無己 그리고 심재와 좌망을 통하여 무정, 허정에 이르게 될 때 우리는 천지만물과 감응하게 되는 새로운 관계의 경계에로 나아가게 된다. 이에 대해서 李澤厚는 다음과 같이 말하고 있다.

> 감각기관은 견문에 제약을 받고, 마음은 부호에 구속을 받는다. 오직 그것들을 버리고 무위적 허공이 된 이후에야, 비로소 천지에 감응하고 만물을 비추며, 우주 자연과의 합일에 도달할 수 있다.[30]

좌망을 통해 일어나는 세계와 자아 사이의 새로운 관계인 '하나 됨' '크게 통함'이란 일체의 도구적 관계를 벗어난 물아일체의 심미적 지평의 체험이 된다.[31] 요컨대 물아일체의 자연학적 근거는 氣이고, 정신·심리적 근거는 外物(심재, 좌망)을 통한 허정이다.

---

「墮肢體, 黜聰明, 離形去知, 同於大通, 此謂坐忘.」 仲尼曰, 「同則無好也, 化則無常也. 而果其賢乎! 丘也請從而後也..」" 「大宗師」

30) 李澤厚, 『華夏美學』, p.119.

31) 唐代의 李白이 그의 시 「獨酌」에서 "술 석 잔에 대도와 통하고/한 말에 자연과 합한다(三盃通大道/ 一斗合自然)."고 할 때 '合'과 '通'은 노장의 심미 양식을 이어받고 있는 것이다. 비록 술이란 수단을 빌리고 있지만 大通으로 자연과 합일하는 좌망과 유사한 형식을 이루고 있다.

특히 심재에서는 자연의 氣와 정신의 허정이 하나임을 보여준다.

外物은 物을 버려 가는 부정의 과정이지만 그러나 역설적으로 그러한 부정의 과정은 無用의 경계를 통하여 모든 物에 대한 대긍정의 자리로 우리를 인도하게 된다. 그리하여 일체가 있는 그대로 긍정되는 '물아일체'의 심미 체험으로 나아가게 된다. 위진 시대의 종병(宗炳)은 「화산수서(畵山水序)」에서 이러한 장자의 경계를 회화의 정신에 도입하고 있다. "아, 늙음과 병이 함께 이르러 아마도 명산을 두루 유람하기 어려울 듯하구나. 오직 마땅히 마음을 맑게 하여 도(道)를 보며[澄懷觀道] '누워서 이를 유람'[臥遊]해야겠구나."32) 여기서 '澄懷'는 허정의 마음 상태를 말하여 그 상태에서 도를 보며 유람하는 심미 체험(예술 창조)이 가능한 것이다. 심미 체험의 '臥遊'는 장자의 소요유를 예술 체험 속에서 실현한 것이다.


## 3) 物我一體

무한하게 확대되는 다층적이면서 무궁한 시공 체계 속에 드러나는 궁극적 실재의 모습을 장자는 '천지의 아름다움[天地之美]'이라고 하였다. 여기서 '아름다움'이란 그것이 대상의 속성으로 있고 그리하여 인식 주체가 그것을 발견하게 되는 그러한 것이 아니다. 그러한 美는 醜와 대립을 이루는 상대적 美일 뿐이다. '천지'는 하늘과 땅이라는 자연물이 아니라 전체성, 전일성을 나타내는 기호이다. 즉 '天地大美'는 大通을 통해서 있는 그대로 세계와 전면적으

___

32) "噫, 老病俱至, 名山恐難遍遊, 唯當澄懷觀道, 臥以遊之."

로 감응하는 심미적 체험이며, 주객의 전면적인 융합을 지시하는 기호이다.

4장에서 우리는 장자의 실재가 주객의 만남을 통해서 드러남을 보았다. 최소 시공의 관점들을 돌파하여 '무궁한 시공의 觀'에서 궁극적이고 전일적인 실재가 드러난다고 할 때, 천지의 아름다움이란 다름 아닌 '전일적인 실재의 드러남'이다. 일반적 미학의 미/추 대대 범주를 넘어서는, 미추 모두를 포섭하는 아름다움, 그것이 '천지의 아름다움'의 경계이며 '전일적인 실재의 드러남'이다. 이러한 경계에 이르기 위해서 이제 外物, 無知에서 無用의 들판으로 나아가야 한다.

「소요유」 끝 부분에 나오는 혜자와 장자의 일화는 삶의 양식이 '有用에 집착하는 양식'과 '無用에로 열린 양식' 두 가지가 있음을 보여주고 있다. 유용에 대한 집착은 인위적 욕망에서 나온다. 유용에 대한 집착은 나와 세계의 관계를 도구적 존재 관계 속에 정립한다. 도구적 존재 관계란 타자를 내 쓸모의 도구로 정립하는 것이다. 여기서 나의 존재는 유용성이라는 하나의 통로 외는 닫힌다. 그리고 세계는 쓸모 있는 부분만이 나와 관계를 맺게 된다. 그 관계는 소유와 지배의 관계다. 그리고 쓸모없는 나머지는 무시되거나 폐기된다. 나아가서 쓸모없는 부분은 적대적인 것이 되고 그것은 파괴되어야 하는 것이다. 魏王이 준 박씨에서 열린 박이 너무 커서 쓸모가 없으므로 부셔 버리는 혜자는 이러한 삶의 양식을 대변한다. 반면에 無用으로 열린 양식은 무정과 허정을 통하여 나와 세계의 관계를 심미적 삶의 관계 속에 들여다 놓는다. 심미적 삶의 관계란 주객 상호간 '모든 통로의 열림'[大通]이다. 그것은 전

면적인 개방을 의미한다. 그리하여 모든 타자[物]는 나와 심미적
감응 관계 속에서 서로 향유된다. 이것이 '大用'이요, 無用의 '用'
이다.



라고 말하는 장자는 심미적 삶의 양식을 대표한다. 도구적 존재
관계가 유용함을 가져다준다면 심미적 삶의 관계는 즐거움을 가져
다준다. 장자는 또한 너무 크고 울퉁불퉁해서 쓸모없는 나무에 대
해 말하는 혜자를 또 이렇게 비판한다.



　혜자의 도구적 존재 관계 속에 쓸모없는 것으로 버려졌던 나무
는 장자의 심미적 삶의 관계 속에 비로소 의미 있는 존재로서 자
아와 관계를 갖는다. 도구적 이성을 통한 인식 속에서는 은폐되었
던 것들이 심미적 삶의 관계 속에서 자신을 온전히 드러내는 것이

---

33) "夫子固拙於用大矣. (중략) 今子有五石之瓠, 何不慮以爲大樽, 而浮乎江湖, 而憂其瓠
　　落無所容. 則夫子猶有蓬之心也夫." 「逍遙遊」
34) "今子有大樹, 患其無用. 何不樹之於無何有之鄕, 廣莫之野, 彷徨乎無爲其側. 逍遙乎
　　寢臥其下. 不夭不斧, 物無害者. 無所可用, 安所困苦哉." 「逍遙遊」

다. 왜냐하면 도구적 존재 관계는 '밖'에서 이루어지고 '안'은 은폐되기 때문이다. 쓸모는 나무 자체가 그 '안'에 가진 속성이 아니다. 쓸모란 '밖'에 있는 인간이 결정한 것이다. 따라서 쓸모를 통해서 나무를 만날 때 우리는 나무의 '안'과 관계하는 것이 아니다. 반면 심미적 존재 관계에는 '안'이 상호 잠기면서 감응한다. 감응이란 '안'과 '안'의 만남이다.35) 심미적 삶의 관계 속에서 우주는 무궁한 연결망으로 상호 감응하는 감응의 체계이다. 모든 존재들이 밖의 경계를 허물고 상호 안으로 잠겨드는 자리가 바로 '어떠한 대상적 有도 없는 곳[無何有之鄕]'이다. '有'는 밖의 경계로 구획된 '존재'이다. 모든 존재들의 밖의 경계선이 사라진 곳이 '無何有之鄕'이다. 장자가 소요하고 유유자적해 하는 '無何有之鄕'과 '廣莫之野'는 '도구적 존재 관계'[有]로부터 해방되어 모든 존재가 '안'으로 감응하는 곳을 말하는 것이다. 그리하여 도구적 존재 관계 속에 상호 은폐되거나 폐기되고 왜곡되었던 모든 존재들[物]이 열리면서 있는 그대로의 실상을 회복하는(萬物復情) 곳이다. 이곳은 세계와 나의 새로운 관계, 즉 물아일체의 심미 체험이 열리는 경계이며, 이러한 심미 체험이 다름 아닌 '무궁한 시공의 觀'이며 동시에 궁극적 실재로 드러난다.

존 듀이에 따르면 경험이 미적인 성질을 지녀야 한다면 그것은 일상적으로 나타나는 여러 요인들의 배제가 아니라 아주 산만하게 보이는 여러 요소들에 대해 느낌을 통한 통일성을 제공함으로써 평상시보다 훨씬 더 포괄적인 내포를 달성해야 한다.36) 물아일체

---

35) 도구적 존재 관계는 인위적인 관계이며 심미적 존재 관계는 자연의 관계이다. 「秋水」에서 장자는 말한다. "자연은 밖이 없고 인위는 안이 없다(天無外, 人無內)."

의 심미 체험은 일체의 차이성들이 차별되지 않고 차이 그대로 긍정되는 통합 속에서 이루어진다. 장자가 취하는 심미 체험이란 단순히 주어진 몇 가지 요소들의 통일이 아니라 궁극적으로는 우주, 자연, 삼라만상 전체가 느낌과 감응을 통한 통일성의 획득을 추구하는 웅대한 기획인 것이다. 여기서 하나 더 지적하면서 넘어가자. 이러한 심미 체험이 가져오는 것은 단순히 즐거움만이 아니다. "도끼에 찍히는 일도 누가 해를 끼칠 일도 없다."는 것은 그것이 폭력으로부터의 해방과 생명의 보존에 직결되어 있는 삶의 문제라는 점이다.

無用은 有에 갇힌 도구적 욕망과 편협한 이성을 개방시켜 정신의 자유로운 해방을 통하여 무궁한 시공 속에 있는 아름다움을 드러나게 해 준다. 아름다움을 드러낸다는 것은 전일적 실재, 궁극적 실재를 드러내는 것이다. 無用이 이러한 아름다움을 드러낼 수 있는 이유는 그것이 폐쇄된 有(有用)의 경계선을 해체하고 無와 직면하게 하기 때문이다.

> (이러한 성덕을 갖춘 사람은) 어두운 가운데서 보고 소리 없는 데서 듣는다. 어둠 가운데서 홀로 새벽빛을 보고, 소리 없는 가운데서 홀로 조화를 듣는다. 그러므로 깊고 또 깊게 하여 사물을 사물 되게 할 수가 있고, 신묘하고 또 신묘하게 정기를 이룰 수가 있다. 그래서 그가 만물과 사귈 때는 無의 경지에 있으며 (만물이) 원하는 대로 베풀어 주고 적당한 때에 자유로이 활동하면서 (사물이) 하나로 귀일되기를 바란다.[37]

---

36) Virigil C. Aldrich, *Philosophy of Art*, (오병남 옮김, 『藝術哲學』, 종로서적, 1987), p.32.

37) "視乎冥冥, 聽乎無聲. 冥冥之中, 獨見曉焉. 無聲之中, 獨聞和焉. 故深之又深而能物焉. 神之又神而能精焉. 故其與萬物接也, 至無而供其求, 時騁而要其宿." 「天地」

有用에 갇힌 사람은 無를 보지 못한다. 그들은 오직 그들의 도구적 연관 안에 들어오는 '밖'의 有만을 본다. 그에게 無는 '안'으로 접혀 있을 뿐이다. 오직 有用에서 해방된 자만이 無를 보고 無와 만난다. 장자의 無란 곧 무형무한의 有, 즉 내재적이며 심원하며 무한히 풍부한 有이다. 노자의 표현을 빌리면 "모습 없는 모습, (상응하는) 사물이 없는 형상(無狀之狀, 無物之象)"(14장)이다.

지인의 눈이나 보통 사람의 눈이나 한 그루의 나무를 보는 데 있어서 인간의 생물학적 시각의 한계 내를 벗어나지 못하는 것은 마찬가지다. 그렇다면 지인의 눈은 무엇이 다른가? 보통 사람은 한 그루의 나무를 그저 유용성의 틀 속에서 고립된 대상으로 포착한다. 따라서 각각 사람들이 가지는 다양한 관심과 추구하는 유용성에 의해 다양한 나무들이 있게 된다. 이것이 관점주의를 이루게 된다. 폐쇄적 관심을 벗어난 지인은 한 그루의 나무 속에서 은폐되어 있는 전체 세계 氣化의 생성 관계와 무궁한 변화의 패턴을 동시에 느낀다.

은폐되어 있는 것은 '있음'[有] 속에 주름 접혀 있는 '없음'[無]이다. 개체의 無는 우주의 '빈 중심'과 이어져 있어서 언제나 무궁한 가능성과 무궁한 변화를 포함한 것이다. 이 무궁한 가능성과 변화의 차원이 세계 혹은 하나의 사물이 '안'으로 가지고 있는 참된 속성이다. 그것은 '안'으로 접혀 있기 때문에 無이다. 양자론에 따르면 진공에는 영점 에너지가 있다. 영점 에너지는 방대하고도 무소부재한 무한 에너지의 바다와 같은 것이며, 그 밖의 일체의 에너지는 밑 모를 바다의 표면에 씌워진 가장 얇은 투명막과 같다. 이러한 영점 에너지는 일체의 물리 및 인지 현상들의 근본적이고

도 통일된 원천으로까지 생각되고 있다.[38] 지인이 보는 무는 무이
면서 무한이다. 그것은 영점 에너지로 충만되어 있다. 지인은 그
속에서 무궁한 변화의 복잡성과 세계를 하나로 관통하는 통일성을
본다. 심재에서 무엇이나 다 받아들인다는 것은 전체를 본다는 것
이며 동시에 전체가 된다는 것이다. 그 전체란 부분이 전체를 반
영하며 전체가 부분을 포함하고 있는 제유적 패턴 속에 있는 유기
체적 과정이다. 無用의 심미적 연관 속에 들어선 자는 접혀 있는
빔, 즉 無의 무궁한 가능성, 무궁한 有의 차원인 우주의 빈 중심과
만난다.

부버(Martin Buber)는 『나와 너』에서 자아와 세계가 만나서 이루
는 관계를 '나 - 너', '나 - 그것'이라는 이중적 범주로 제시하고 있
다. '나 - 그것'의 관계는 주객의 분리 속에서 세계와 나를 도구적
관계로 정립한다. 세계란 나에게 유용성의 정도에 의해 평가되는
도구들이다. '나 - 너'의 관계는 전 존재를 기울여서 이루어지는 만
남이며 세계와 나를 분리할 수 없는 인격적 관계로 결합한다.[39]
'나 - 그것'의 관계와 '나 - 너'의 관계는 장자에게 있어서의 有用 -
도구적 관계와 無用 - 심미적 관계에 각각 상응한다. '나 - 그것'의
관계는 유용성에 의해서 결합된다. '나 - 그것'의 관계는 '나 - 그것 -
그것', '나 - 그것 - 그것 - ……'으로 이어진다.[40] 이것은 '밖'으로

---

38) 그러나 영점 에너지는 동시에 에너지가 없는 상태이기도 하다. 무한한 에너지 상태와 에너
지가 없는 상태, 이 둘 다 과학적으로 입증 가능하다. 일종의 이율배반을 형성하고 있다.
그것은 無이면서 동시에 無限이고 무한이면서 무이다. Alan Wallace, *Choosing Reality*,
(홍동선 역, 『과학과 불교의 실재 인식』, 1997, pp.22 - 23 참조).

39) M. Buber, 『나와 너』(표재명 역), p.47. 부버는 『장자』와 『聊齋誌異』를 번역할 정도로
동양 사상과 문화에 관심을 가지고 있었으며 『*I and Tao: Martin Buber's Encounter
with Chuang Tzu*』라는 책을 저술하기도 했다. 그의 사상 속에서 우리는 장자의 흔적을
발견할 수 있다.

만 인접하는 환유의 계열을 이룬다. '그것'의 계열 속에 '나'도 '그것'의 '그것'이 된다. '그것'은 세계로부터 자아를, 나아가서 자기 자신으로부터 자기 자신을 도구적 대상으로 분리시키고 소외시킨다.

반면 '나-너'의 관계는 서로 '안'으로 만나서 이루어지는 실재이다. 그것은 전체이다. 도구적 존재 연관에서 '그것'은 도구적 대상이며, '그것'은 그 대상을 가리키는 인칭이다. 그러나 심미적 존재 연관에서 '나'와 '너'는 인칭대명사가 아니다. 그것은 분리된 것을 지시하는 것이 아니라 만남의 현실을 정립할 뿐이다.[41] 만남에는 '밖'이 없고 '안'만 있다. '나-너'는 밖에서 결합되지 않는다. 그것은 서로의 '안'으로 잠긴다. 그러나 '안'으로 잠긴다는 것은 동일화된다는 것은 아니다. 자아의 세계화(타자화)도 세계(타자)의 자아화도 아니다. 그것은 타자와 참다운 관계 속에 서는 것이다. 물아일체 역시 物이나 我 어느 한쪽에 의한 다른 한쪽의 동화도, 변증법적 합일도 아닌 상호간의 참다운 관계 개념인 '함께 있음' 속에서 해석되어야 한다.

장자의 물아일체, 심미 체험은 '그것'의 인식이 아니라 '너를 느낌'이며 '너와 함께 삶'이다. 그리하여 심미 체험은 본질적으로 초공리적이다. 이러한 無用의 초공리성 속에서만이 우리는 聚散과 접힘-펼침의 끊임없는 변화 과정 속에 있는 세계의 전체 실상-道-을 만나고 거기에 참여하게 된다.

---

40) 부버는 이렇게 말하고 있다. "모든 '그것'은 저마다 다른 '그것'과 맞닿아 있으며, 다른 '그것'에 맞닿음으로써만 존재한다."(부버, 『나와 너』, pp.7-8.)

41) 심미적 삶의 관계 속에 있는 몽상가들에 대해서 바슐라르는 말한다. "세계의 몽상가들은 세계를 대상으로 바라다보지 않는다. '침투하는' 시선의 공격성은 그와 관계없다."(바슐라르, 『몽상의 시학』, 기린원, 1995, p.207.)

## 2. 物我 和諧의 심미성과 심미적 삶

지금까지 논한 장자의 심미 체험 과정은 다음과 같다. '物有結之'의 物과 我가 대립 갈등하는 첫 단계에서 심재 · 좌망을 통한 '外物'의 두 번째 단계로 들어간다. 外物의 단계란 버려 가는 과정으로 그것을 통하여 無己, 無情, 虛靜의 상태를 획득하게 되고 이러한 상태는 無用의 심미적 존재 관계의 지평을 열어 놓음으로써 물아일체의 심미 체험을 가능하게 한다. 두 번째 단계가 소극적 의의를 가진 일종의 부정의 차원이라면 세 번째 단계는 적극적 의의를 가진 긍정의 차원으로의 비약이다. 예술적 · 심미적 묘경이 성립하는 것은 이러한 부정→긍정을 통해서이다. 긍정의 성취가 물아일체이며 물아일체라는 심미 체험의 문법이 '和'이다. 장자의 궁극적 실재는 和의 문법을 통해 나타난다. 장자는 그것을 '與物', 즉 '～과 함께 있음'의 통사 구조 속에 보여준다.

### 1) 和와 與物

지금까지 살펴본 물아일체의 심미 체험 과정은 다름 아닌 '和(조화)'의 과정이다. 和는 無用과 한 정신의 양면이면서 無用보다 적극적인 측면을 이룬다. 和는 이질적인 것을 통합하고 모순들을 통일시키는 역량으로 예술의 기본 성격을 이룬다.[42] '和' 자의 옛글

---

42) 徐復觀, 앞의 책, p.100.

자인 '龢'는 본래 악기의 상형이다. 음악은 고대로부터 기후로 대표되는 자연과 인간의 관계를 매개하고 있다. 농경 사회에서 자연의 변화·운동·법칙·위력을 집중적으로 드러내는 것이 무엇보다도 기후이다. 음악을 통한 바람의 조절은 음악을 통한 기후의 조절, 우주의 화해를 의미한다.[43] 和는 이러한 우주적 화해를 지시한다. 『國語』「鄭語」에서는 다음과 같이 말하고 있다.

> 和가 충실하면 物을 낳는다. (부분들이) 같은 것으로 이루어지면 서로 이어지지 않는다. 타자로서 타자와 화평하게 되는 것을 和라고 하는데 이는 만물을 풍요롭게 자라게 하여 만물이 귀의하게 한다(和實生物, 同則不繼, 以他平他謂之和, 故能豊長而物歸之).

즉 和란 부분의 차이성을 보존한 채 통합되는 동일성의 차원이다. 차이성이 없다면 和도 없다. 和란 서로 다른 것 사이의 조화이기 때문이다. 和를 통하여 만물은 생성된다. 이러한 和는 장자에게 있어서도 마찬가지다.

> 올라갔다 내려갔다 하며 (모든 것과) 和함을 도량으로 삼는다.[44]

> 양자가 섞여서 서로 통해 和하면 거기 만물이 생겨나오.[45]

이러한 和는 장종위앤(Chang Chung-yuan)의 말을 빌리자면 '공감(혹은 감응, sympathy)'을 통해서 가능하게 된다. 공감은 폐쇄된

---

43) 張法, 앞의 책, pp.120-123 참조.
44) "一上一下, 以和爲量."「山木」
45) "兩者交通成和而物生焉"「田子方」

자아의 해체[無己]와 모든 개체 사이의 화해[通]를 가능하게 해 주는 것이다.[46] 공감은 다양한 것을 화해시키고 통합하는 것으로서 '모든 것'으로부터 '하나'[一]에로 움직인다. 道는 차이 없는 하나이며, 無이며 무한한 가능성과 잠재성의 보다 높은 통합이다. 장종위앤은 노장 사상의 핵심적 구조에 또 창조성(creativity)을 덧붙인다. 창조성은 공감과 역방향의 운동이다. 창조성은 하나[一]로부터 모든 것에로 움직인다.[47] 공감이 동일성－혹은 동일성 속의 차이성－이라면 창조성은 차이성－혹은 차이성 속의 동일성－이다. 공감과 창조성은 실상 서로가 서로를 반영하고 있는 부분과 전체의 제유적 관계에 다름 아니다. 창조성이란 전체인 '없음' 속에 접혀 있다가 펼쳐지며 생성되는 개체적 '있음'이며 공감이란 부분의 개체적 '있음'들이 감응하며 참여하는 '없음'의 전체이다. 부분과 전체가 서로에 상호 참여하는 것, 이것을 포괄적으로 말하면 다시 和이다.

　장자는 말한다. "허정한 마음으로 천지에 미루어 나아가서 만물에 통한다(以虛靜推於天地, 通於萬物)."(「天道」) "道는 통하여 하나가 된다(道通爲一)." 이 '通'과 '一'이야말로 공감과 창조성이 드러나는 과정이다. 공감과 창조성의 엮임, 부분과 전체의 관통, 그것을 또한 '天和'(「天道」)라고 한다. 그래서 徐復觀은 '一'은 바로 和의 최고 경지라고 주장하고 있다.[48] 공감과 창조성 그리고 和는 미학적인 범주들이다. 그것들은 개념으로 사유되는 것이라기보다 직관적으로 체험되거나 예술 속에 창조되고 구체적으로 실현된다.

---

46) Chang Chung－yuan, 앞의 책, pp.49－50.
47) Chang Chung－yuan, 앞의 책, p.68.
48) 徐復觀, 『中國藝術精神』, p.99.

유기체적 세계는 다층을 이루고 있다. 和는 세계의 어떤 층에서
보느냐에 따라서 공감과 창조성의 양면적 성격을 지닌다. 예컨대 원
자의 층에서 볼 때 물분자는 H와 O가 화해하고 공감한 것이다(공
감). 그러나 분자의 층에서 볼 때 물분자는 이슬이 될 수도 있고, 폭
우가 될 수도 있으며 잔잔한 호수의 물이 될 수도 있는 또 다른 상
태로의 창조적 잠재성이 된다(창조성). 和에서 공감과 창조성은 동시
적으로 일어난다. 왜냐하면 장자의 유기체적 세계상 속에서는 전체
(동일성)와 부분(차이성)이 상호 침투, 상호 관통되어 있기 때문이다.
즉 전체 속에 부분이 포함되어 있고 부분 속에 전체가 함장되어 있
기 때문이다. ‘一 ↔ 多’는 동시적인 쌍방향의 운동이고 상호성이다.

> (1) 삶과 죽음이 있고 나가고 들어옴이 있다. 들어오고 나가지만 그 모습을
> 볼 수 없는 것이 바로 天門이다. 천문이란 無有이며 만물은 이 無有에서 생
> 겨난다. (중략) 성인은 이런 경지에 마음을 맡긴다.[49]

> (2) (마음을) 고요히 안정하면 밝아지고 밝아지면 비어진다. 비어지면 인위
> 적으로 함이 없으나 하지 못하는 일이 없게 된다.[50]

(1)에서 天門이란 道의 창조적 기능을 상징한다. 이는 모든 오묘
함이 생성되어 나오는 『노자』 1장의 “衆妙之門”과 상통한다. ‘無
有’를 陳鼓應은 ‘無와 有’로 해석하고 있지만 이것은 오히려 상호
대립적인 有 - 無, 生 - 死, 出 - 入을 가능하게 해 주는 ‘비어 있
음’, 즉 빈 중심으로 보아야 한다. 無有로서의 天門은 무궁한 접힘

---

49) “有乎生, 有乎死, 有乎出, 有乎入. 入出而無見其形, 是謂天門. 天門者無有也, 萬物出
　　乎無有. (중략) 聖人藏乎是.” 「庚桑楚」
50) “靜則明, 明則虛. 虛則無爲而無不爲.” 「庚桑楚」

과 펼침, 氣의 聚散의 상호 이행의 통로로서의 門이다. 그곳을 통하여 모든 존재와 의미가 생성되어 나오고 그곳을 통하여 모든 존재와 의미가 사라지기도 한다.

이지훈에 따르면 한 기호의 의미(sense)란 자체로 가만히 존립하는 게 아니라, 그 의미가 아닌 것, 비의미(non-sense)에 의해 규정된다. 뿐만 아니라 기호는 해석 내용을 통하여 다른 어떤 것, 곧 대상을 나타내는데, 기호와 대상을 관련짓는 해석 내용 자체도 기호이다. 따라서 기호의 의미를 이해한다는 것은 결국 그 기호를 다른 기호로 바꾸어 놓는 일, 번역 과정이다. 이렇게 계속 변환되는 의미형성의 흐름은 의미 - 비의미 - 의미 - 비의미 - ……와 같은 과정을 통해서 이루어진다. 그러나 의미와 대대 관계 속에 있는 비의미가 아닌 無의미(a-sense)가 있다. 그것은 의미(sense) - 非의미(non-sense) - 의미 - 비의미……와 같은 의미 형성의 흐름을 낳는 바탕이며, 의미가 없는 것이 아니라 의미의 무한체이고 아직 규정되지 않은 의미의 충만함이다.[51] 여기서 의미 - 非의미의 대대 관계는 有 - 無의 대대관계에 상응한다면 의미와 非의미의 바탕이 되는 無의미는 상대적인 有와 無의 바탕이 되고, 그것을 낳는 無有이며 빈 중심의 영점 에너지이다. 이 에너지의 작용력의 메타포가 天門이다. 天門의 경계, 즉 의미(행위)의 무한체에 이르게 되는 정신 경계가 공감이며 동시에 무한한 창조성이다. 이것이 和의 모습이며, 곧 심미적 체험, 물아일체의 자리이다.

「田子方」 편의 "吾遊心於物之初"와 「山木」 편의 "浮游乎萬物

---

51) 이지훈, 「은유와 주름」, 『제10회 한국 철학자 대회보』, 1997, pp.543-547 참조.

之祖"에서 '物之初'와 '萬物之祖'는 우주발생론적 기원의 자리를 말하는 것이 아니며 엘리아데가 말하는 태초의 창조 행위를 재생하고 반복하는 의례를 말하는 것도 아니다. 이 자리는 생명, 존재, 의미의 근거가 되는 심미적 체험의 자리이다. 공감과 창조성이 함께 하는 자리이며, 주객분리 이전의 의미의 무한체이며, 동시에 다양한 개별적 의미를 함의하고 생성하는 창조적 和의 상태라고 할 수 있다. 그리하여 장자가 "나는 그 하나를 지켜서 和에 처한다(我守其一以處其和)."(「在宥」)고 할 때, 그 和의 자리이다.

화이트헤드에게 있어서 느낌(feeling)은 정서적이며 이성보다 훨씬 근원적이다. 정서적 느낌은 경험의 토대이며 현실적 존재의 생성 과정의 시초를 이루는, 경험하는 주체와 객체의 최초의 접촉이다. 이 최초의 접촉은 주객을 분리할 수 없는 애매한 총체성(vague totality)을 형성하고 있다. 윤자정에 따르면 화이트헤드에게 있어서 심미 체험이란 이러한 사물과의 최초의 조우를 재포착하는 일에 가까이 다가간다.[52] '物之初'와 '萬物之祖'는 이러한 심미적 체험의 자리라고 보아야 할 것이다. 그것은 또한 '나-너'로 만남의 자리이며 和의 자리이기도 하다.

---

52) 윤자정, 「화이트헤드의 유기체 철학 내에서의 미적 경험에 대한 연구」, 1996, 서울대 박사 학위논문, p.119를 참조할 것. 그리고 나와 세계가 최초로 조우하는 애매한 총체성의 미적 경험은 또한 메를로-뽕띠의 용어법에 따르자면 신체와 세계가 '세계의 살'로 화해되는 지각의 근원적 경계라도 할 수 있겠다. 이는 부버에게서도 마찬가지다. "예술의 영원한 기원은 한 형태가 어떤 사람에게 다가와 그를 통하여 작품이 되기를 원한다는 데 있다. (중략) 나에게 다가오는 형태를 나는 경험할 수 없으며 또한 기술할 수 없다. 나는 다만 그것을 구현할 수 있을 뿐이다. 하지만 나는 '나'와 '너'의 마주섬의 광체 속에 빛나고 있는 저 형태를 경험적인 세계의 그 어떤 것보다도 더 명백히 본다."(부버, 앞의 책, pp.15-16.) 여기서 부버가 말하고 있는 것은 '나-너' 관계의 성격이 심미 체험과 다르지 않음을 보여주고 있다.

홀(D. L. Hall)은 신비주의 유형을 신학적 신비주의와 영혼 신비주의 그리고 자연 신비주의 셋으로 나눈다. 밖에 있는 초월적 존재와의 융합을 통한 황홀경을 강조하는 신학적 신비주의의 특징은 '밖에 있음'(ec‒stasy)이다. 그야말로 엑스터시이다. 기독교 신비주의, 회교 신비주의 등이 이에 해당한다. 엘리아데 등에 의해서 연구된 시베리아 샤먼들의 타계 여행을 위한 脫我(trance) 현상도 여기에 해당되겠다. 또 홀은 힌두교 전통의 영혼 신비주의는 신비 경험의 초점을 영혼 자체에 두는 '안에 있음'(in‒stasy)이라고 규정하였다. 반면에 道家는 모든 존재의 통일의 경험에 초점을 두는 '함께 있음'(con‒stasy)의 형태라고 하였다. 그것은 통합의 느낌 속에 함께 있는 만물의 현존 감각이다.[53] 이러한 도가의 신비주의를 그는 또 자연 신비주의라고 명명한다. 영원의 상 아래에서 보면 우주의 어떤 유한한 부분‒들꽃 혹은 사막‒에 대한 가치 감각이란 그것의 문맥으로부터 나온다는 것을 안다. 가치는 상황에 대해 상대적이다. 그러나 자연 신비주의는 이러저러한 유한한 문맥을 넘어서 문자 그대로 사막 혹은 꽃에 의해 완전해지는 우주의 총체성

---

53) D. L. Hall, "Process and anarchy‒A Taoist vision of creativity", p.280. 마르틴 부버는 그의 책 『나와 너』에서 신과 인간의 관계에 대해서 이와 유사한 분류를 하고 있다. 예컨대 (1) 신이 아집에서 벗어난 존재자 안에 들어가거나, 아니면 이 존재자가 신에게 승화된다고 생각하는 것. (2) 존재자 자체가 직접 신적인 일자로서의 자기 자신 속에 서 있는 것. (1)은 인간적인 것과 신적인 것의 합일을 믿으며, 일종의 황홀경 속에서 생기는 것이다. (2)는 자기의 동일성을 믿으며 사고하는 주관의 자기 관조 속에서 스스로를 드러내는 것이다. '나‒너'의 관계 속에서 존재의 참다운 모습을 찾으려는 부버는 (1)은 '나'가 '너'에게 흡수당함으로써 동적으로 관계를 부정한다고 비판하고, 또 (2)는 자기에로 해방된 '나'가 스스로를 홀로 있는 자로 인식함으로써, 말하자면 정적으로 관계를 부정한다고 비판한다 (Martin Buber, *Ich und Du*, 표재명 역, 『나와 너』, 문예출판사, 1979, pp.111‒112). 여기서 (1)은 홀의 분류 중 es‒stasy에 해당되고 (2)는 in‒stasy에 해당된다. 그리고 부버가 주장하는 신과 인간의 '나‒너'로서의 '관계'는 신을 '세계 전체'라는 말로 대체할 수만 있다면 바로 con‒stasy와 다를 바가 없다.

을 본다.[54]

홀(Hall)이 주장하는 '함께 있음(con‑stasy)'은 장자에게서 和이
며 和는 '與物'의 통사론으로 드러난다. '與物', 즉 '(타자와) 함께
있음'은 장자 미학의 문법이면서 동시에 장자 실재관의 문법이다.

> (1) 物을 물 되게 하는 것은 물과 더불어[與物] 경계가 있지 않다. 물 사이
> 에는 경계가 있으니 소위 물의 경계라는 것이다. 그 경계 없는 것은 경계 있는
> 것의 영역으로 움직이고 경계 있는 것은 경계 없는 영역으로 움직인다.[55]

> (2) (성인 혹은 道가) 만물과 사귈 때는[與萬物] 無의 경계에 이르러 구하
> 는 것을 베풀어 주고, 때에 맞추어 자유로이 활동하면서 (만물이) 歸一하도록
> 한다. 큰 것, 작은 것, 긴 것, 짧은 것, 가까운 것, 먼 것 등이 제 나름대로 갖
> 추어지도록 한다.[56]

> (3) 천하를 천하에 감춘다면 달아날 바가 없게 된다. 이것이 바로 항상된
> 만물의 참된 실정이다. 그래서 성인은 사물이 달아날 수 없는 경지에서 노닐
> 면서 함께 존재한다.[57]

(1)에서 '사물을 사물 되게 하는 자'[物物者]는 道이다. 道는 또
한 지인의 경계이기도 하다. 물을 물 되게 한다는 것은 道가 가진
창조성을 말한다. 그런데 지인의 정신이 가지는 창조성이란 곧 사
물과 '함께 있음('경계가 없음', 공감)'이다. '경계 없는 것이 경계

---

54) D. L. Hall, 앞의 논문, p.280.

55) "物物者與物無際. 而物有際, 所謂物際者也 : 不際之際, 際之不際者也." 「知北遊」

56) "故其與萬物接也, 至無而供其求, 時騁而要其宿, 大小長短, (各有其具)." 「천지」 괄호
부분은 원문에는 없다. 吳汝綸과 陳鼓應은 向秀 · 郭象의 注가 첨입된 것으로 보고 '大
小長短' 구절까지 빼버려야 한다고 주장한다. 반면 馬敍倫 등은 『淮南子』「原道訓」 편에
근거해서 괄호 부분을 넣어야 한다고 주장. 후자의 입장을 따른다.

57) "若夫藏天下於天下而不得所遯, 是恒物之大情也. (중략) 故聖人將遊於物之所不得遯而
皆存." 「大宗師」

있는 영역으로' 움직이는 것을 林希逸은 "道가 흩어져서 物이 된
다(道散而爲物也)."로 해석하고 '경계 있는 것이 경계 없는 영역으
로' 움직임은 "물이 온전하게 되어 도로 돌아간다(物全而歸道也)."
로 해석한다.58) 경계 없는 것인 道는 무규정의 무한 의미체인 빔
이요, 접힘이다. 그것은 또한 만물과 함께 있으면서 (2)에서처럼 만
물을 취사선택하지 않고 각기 제 나름대로의 일체를 그대로 긍정
하는 지인의 정신 경계이다. 그것이 펼쳐지면(창조성) 규정된 의미
체인 物이 된다. 그러나 그 물들은 다시 온전해져서 접히면(공감)
道로 귀일한다. 접힘과 펼침은 무궁하고 상호 양 방향으로 끊임없
이 유행하며 운동한다. (3)에서 천하를 천하에 감춘다는 것은 기실
감추는 것이 아니라 일체를 있는 그대로 드러내고 긍정하는 것이
다. 그리하여 일체 각각의 物이 있는 그대로 왜곡되거나 상실됨이
없는 경계에서 그러나 통합의 느낌 속에 함께 있는 것, 이것이 '與
物', 즉 'constasy'의 모습이다. 이 속에서 우리는 만물(타자)과 더
불어 생명의 봄을 이루게 된다('與物'爲春). 따라서 '與物'의 문법
은 창조성과 공감을, 즉 펼침과 접힘을, 개체와 공간(빔)을 동시에
가지는 경계를 표현한다. 그것은 다름 아닌 和의 드러남이다. 이것
이 장자가 道란 어디에 한정된 것도 아니요 사물을 초월한 것도
아니라고 말할 때59)의 그 진정한 의미이며, 이것이 물아일체의 본
모습이며, 物我의 참된 올바른 관계이다. 向秀·郭象은「대종사」
편의 注에서 이러한 '與物'을 다음과 같이 표현하고 있다.

<hr>

58) 陳鼓應, 앞의 책, p.576 참조. 왓슨 역시 林希逸과 같은 의미로 번역하고 있다. "The
　　unlimited moves to the realm of limits, the limited moves to the unoimited realm."
　　(왓슨, 앞의 책, p.242.) 즉 왓슨은 '之'를 move로 번역하고 있다.
59) "汝唯莫必, 無乎逃物. 至道若是."「知北遊」

손과 발은 다른 역할을 가진다. 오장은 저마다 기능을 달리한다. 그들은 서
로 함께 하지 않으나 (신체의) 온갖 부분이 동화되고 조화된다. 이에 (그들은)
서로 함께 하지 않으면서 함께 한다(차이성―동일성). 그들은 서로 상호적으로
행위하지 않으나, 겉으로나 속으로나 모두 서로를 보완한다. 이에 상호적 행위
를 하지 않으면서 상호적 행위를 한다.[60]

'서로 함께 하지 않으면서 함께 함'은 부분들의 자발성이 가지는
차이성이 보존된 채 유기적으로 통합된 '함께 있음'이다. '함께 하
는 것'은 유사성의 은유라고 하면 '함께 하지 않는 것'은 다만 인
접해 있을 뿐인 환유라고 할 수 있다. 이 은유와 환유는 '한 몸'이
라는 통합 속에서 제유로 '함께 있게' 된다. 제유의 수사학과 與物
의 문법은 동일하다.

'함께 있음'은 「제물론」의 "천지는 나와 더불어 함께 생성하고
만물은 나와 함께 통일의 느낌 속에 합일하게 된다(天地與我幷生,
萬物與我爲一)."에서 잘 표현되고 있다. 또한 이것이 바로 和이고
통합이다. 이러한 '함께 있음'은 차이성이 사라지면서 통합되는 은
유적 동화[爲一]만도 아니고, 단순한 인접성에 의해 나열되는 환유
적 차이[幷生]도 아니다. 그것은 '幷生'이면서 '爲一'이며 '爲一'이
면서 '幷生'이다. 부분의 차이성이 그대로 긍정되면서 부분 하나하
나에 의해 전체의 총체성이 드러나는 통합, 즉 제유적 함께 있음
이다.

이러한 '與物'의 세계를 가장 아름다운 심미적 세계로 장자가
표현하고 있는 곳이 「제물론」 편의 天籟의 이야기이다.

---

60) "手足異任. 五臟殊管. 未嘗相與而百節同和. 斯相與於無相與也. 未嘗相爲而表裏俱濟.
斯相爲於無相爲也. (중략) 天下爲一體." 焦竑, 앞의 책, 「大宗師」 편 p.21.

남곽자기가 책상에 기대앉아 하늘을 우러르며 후 하고 길게 숨을 내쉰다. 멍하니 자기의 몸을 잊은 것 같다. 안성자유가 앞에 서서 물었다. "어찌된 일입니까? 형체가 진실로 고목처럼 될 수 있고, 마음도 타버린 재가 될 수 있다는 겁니까? 지금 책상에 기대신 모습은 예전에 기대고 계시던 모습과는 다릅니다."

남곽자기: "너 참 훌륭한 질문을 하는구나. 지금 나는 나 스스로를 잊어버렸다(喪我). 너는 그걸 알 수 있겠느냐. 너는 사람의 퉁소 소리[人籟]는 들어도 땅의 퉁소 소리[地籟]를 듣지 못했고, 또 땅의 퉁소 소리를 듣는다 해도 아직 하늘의 퉁소 소리[天籟]를 듣지 못했겠지. (중략) 대지가 내쉬는 숨결을 바람이라고 하자. 그게 일지 않으면 그뿐이지만 일단 일었다 하면 온갖 구멍이 요란하게 울린다. 너는 저 윙윙 울리는 소리를 들어 보았겠지. 산림 높은 봉우리의 백 아름이나 되는 큰 나무 구멍은 코 같고 입 같고 귀 같고 옥로 같고 술잔 같고 절구 같고 깊은 웅덩이 같고 얕은 웅덩이 같은 갖가지 모양을 하고 있지. (그게 바람이 불면 울리기 시작하는데) 콸콸 거칠게 물 흐르는 소리, 씽씽 화살 나는 소리, 나직이 나무라는 듯한 소리, 흐흑 들이키는 소리, 외치는 듯한 소리, 울부짖는 듯한 소리, 웅웅 깊은 데서 울려 나는 것 같은 소리, 새가 울 듯 가냘픈 소리. 앞의 바람이 휘휘 울리면 뒤의 바람이 윙윙 따른다. 산들바람에는 가볍게 응하고, 거센 바람에는 크게 응해. 폭풍이 멎으면 모든 구멍이 고요해진다. 너는 나무가 크게 흔들리기도 하고 가볍게 흔들리기도 하는 걸 보았겠지."

자유: "결국 땅의 퉁소 소리는 여러 구멍의 소리이고 사람의 퉁소 소리는 피리 소리군요. 그럼 부디 하늘의 퉁소 소리에 대해 말씀해 주십시오."

남곽자기: "무릇 천뢰라는 것은 그 불어 내는 바람 소리는 만 가지로 다른데, 그것을 모두 제멋대로 되게 하는 것이다. 모든 소리는 다 그들의 스스로가 내는 것이니 그 사나운 소리를 나게 하는 것은 누구일까?"[61]

人籟가 사람이 연주하는 퉁소 소리라면 地籟는 자연의 기운[風]

---

61) "南郭子綦隱机而坐, 仰天而噓, 荅焉似喪其耦. 顔成子游立侍乎前曰,「何居乎? 形固可使如槁木, 而心固可使如死灰乎? 今之隱机者, 非昔之隱机者也.」子綦曰,「偃,不亦善乎? 而問之也! 今者吾喪我, 汝知之乎? 汝聞人籟而未聞地籟. 汝聞地籟而未聞天籟夫!」子游曰.「敢問其方.」子綦曰.「夫大塊噫氣, 其名爲風. 是唯無作, 作則萬竅怒呺. 而獨不聞之翏翏乎? 山陵之畏佳, 大木百圍之竅穴, 似鼻, 似口, 似耳, 似枅, 似圈, 似臼, 似洼者, 似汚者, 激者, 謞者, 叱者, 吸者, 叫者, 譹者, 宎者, 咬者. 前者唱于而隨者唱喁. 冷風則小和, 飄風則大和, 厲風濟則衆竅爲虛. 而獨不見之調調之刁刁乎?」子游曰,「地籟則衆竅是已, 人籟則比竹是已. 敢問天籟.」子綦曰,「夫天籟者, 吹萬不同, 而使其自己也, 咸其自取, 怒者其誰邪!」"「齊物論」

에 의해 다양한 실상 그대로에서 울려 나오는 생명의 소리, 자연의 소리이다. 반면 天籟의 함의에 대해서 王煜은 '自己'와 '自取'라는 두 말로 암시되는 묘경을 가리킨다고 주장한다. 그에 따르면 自己의 소극적 의의는 자기 배후의 노하게 만드는 존재를 부인하는 것이고, 적극적 의의는 '스스로 이와 같이 취함(自取如此)'에서 말미암은 '스스로 이와 같음(自己如此)'에 있다.[62] 그렇다면 天籟가 가리키는 묘경과 地籟는 어떤 차이가 있는가? 장자는 지뢰에 대해서는 매우 상세하고 치밀하게 묘사를 하고 있다. 지뢰는 제각각의 존재들이 제각각의 모습 그대로 바람에 반응하고 있는 소리다. 그렇다면 일체가 있는 그대로 '自己如此'한 모습이라는 천뢰는 이 대목에서 상세하고 치밀하게 묘사되고 있는 지뢰의 모습과 하등 다름이 없지 않는가?

별로 다를 바가 없어 보이는 두 세계의 차이는 단적으로 말한다면 '與物'의 통사 구조에 달려 있다. 지뢰의 차원에서는 物我 관계 속에 '與物'의 구조가 형성되지 않았고 天籟의 차원에서는 物과 我가 與物의 구조 속으로 들어와 통합된다. 지뢰가 모두 自己, 自取함을 심미 주체의 정신이 체험하고 감상함으로써 단순히 제각각 自己, 自取였을 뿐인 각각의 소리들이 自己, 自取의 전체적 패턴 속에 통합된다. 이때 심미 주체는 喪我의 상태에서 '빈 중심'이되어 지뢰의 제각각의 소리들을 상호 반영 속에 소통시킨다. 즉겉으로 드러난 모습은 다를 바 없되 지뢰는 '따로따로 있음'인 환유요, 천뢰는 '함께 있음'인 제유이다. 이것을 가능하게 하는 것이

---

62) 王煜, 「天籟與逍遙」, 『老莊思想論集』, p.116. 自己와 自取만을 강조하는 것은 앞장에서 이미 비판한 向秀·郭象의 獨化論을 연상시킨다.

지인의 정신 '빈 중심'이다. 그래서 장자는 「대종사」편에서 "眞人
이 있은 이후에 眞知가 있다(有眞人而後有眞知)."고 말하는 것이다.
　다시 말해서 天籟는 생명의 자발적인 다양한 표현(지뢰)을 취사
선택과 인식작용을 잊어버린 喪我-이것은 '무한한 시공의 觀'을
가능하게 하는데 이때 심미 주체는 '빈 중심'의 자리가 된다-를
통해 일체의 생명이 그 자체의 자발성 속에서 영위되고 있음을 깨
닫고 생명 그대로를 긍정하고 향유하는 심미적인 정신 경계의 은
유이다.[63] 따라서 천뢰가 있을 때만이 인뢰가 인뢰로서, 지뢰가 지
뢰로서 성립하게 된다. 천뢰는 주객이 화해하는 '빈 중심'의 자리
이다. 지뢰를 성립시키는 정신 경계인 천뢰는 다양한 지뢰를 있는
그대로 반영할 뿐이지만 이 즉각적인 반영을 통하여 단순한 데이
터에 불과했던 지뢰는 실재로서 현현하게 된다. 이 과정은 아무런
취사선택이나 선입견 없이 직접적이고 전체적이며 자발적이다. 모
든 것이 자발적으로 있는 그대로 그 가운데 통합[通, 一]이 생기고
조화[天和]가 창발된다. 그 속에서 부분(인뢰, 지뢰)들은 실재성을
획득한다. 아무런 전체와의 관계도 없이 고립되어 있는 존재는 기
실 참다운 실재가 아니다. 天和를 통해서 성립하는 세계는 있는
것이 있는 그대로 있을 뿐이지만 다만 모든 것은 그대로 있으면서
동시에 전체를 반영한다. 그리하여 전체의 패턴에 참여한다. 그리
하여 부분은 전체가 된다. 이것이 'constasy'[與物]이다.
　장자에게 있어서 物我에서 상호간의 감응을 통하여 심미적으로

---

63) 徐復觀 역시 천뢰를 '일종의 정신 상태'로 보고 있다. 『中國藝術精神』, p.81 참조. 그러
　나 3장에서 살펴본 것처럼 정신이란 단순한 심리적 기능이 아니라 心物을 관통하는 어떤
　것이다.

향유되어 통합의 느낌 속에 들어오지 않은 존재는 참다운 실재의 세계로 들어오지 못한다. 감응(공감)이란 '통합의 현존 속으로 들어감'이다. 따라서 장자에게 있어서 심미적 감응은 궁극적 실재의 가능 근거다. 物物者는 物과 끊임없는 공감과 창조성의 기화 생성하는 율동의 과정 속에 화해되어 있다. 이러한 전체적 화해 속에 함께 있지 못할 때 物(我 역시 마찬가지다)은 '구분된 한계[有際]'를 가지고 고립되고 닫힌 덩어리로 전락하게 된다. 이것은 비실재이며, 생명의 대연쇄로부터 차단된 추상일 뿐이다.

인용문 끝 부분에서 장자는 이러한 것들을 가능하게 하는 배후의 지배자가 있는지를 묻고 있는데 이것은 중요한 함의를 가진다. 대부분의 해석자들이 이 의문문을 부정의 의미를 가지는, 의미상의 부정문으로 해석한다. 그러나 의문문은 의문문이다. 이 의문문은 그러한 배후의 지배자가 있을 수도 있고 없을 수도 있음을 함의한다. 지금까지 진행해 온 우리의 논점에 따르자면 그러한 배후는 '있다'. 다만 그것은 '없음[無]으로 있다'.

자연이 하나의 예술품이라고 할 때 일반적으로 예술적 감상이란 그 속에 숨어 있는 형상을 찾는다. 상징주의 미학에 의하자면 자연은 초월적 그 무엇을 가리키는 은유나 상징들이 된다. 하르트만(N. Hartman)이 말하는 감성적 실제적인 부분인 前景 뒤에 숨어 있는 비감성적이고 정신적인 後景이 무엇이냐 하는 것이다.[64] 지뢰가 전경이라면 천뢰는 후경이라 할 수 있다. 그런데 장자는 이러한 형상, 초월적 그 무엇, 후경의 존재가 '실체적으로 있음'을

---

64) N. Hartman, *Aesthetik*, (전원배 역, 『미학』, 을유문화사, 1983), pp.165－174 참조.

부정하지만 그것이 '없음으로 있음'을 긍정한다. 그러나 '없음으로 있음'은 표면상 없음으로 나타날 뿐이다. 후경이 '없음'이라면 있음으로 남는 것은 자연[전경] 그 자체밖에 없다. 그리하여 다른 차원으로 나뉘었던 전경의 地籟와 후경의 天籟는 재차 하나로 결합된다. 그러나 같은 것은 아니다.

方東美는 중국의 형이상학의 체계에서는 세계란 자연적인 관계 속에 그것이 본래 있는 그대로의 것으로 간주되지 않고 그것은 유가에서는 도덕적 우주로, 도가에 있어서는 미학적 영역으로 변모되기를 기다린다고 말한다.[65] 方東美의 말을 빌린다면 일단 우리는 '자연적인 관계 속에 본래 있는 그대로의 것'을 地籟에, 미학적 영역으로 변모된 것을 天籟에 대응시킬 수 있겠다. 顔世安은 장자 철학 속에서 자연 세계는 그 안에 심오한 함축이 있으며 자연의 지속적인 현상의 흐름이 곧 이러한 함축의 노정 과정이며 그것이 자연미라고 보는데, 그것에 대한 감상 가운데 인간은 생명의 가장 깊은 내용이 전개되어 나오고 심오한 신비의 세계 존재 상태와의 연계를 발현하게 된다.[66] 다시 여기서 顔世安의 말을 빌린다면 자연 세계 자체의 지속적인 현상은 지뢰[物]가 되고 그것이 감상하는 생명 주체[我]와 합일하여 새롭게 심화된 세계 존재 상태와의 연계가 발현된 것이며 천뢰에 상응한다.

우리는 여기서 「소요유」의 첫 페이지에서 우리를 당혹스럽게 만드는 鯤과 鵬의 이야기를 새삼 다시 떠올려 볼 필요가 있을 듯하다. 장자는 크기에서 곤과 붕 사이에 차이를 두지 않고 있다. 다만

___

65) 方東美, 앞의 논문, p.104.
66) 顔世安, 「生命, 自然, 道」, 『道家文化研究』 第一輯, p.110.

곤은 北冥이라는 바다 속에 잠겨 있고 붕은 구만리장천으로 날아올라 있다. '북명'이란 어둠이요, 혼돈이다. 갑골문을 보면 '冥'은 아기를 배태하고 있는 자궁의 상형임을 알 수 있다. 그렇다면 곤은 일종의 잠재태이며, 붕은 그것이 발현된 것으로 보아야 한다. 방동미의 말로 규정하면 곤은 '자연적인 관계 속에 본래 있는 그대로의 것'이며 붕은 미학적 영역으로 변모된 것이다. 이는 「추수」편 濠梁의 우화와 다시 연관될 수 있는데, 호수의 물 아래에서 헤엄치고 있는 피라미가 자연 상태의 곤이라면 그것을 '즐거움'으로 감응하고 향유하는 장자의 심미 체험은 붕이라고 할 수 있다. 장자의 정신은 파리미의 헤엄을 미학적 영역으로 변모시키고 상승시킨 것이다. 이는 모두 지뢰에서 천뢰로의 상승과 상응한다. 즉 대상으로 존재하는 外에서 정신의 內로의 전환이며, 주객의 분리 속에 성립하는 인식론적 차원에서 주객합일 속에 향유되는 심미적 차원으로의 비약이다. 그것은 잠재 상태의 자연을 심미적 실재로 발현시키는 비약이다.

"①천하를 ②천하에 감춘다."고 할 때, ①은 미학적 영역으로 변모된 것, 즉 天籟이고 ②는 있는 그대로의 자연, 즉 地籟이다. ①②는 동형이면서 차원이 다르다. 마치 곤과 붕처럼. 동형이면서 경계의 층을 달리한다. 같으면서도 다르다. 차이성 속의 동일성이요 동일성 속의 차이성이다. 따라서 천뢰는 지뢰 속에 은폐되어 있으면서도 지뢰를 통해 온전히 그대로 드러나 있다. 접혀 있으면서도 펼쳐져 있다. 인뢰가 인간의 주관적 측면을 나타낸다면 지뢰는 존재의 객관적 측면이다. 이들은 모두 실재의 부분일 뿐이다. 반면 천뢰는 주관과 객관이 화해된 전체의 실재이다. 그러나 부분과 전체는 서로가 서로를 제유적으로 감싸고 있다면 결국 인뢰와 지뢰, 천뢰는 大通되어 있다. 인뢰·지뢰와 천뢰의 大通이란 달리 말하면 대상과 인식이 서로 부합되는 것이고 이것이 眞[진리]이다. 즉 결국 모든 것은 다시 있는 그대로 如如한 세계, 즉 眞이 된다. 산은 산이요 물은 물인 것이다.

> 지인이 덕을 대함에 있어서도 수련하지 않아도 저절로 (자연의) 사물이 떠
> 나지 않게 되는 거요. 하늘이 저절로 높고, 땅이 저절로 두터우며 해와 달이
> 저절로 밝음과 같은데 대체 무슨 수양이 필요하겠소.[67]

위 구절에서 보는 것처럼 지인의 덕으로부터 만물이 떨어져 있지 않고 통합되어 있으면서도 모두가 자발성 속에 영위되는 것이다. 모두가 '스스로 그러함'이다.

> 저는 (도를) 얻었습니다. 까막까치는 알을 까서 키우고, 물고기는 거품을 붙
> 여서 키우며, 벌 종류는 누에를 갖다 키웁니다. 동생이 생기면 형이 웁니다.[68]

이것은 노담에게서 도를 배우는 교육적 대화 속에서 공자가 자기가 도를 얻었음을 보여주는 일종의 悟道頌이다. 그는 몇 번 자신의 깨달음에 대해 노담에게 보고했지만 깨달음을 인가받지 못했다. 반면 지금의 오도송은 그 앞의 말들에 비하여 지극히 평범하기 이를 데 없다. 그러나 그것이 실상이다. 스스로 그러한 素樸의 세계이다. 이것은 일체에 대한 일체 그대로의 무한 긍정으로 이어

---

67) "至人之於德也. 不修而物不能離焉. 若天之自高. 地之自厚. 日月之自明. 夫何修焉." 「田子方」

68) "丘得之矣. 烏鵲孺魚傅沫. 細要者化.有弟而兄啼." 「天運」

진다. 그러나 그것은 단순히 객관적인 개별적 실체들을 그대로 긍정하는 단순 사실 판단의 차원이 아니다. 이러한 긍정 속에는 개별자들을 관통하는 심미적 총체성과 통일성이 작용하고 있다. 이 심미적 통일성은 개별적 객체 속에 있는 것도 아니고 주관 속에 있는 것도 아니다. 이 통일성은 객체와 주체의 화해 속에서 드러나는 실재상이다. 여기에서 예술적인 자유와 자연의 필연이 합일되고 美와 眞이 화해한다. 장자가 말하는 함이 없는 무위에 의한 있는 그대로의 素樸美란 이 속에서 가능한 것이다.[69]

物我의 화해, 美와 眞의 화해 속에서 命이나 '不得已'의 문제는 해소되고 자유로운 소요가 가능해지는 것이다. 이 소요가 곧 물화이며 물화는 物我 관계가 도달하게 되는 극점이다. 소요와 물화 속에서 지극한 즐거움[至樂, 天樂]이 일어나게 된다. 이것이 道의 경계이며 실재의 심미성이 향유되는 곳이다.


## 2) 逍遙와 숭고 그리고 至美·至樂


장자에게 있어서 참된 실재란 다름 아닌 참된 삶, 주객이 생성 속에서 交融하는 생명 과정이다. 참된 실재를 찾는다는 것은 참된 삶을 산다는 것, 그것은 또한 곧 심미적인 삶을 산다는 것을 의미한다. 심미적 삶의 모습을 장자는 소요로 제시하고 있다. 劉笑敢은 장자 철학 체계를 안명론을 출발점으로 삼고 소요론을 귀결점으로 파악한다.[70] '遊'로 표현되기도 하는 소요는 장자가 추구하는 심미

---

69) "無爲也而尊, 樸素而天下莫能與之爭美."「天道」

적 인생의 귀결점이다. 소요란 '노닒'이며 '놀이'이다. 이러한 놀이가 이루어지는 곳은 '不得已'한 命을 초월한 다른 세계가 아니라 그러한 命을 온몸으로 받고 있는 이 '자연'의 세계이다.

소요의 경지를 상징하는 구만리장천의 붕이나 광활하고 무한한 자연의 모습은 일반적으로 독자에게 압도적인 것이며 그것은 두려움과 공포의 대상이 될 수 있다. 이러한 압도적 대상은 서양 미학에서 흔히 '숭고'와 관계된다. 버크(Ed. Burke)는 미적 범주를 인간의 사회성에 큰 몫을 하는 快의 감정과 연결된 '美'와 그리고 고통 또는 위험의 관념과 결부된 인간의 자기 보존의 감정으로 이루어지는 '崇高'라는 두 가지 범주로 나누었다. 간단히 말하면 '미'는 쾌감을 일으키는 외적 사물이고 '숭고'는 고통을 격발시키는 외적 사물이다. 버크는 숭고의 원천을 주로 성질에 따라 분류했는데 어둠, 힘, 거대함, 무한함, 고요함, 고난, 돌연함 등이 그것이며 이들의 공통성은 두려움을 일으킨다는 것이다.[71] 이러한 이 두 개의 범주는 칸트에게 이어져서 가장 기본적인 미의 범주가 된다. 칸트에 따르면 미와 숭고는 다음과 같은 차이를 가진다. 미는 대상의 형식(Form)에 관여되지마는 숭고는 몰형식(formlos)의 대상에 관여되어 있다. 미는 직접적인 삶의 촉진의 감정인 데 대하여 숭고는 간접적으로 일어나는 쾌감 내지 일시적으로 멈추었다가 다시 더욱 거세게 범람하는 감정이고, 미가 유희적 상상력과 결부된다면, 숭고는 유희가 아니라 엄숙한 것이다.[72]

---

70) 劉笑敢, 앞의 책, p.145.

71) 張法, 앞의 책, p.207.

72) 조요한, 『예술철학』, 경문사, 1980, pp.95 - 96.

중국에서 '崇高'라는 문자는 본래 높은 건물을 지칭하는 말이었다. 『說文』에서는 "高는 崇이다. 누대에서 높은 곳을 살펴보는 모습을 본뜬 것이다(高, 崇也. 象臺觀高之形)."라 하고 있다. 고딕 양식이 서양 숭고의 건축적 은유라면 누대의 동양 숭고의 건축적 은유라고 할 수 있다. 서양의 고딕의 숭고함은 밖에 서서 그 건축물을 밑에서 위를 바라보는 것이어서 전체적인 외형이 속세를 초월하는 종교적 숭고를 표현하는 것이다.[73] 반면 누대의 숭고함은 그 누대 자체가 가지는 느낌이 아니라 오히려 누대 '안'에 올라가 '밖'을 내려다보는 것이라고 할 수 있다.[74] 張法에 의하면 누대는 처음에 제사와 관련된 것이었지만 이후 문인들이 산수 유람을 즐기며 명산대천에 정자, 누대, 누각을 짓는 풍습이 발전하면서 일반적인 미적 풍습이 되었다.[75] 이러한 양 건축물의 차이는 서양의 숭고와 장자의 소요의 근본적인 차이점과 상응한다. 다음 李澤厚의 말은 이를 잘 요약하고 있다.

> 장자가 찬양하고 있는 大美는 현재 우리가 사용하고 있는 壯美에 해당하는데, 서구 미학의 숭고와는 다르다. 후자는 주체가 무한한 역량의 압박을 받고, 그 압박 속에서 자신의 역량을 의식하게 된 결과이다. 그것은 일종의 심미

---

73) 고대 말기 롱기노스가 말하는 숭고(hypsos)는 본래 '높이'라는 의미로서 수사학의 이상 형태에 관한 가치 개념으로서의 의미를 지닌 것이다(竹内敏雄, 『미학 예술학 사전』, 미진사, 1990, p.275). 숭고는 기본적으로 수직적인 높이와 뗄 수 없는 관계 속에 있다. 장자의 붕도 구만리장천으로 날아오르는 압도적인 수직적 높이를 보여준다는 것을 일단 염두에 두자.

74) 이러한 누대에서의 시선은 이후 송대 郭熙가 『林泉高致』에서 정립한 三遠法이라는 동양 산수화 투시법과 긴밀한 연관이 있다. 삼원법이란 산 아래에서 산마루를 쳐다보는 고원(高遠), 산 앞에서 산 뒤쪽을 엿보는 심원(深遠), 가까운 산에서 먼 산을 바라다보는 평원(平遠)이다. 그리고 삼원법의 '원(遠)'이란 바로 노장사상과 현학이 추구하는 정신경계인 '玄'과 '無'의 다른 이름이다.

75) 張法, 앞의 책, pp.228-229.

적 유쾌함을 창출시키지만, 항시 공포와 고통을 수반한다. 장자가 언급한 대미 혹은 장미는 주체가 무한에 도달함으로써 이루어진 결과이며, 심미적 유쾌와 더불어 경탄을 자아낸다. 그곳에는 어떤 공포나 고통, 또는 서구 미학의 숭고 미에 존재하는 종교적 신비는 조금도 없다. 이는 사람으로 하여금 기쁨에 차서 춤추게 하고 격앙시키는 미임과 동시에 인간의 자유와 위대함을 긍정하는 미인 것이다.[76]

서구 미학의 숭고는 (기본적으로 높이에서) 압도적 대상을 대상으로 분리한 채 직면할 때, 그 대상을 오성의 범주 혹은 언어로 포착할 수 없음으로 느끼게 되는 공포나 고통을 수반하는 미의 범주이다. 반면 장자의 소요는 物我의 화해 속에서 드러나는 실재에 참여되어 있다. 장자는 서구인이 언어로 규정할 수 없음으로 공포를 느끼게 되는 그 대상의 '안'으로 들어간다. 그는 누대에 올라가 스스로 누대의 높이가 되는 것이다. 그 '안'에서 그것이 된다. 장자는 도처에서 마음을 '靈臺'라는 은유로 표현하고 있는데 이는 다름 아닌 '신령스런 누대'이다. 그 누대는 대상이 아니라 마음이 체득한 경지의 메타포이다. 구만리장천으로 날아오르는 대붕의 거대한 높이는 독자로 하여금 서구적 의미의 '숭고'를 느끼게 할지도 모른다. 그러나 조금 더 읽어 간다면 '숭고'와는 사뭇 다른 구조를 우리는 발견할 수 있다. 장자는 이렇게 질문을 던지면서 스스로 답하고 있다.

하늘이 푸르고 푸른 것, 그것이 하늘의 진짜 색인가? 그것이 멀어서 그 끝에 이르지 못하기 때문에 그러한가? (대붕이 구만리 창천으로 올라가서) 그 아래로 내려다보면 또한 이와 같은 색을 띨 따름이다.[77]

---

76) 李澤厚 외 지음, 『中國美學史』, (권덕주 외 옮김, 대한교과서주식회사, 1992), p.307.

여기서 대붕은 보이는 압도적인 대상일 뿐만 아니라, (독자들이 동일시하게 되는) 보는 주체이기도 하다. 이 대목에서 시선이 이중적이라는 점을 간과해서는 안 된다. 여기서 숭고의 대상이 되는 압도적 대상은 하늘, 즉 구만리장천이라는 수직의 높이다. 그러나 그 하늘의 자리는 동시에 주체의 자리이기도 하다. 하늘을 올려다보는 시선과 하늘에서 내려다보는 시선은 결국 하나이다. 여기서 장자는 대상, 그 '안'으로 들어가서 합일한다. 이것이 숭고와 다른 장자 소요의 구조이다.78)

서양의 숭고와 흡사한 듯하면서도 근원적으로 다른 장자 미학의 특징은 「천운(天運)」 편의 '함지(咸池)의 악'79)에서 더욱 구체적인 예증을 갖게 된다. 천뢰의 예술적 실현이라고 할 수 있는 함지의 음악을 들으면서 느끼게 되는 심리적 과정을 장자는 두려움[懼] → 편안함[怠] → 혼미[惑] → 어리석음[愚]의 4단계로 설명하고 있다. 두려움이란 '함지'가 당시 음악의 체계인 5성 12율의 질서를 벗어난 자연의 소리이고, 그래서 세속적 음악에 길들여진 우리의 미의식을 해체시키기 때문에 발생하는 심리적 충격이다. 이것은 서양 미학에서 숭고가 발생하는 첫 과정과 매우 흡사하다. 그러나 다음 단계에서는 사뭇 달라진다. 버크나 칸트는 모두 숭고가 성립하기 위해서는 두려운 대상과의 일정한 거리가 있어야 하며, 그리

---

77) "天之蒼蒼, 其正色邪? 其遠而無所至極邪? 其視下也, 亦若是則已矣." 「逍遙遊」

78) 장자의 소요의 미는 대상이 압도적인 것이란 측면에서 '美'의 범주가 아니며, 공포가 아니라 그 대상은 '안'으로 들어가 至樂을 얻게 된다는 점에서 '숭고'가 아니다.

79) '함지'는 요(堯)임금이 만든 음악이다. '함지'는 하늘 서궁의 별 이름으로서 옛사람들은 해가 지는 서쪽이라 생각하였다. 그들은 알 수 없는 그곳을 신비스럽게 보았다. 그리하여 그들은 그곳에 정령이 있다고 믿어 악무(樂舞)로써 숭배하였다(楊蔭瀏, 『중국 고대 음악사』, 이창숙 옮김, 솔, 1999, p.28 참조).

하여 인간은 안전지대에 있어야 한다고 말한다. 압도적 자연의 대상과 직면한 처음에는 자연에 대한 공포와 주체의 왜소함을 느끼지만, 일단 우리가 안전지대에 있기만 하다면 우리는 곧 자신이 자연으로부터 독립된 자유의 힘을 가진 것을 느끼게 된다. 그리하여 자신을 위축시키는 대자연에 도전하고 극복하고자 하는 심적 태도를 불러일으키게 된다. 따라서 처음에 위축된 주체의 생명력은 오히려 더욱 강렬해지는 것이다. 버크가 숭고를 '자기 보존 욕구'와 연결시킨 점은 시사적이다. 이런 점에서 서구의 숭고는 인간과 자연의 투쟁에서 생겨난 것이라는 장파의 말은 타당하다.[80]

그러나 함지악에서 두려움의 다음 단계는 주체의 생명력이 강화되는 버크와는 달리 편안함이다. 편안함을 갖게 되는 것은 그 해체의 음악이 결국 '자연의 궁극적인 조화[天和]'임을 느끼기 시작함을 의미한다. 그것은 한껏 위축된 주체의 생명력이 대상에 대항하여 다시 팽창하는 것이 아니라 주체가 대상을 장악하려는 의도를 포기하게 되면서 대상 앞에 열리는 것을 말한다. 그래서 "몸은 공간에 가득 차서 이윽고는 마음이 부드럽고 조용해진다(形充空虛, 乃至委蛇)."

그런데 그다음 단계의 혼미와 어리석음은 또 무엇을 말하는 것인가? 이 대목에서 장자는 이렇게 말하고 있다.

> 성인이란 (자연의) 참모습에 능통하고 (자연의) 운명을 따르는 자이다. 자연 그대로의 마음의 작용이 겉에 나타나지 않아도 모든 감각이 갖추어지고 말없이 있어도 마음이 즐겁다. 이것을 하늘의 음악이라고 한다. (중략) 들으려 해

---

　　도 그 소리가 들리지 않고, 보려 해도 그 모습이 보이지 않는데 온 천지에 가
　　득 차고 넓은 우주를 감싼다.[81]


　　들리지 않으면서 우주를 가득 채우고 있는 음악이란 바로 노자
가 말한 무성(無聲)의 '대음'[大音希聲(41장)], 장자가 말한 '천뢰'
가 아니고 무엇이겠는가? 여기에서는 주-객의 분별이 사라지고
있기 때문에 주체의 정체성에 고착되어 있던 정신이 혼미해지는
것이다. 혼미는 고립된 자아의 해체 과정이다. 그리하여 기어코 어
리석어진다. 어리석음이란 모든 분별 작용을 넘어선 정신의 상태이
며, 주객의 분별이 완전히 사라진 무위자연, 물아일체의 경지, 즉
소요를 말함이다.[82]

　　'소요'라는 말은 장자가 처음으로 사용한 것은 아니다. 『詩經』「鄭
風·淸人」에 이미 "겹으로 꿩깃을 단 두 창을 세우고 황하 기슭을
소요하네(二矛重喬, 河上乎逍遙)."라는 구절이 있다. 『楚辭』에도
이 어휘를 찾아볼 수 있다. 그러나 劉笑敢에 의하면, 순전히 정신
을 가지고 소요를 말하는 것은 앞선 문헌들과 다른 장자가 말하는
소요의 독창성이며 장자의 소요는 이러한 정신적인 자유라는 의미
이다.[83] 그러나 소요를 오직 유심론적 정신의 자유로만 보는 것은

---

81) "聖也者, 達於情而遂於命也. 天機不張, 而吾官皆備, 无言而心說, 此之謂天樂. ……
聽之不聞其聲, 視之不見其形, 充滿天地, 苞裏六極."「天運」'天樂'은 일반적으로 '하
늘의 즐거움'으로 번역하지만 '하늘의 음악'으로 번역하지 못할 이유는 없다. 함지악을 논
하는 자리임을 염두에 둔다면 더욱 그렇다.

82) 한 가지만 비교 미학을 위해서 덧붙이자. 보링거는 『추상과 감정이입』(권원순 옮김, 계명대
학교출판부, 1983, '제1편 이론'을 참조할 것)에서 버크나 칸트와는 달리 공포 두려움을
추상충동과 연결한다. 혼돈스럽고 예측불가능한 외계에 대한 두려움을 느낀 사람들은 외계
개체를 그 자의성과 외면적 우연성으로부터 추출해서 그것을 추상적 형식에 맞추고 영원화
함으로써 혼돈스러운 공포를 극복한다는 것이다. 그러나 장자는 혼돈을 추상화함이 없이 혼
돈 그 전체를 긍정하려고 하며, 동양 예술을 대표하는 회화, 특히 산수화는 끈질기게 추상
과 장식의 욕망을 극복하여 왔음은 주목할 만한 사실이다.

일면 타당한 해석이면서 또한 장자 철학의 다른 측면을 간과하는 것이 된다. 장자에게 있어서 '소요'는 인생론적 측면에서의 정신적 경지이지만 그러나 동시에 그것은 존재론적 술어이다. 인생론과 존재론이 만나는 곳에 소요의 미학이 성립된다. 이는 앞서 우리가 논의해 온 주객 화해의 경계 문제라는 것이다. '노닌다'는 의미의 '소요'는 또한 『장자』 속에서 '논다'는 의미의 '遊'와 상통하는데 이 놀이는 단지 정신의 놀이가 아니라 '존재의 놀이'다. 존재의 놀이를 다른 말로 바꾸면 '氣(자연)의 놀이'이다. 王凱는 가다머의 견해를 빌려 유희 속에서는 유희자의 주체성이 소멸되어 유희의 진정한 주체는 '유희 자체'가 됨을 말하고 있는데[84] 이는 '物我兩忘'을 통한 장자의 '遊', 즉 '氣의 놀이'와 상통한다.

『장자』라는 텍스트 속에서 발견할 수 있는 '逍遙'와 '遊'를 말하는 대목은 모두 득도의 경계를 묘사하는 대목들이다. 그 가운데 몇 개의 용례를 골라 보자.

(1) 천지 본연의 모습을 따르고 육기의 변화를 파악하여서 무한한 세계에 노닐다(乘天地之正, 而御六氣之辨, 以遊無窮)(「逍遙遊」).

(2) 그들은 이제부터 조물자와 벗이 되어 천지의 一氣에서 노닐려 한다. (중략) 망연히 속세 밖을 방황하고 무위의 경계에서 소요한다(彼方且與造物者爲人, 而遊乎天地之一氣. (중략) 芒然彷徨乎塵垢之外, 逍遙乎無爲之業)(「齊物論」).

(3) 천지 사방을 드나들고 온 나라를 노닐어 홀로 가고 홀로 온다. 이런 경지를 獨有라고 한다(出入六合, 遊乎九州, 獨往獨來, 是謂獨有)(「在宥」).

---

83) 劉笑敢, 앞의 책, p.133.

84) 王凱, 『逍遙游』, 武昌: 武漢大學出版社, 2003, p.40 참조.

(4) 홀로 천지의 정신과 왕래한다(獨與天地精神往來)(「天下」).

(5) 올라갔다 내려갔다 하며 (모든 것과) 和함을 도량으로 삼아 만물의 근원에서 노닌다(一上一下, 以和爲量, 浮游乎萬物之祖)(「山木」).

(6) (덕이 지극한 사람은) 만물이 시작되고 끝나는 곳에서 노닐며, 그 본성을 순일하게 하고, 정기를 보양하며, (자연의) 덕과 합하여서 만물이 생겨나는 조화의 근원과 통한다(遊乎萬物之所終始, 壹其性, 養其氣, 合其德, 以通乎物之所造)(「達生」).

(1)(2)를 보자. 遊나 逍遙 뒤에서 장소를 나타내는 '無窮', '天地之一氣', '塵垢之外'는 또 다른 곳에서는 '四海之外', '無何有之鄕' 등으로 표현되기도 하는데 이는 '무한한 시공'을 나타내고 있다. 즉 이들은 모두 '무궁한 시공의 觀'에서 드러나는 궁극적 실재의 은유들이며 서로 교환 가능한 기표들이다. 그런데 궁극적 실재의 시공이 이미 거기에 있고 누군가가 그곳에 들어가서 逍遙하고 노닐게 되는 것이 아니다. 노닒은 오히려 궁극적 실재 그 자체가 드러나는 양태로 보아야 한다. 이는 궁극적 경계나 실재를 표현한 내용 앞에는 거의 어김없이 '遊'와 '逍遙'가 나오고 있는 데서도 알 수 있다. 장자에게 있어서 궁극적 실재란 이미 주객·心物이 분리될 수 없는 상태이다. 劉紹瑾에 따르면 중국의 古人들은 藝를 말할 때 통상 '游' 자로 주체와 대상의 혼융적 극치를 형용했는데 이는 실로 장자로부터 시작되었다.85) '무궁한 시공의 觀'은 이미 '무궁한 시공'이다. 따라서 노닒은 깨달음의 표상이며, 깨달은 삶이야말로 궁극적 실재이다. 이를 잘 보여주는 것이 (3)(4)이다. 여기

---

85) 劉紹瑾, 앞의 책, p.50 참조.

서 獨은 득도의 경계를 나타내는데, 이러한 경계에서 일어나는 往來가 다름 아닌 소요이다. 이러한 소요와 왕래가 일어나는 경계는 (5)(6)에서 '萬物之祖', '萬物之所終始'로 표현되어 있는데 이는 심미 체험의 자리임을 또한 이미 살펴보았다. 화이트헤드가 말하는 사물과의 최초의 조우가 일어나는 미적 경험의 자리이며, 이는 곧 창조와 생성의 자리이다. (6)에서 '遊'는 物之所造와 통하는 것으로도 나타나고 있는데 王夫之는 "物之所造는 氣"(『莊子解』)라고 말한다. 기와 통하여 기와 같아지고(심재의 기) 적막한 무한의 경계에 기를 합하는 것(合氣於漠)(「應帝王」)이 소요이다. 이러한 소요의 자리의 주어는 이미 心도 아니고 物도 아니며, 心이면서 物인 氣이다. 3장의 말미에서 소개한 鴻濛이야말로 이 자리의 주어라고 할 수 있을 것이다. 그것은 놀고 있는[遊] 元氣이다. 이 소요와 놀이는 자연의 놀이이며, 존재의 놀이이다. 자연의 놀이의 경계가 정신의 최고 경지이다. 궁극적으로는 氣가 깨닫고 氣가 놀고 있는 것이다. 여기서 경지와 기화가 하나가 된다. 장자에게 있어서 인생론적 정신의 최고 경지는 이렇게 자연학적 (다분히 질료적인) 토대로 되돌아간다. 장자의 소요는 압도적 자연에 공포를 느끼는 숭고가 아니라 자연의 '안'으로 들어가 화해한다. 여기에 또한 장자의 物化가 성립한다. 物化란 氣化의 과정과 자아의 정신이 서로 갈등하거나 해치지 않고 융합하는 것이며, 이는 다시 물아일체이다.

　이러한 물화가 궁극적으로 드러내는 것은 미학적 경계이다. 장자의 胡蝶夢의 우화를 보자.

나비인가? 장주인가? 장자는 결론을 내려 주지 않는다. 林希逸은 이 대목에 대한 주석에서 장자를 따라서 결론을 내리지 않고 다만 이 대목이 결론 없는 결론이며, 선의 화두와 같은 것이라고 말한다.[87)] 결론 없는 무궁한 변화, 그것이 오히려 物化를 표현하고 있는지 모른다. 아니면 하나의 중심으로 의미가 모이지 않는, 김형효가 말하는 양가 논리를 보여주는 듯도 하다. 즉 장주이기도 하고 나비이기도 하다. 그러나 우리는 "장주와 나비에는 반드시 구별이 있다."는 구절을 되새겨 볼 필요가 있다. 즉 장주는 장주이고 나비는 나비이다. 이렇게 해 놓고 보면 문제는 의외로 간단하다. 우리는 장주의 눈으로 나비를 보아서는 안 되고 나비의 눈으로 장주를 보아서도 안 된다는 것이다. 나비는 나비의 차원에서 보아야 하고 장주는 장주의 차원에서 보아야 한다. 이것이 천지만물의 변화와 함께 변하는 物化이다. 자아에 대한 집착을 버리고 나를 비운다면 자연의 변화를 따라서 나비일 때는 나비가 되고 장주일 때는 장주가 되는 것이다. 이것이 또한 심미적 유쾌함을 주는 소요이다. 그리고 이것이 '必有分'의 뜻이며, 이 '分'이 참으로 이루어질 때 역설적으로 나눔은 사라진다. 나눔이란 나비를 장주의 눈으

---

86) "昔者, 莊周夢爲胡蝶, 栩栩然胡蝶也, 自喻適志與! 不知周也. 俄然覺, 則蘧蘧然周也. 不知周之夢爲胡蝶, 胡蝶之夢爲周與? 周與胡蝶, 則必有分矣. 此之謂「物化」." 「齊物論」

87) 林希逸, 앞의 책, p.45.

로, 장주를 나비의 눈으로 볼 때 성립되는 것이다. 나눔이 사라지는 그 속, 그 무궁한 변화 속에 실재의 통일성, 도의 지속성이 관통한다. 福永光司에 따르면 자유자재로 변화하는 세계, 소위 물화의 세계야말로 실재의 진상이다. 인간은 다만 그 물화-만물이 끝없이 유전한다-의 가운데에서 주어진 현재를 현재로서 즐겁게 소요하면 된다.[88]

物化란 氣化와 感化를 포괄하는 세계와의 심미적 화해와 융합을 의미한다. 이러한 융합을 장자는 至美 혹은 大美라고 하였으며 이러한 美에는 반드시 즐거움이 따른다.

(1) 대저 천지자연의 덕에 밝다는 것, 그것을 모든 일의 근본이라 한다. (그것은 바로) 하늘과 조화를 이루는 것이다. 천하를 조절하며 사람과 조화되는 원인이 되기도 한다. 사람과 조화되면 사람의 즐거움이라 하고 자연과 조화되면 하늘의 즐거움이라 한다.[89]

(2) 허정으로 천지에 미루어 나가 만물에 두루 통하게 함을 말한 것이다. 이것이야말로 하늘의 즐거움이라 한다. 하늘의 즐거움이란 성인의 마음으로 천하를 부양하는 일이다.[90]

(3) 그 경계를 얻으면 지극한 아름다움과 지극한 즐거움을 얻게 된다. 지극한 아름다움을 얻어 지극한 즐거움의 경지에서 노니는 사람을 지인이라 한다.[91]

(1)에서 天和란 세계와의 심미적 화해이며, 물화이다. 그것은 (2)에서 "通於萬物"로 표현되고 있다. 이 천화와 함께 하는 것이 天

---

88) 福永光司, 『장자』, p.108.
89) "夫明白於天地之德者, 此之謂大本大宗, 與天和者也. 所以均調天下, 與人和者也. 與人和者,謂之人樂. 與天和者, 謂之天樂." 「天道」
90) "言以虛靜推於天地, 通於萬物, 此之謂天樂. 天樂者, 聖人之心, 以畜天下也." 「天道」
91) "夫得是, 至美至樂也. 得至美而遊乎至樂, 謂之至人." 「田子方」

樂이다. 天樂과 至樂은 동의어이다. 그런데 (3)을 보면 至樂과 至美가 또한 상통하는 것임을 알 수 있다. 결국 천화와 함께 하는 것이 곧 至美임을 알 수 있다. 다시 말해서 天和－物化가 至美이며, 천화와 물화가 다름 아닌 궁극적 실재의 진상일 때, 바로 그 실재가 至美이기도 한 것이다. 天和－物化－실재－至美는 서로 이어지는 것이고 그것은 곧 至樂 속의 소요이다. 이러한 물화는 장자 이후 '以物觀物', '無我之境' 등의 중국 미학의 핵심적 이념으로 발전되어 간다.

## 3) 大美, 경계, 깨달음

『장자』에 있어서 아름다움, 즉 美의 개념은 두 가지 구별되는 양상을 가진다. 美－醜의 對待관계 속에 있는 상대적 美와 상대성을 넘어선 大美·至美, 즉 절대적 아름다움이다. 先秦 시대의 문맥 속에서 '美'에 상대되는 개념으로서 '醜'는 '惡'와 상통하는 것이었다. 장자 역시 美의 상대로 '醜'와 '惡'를 혼용하고 있다. 이는 "천하의 사람들이 모두 아름다움의 아름다움됨을 알고 있다. 이에 미움이 있게 된다(天下皆知美之爲美, 斯惡矣)."고 하는 『노자』 2장에서 이미 나타나고 있다. 여기서 美는 惡의 상대 개념이며, 美와 惡는 상대적으로 생성됨을 보여준다. 惡라는 것은 매우 주관적인 정감의 현상이며 따라서 그에 상대되는 美 역시 매우 주관적인 정감의 현상임을 알 수 있다.

『장자』 속에서도 마찬가지다. 예컨대 「인간세」 편 "美成在久,

惡成不及改" 구절과 「天地」 편의 "不藏是非美惡"가 있다. 이 구절들에서 美와 惡는 좋아하고 싫어하는 극히 심리적인 개념이다. 왓슨은 앞의 구절의 美惡는 good completion과 bad completion(Watson, p.63.)으로 번역하고 뒤의 구절은 beautiful과 ugly(Watson, p.137.)로 번역하고 있다. 이 두 구절의 美惡는 엄밀한 의미에서 모두 '욕구된다' 혹은 '즐거움을 준다'는 의미를 다분히 가지고 있는 good과 그렇지 못한 bad의 의미에 가깝다. 그러나 실상 good과 beautiful의 의미 모두가 美 字에 있다고 보는 것이 무난할 것 같다. 주관적인 좋음의 정감과 객관적인 미의 현상은 중국 고전의 텍스트 속에서는 구분할 수 없는 것이다.[92]

车宗三은 주관적 태도를 벗어난 외연적인 명제만을 과학적이라고 여기는 서구의 사유를 비판하면서 '내포적 진리' 역시 보편성과 타당성을 가질 수 있다고 주장한다. 내포적 진리는 외연화할 수 없는 것이며 주관적 태도를 떠나지 않는다. 예컨대 여러 사람이 동일한 한 편의 시를 읽고 나서 모두 공감을 가진다는 것은 가능한 일이다. 그렇다면 이러한 내포적 진리 역시 보편성을 가질 수 있다. 내포적 진리는 내포적 보편성을 가지고, 외연적 진리는 외연적 보편성을 가진다. 그리하여 그는 외연적 보편성은 '추상적 보편

---

92) good는 일반적으로 '善'으로 번역된다. 그러나 善의 본래 의미 역시 美와 상통한다. 이는 美와 善이 모두 '羊' 자로 이루어져 있는 글자라는 데서도 유추해 볼 수 있다. 美가 羊+大로 이루어져 있다면 善은 『說文解字』에 "吉也. 人人言言 人人羊. 此與義美同意"라 하고 있다. 美와 善이 모두 羊을 공통으로 가지고 있으며 모두 제사적 상황을 보여주고 있다. 美가 양머리를 한 샤먼이나 제사의 희생으로서 살찐 양 혹은 희생과 그 희생을 바치고 있는 인간을 상형하고 있다면 善은 희생의 양이 놓여 있는 제사에서 나오는 말씀, 즉 신의 계시일 수도 있고 또 말씀 言 자가 갑골문에서 관악기의 모습을 한 것을 볼 때, 제례악이 곁들어진 제사의 모습을 상형하는 것일 수도 있겠다. 어째든 『說文』에서 말하는 것처럼 美와 善은 매우 유사한 의미를 가진다.

성'이고 내포적 보편성은 '구체적 보편성'이라고 명명한다.[93] 동양 고전의 사유 체계에서 볼 때 인간의 주관적 정감과 분리된 객관적 실체란 오히려 기이한 것일 뿐이다. 오늘날 화이트헤드는 주관과 분리되어 이미 객관적 실체가 있다는 발상을 '단순정위'라고 비판하고 있다.

장자의 美에 관한 논의는 이러한 내포적 진리나 구체적 보편성의 바탕 위에 전개되고 있다. 경계 개념이야말로 구체적 보편성으로 드러나는 것인데 장자의 美는 이 경계 개념과 긴밀한 연관 위에 성립하고 있다. 다음 「秋水」 편의 우화를 살펴보자.

> (1) 가을 물이 한꺼번에 넘쳐 숱한 강물이 황하로 흘러들었다. (중략) 여기에 (황하의 신인) 하백이 기뻐서 좋아하며 온 천하의 아름다움이 모두 자기에게 있다고 생각했다. 흐름을 따라 동쪽으로 가서 북해에 이르러 동쪽을 보니 물의 끝도 보이지 않았다. (중략) 북해약(북해의 신인)이 말했다. "우물 속에 있는 개구리에게 바다에 대해 말해도 소용없는 것은 살고 있는 곳(공간)에 사로잡혀 있기 때문이오. 여름 벌레에게 얼음에 대해 말해도 별수 없는 것은 살고 있는 철(시간)에 집착되어 있기 때문이오. 한 가지 재주뿐인 사람에게 도에 대해 말해도 통하지 않는 것은 (지식을 습득했던) 가르침에 얽매여 있기 때문이오. 지금 당신은 두 강가 사이에서 나와 대해를 보고 비로소 자신이 얼마나 추함을 깨달은 셈이오." (중략)
>
> (2) 사방의 바다도 천지 사이에 있다는 점을 헤아려 보면 마치 작은 구멍이 커다란 못 속에 있음과 같지 않겠소? 중국도 사해 안에 있다는 것을 헤아려 보면 돌피 알이 커다란 창고 안에 있음과 같지 않겠소? 사물의 수가 만물이라고 불릴 정도인데 사람은 그 속의 하나일 뿐이오. (중략)
>
> (3) 하백이 물었다. "그러면 나는 천지를 큰 것, 털끝을 작은 것이라고 하면 되겠습니까?" 북해약이 대답했다. "아니, 안 되오. (중략) 이러하니까 참된 지혜를 터득한 자는 멀고 가까운 곳을 다 관찰하오. 그러므로 작다고 깔보지 않고 크다고 뛰어나다 하지 않소. 사물의 수량이 한이 없음을 알고 있기 때문

---

93) 牟宗三, 『中國哲學十九講』, (정인재 외 역, 『中國哲學特講』, 형설출판사, 1993), pp. 30–42.

이오. 과거와 현재를 통틀어 밝히오. 그래서 오랜 옛일이라고 해서 어둡지 않고 가까운 일이라고 해서 허둥지둥 애쓰지 않소. 시간은 멈추는 일이 없음을 알고 있기 때문이오. 가득 차고 텅 빈 것을 관찰하오. 그러므로 무엇을 얻었다고 기뻐하지 않고 잃었다고 울적해하지 않소. 사물의 운명이 일정한 것이 아님을 알고 있기 때문이오. 도가 평등하다는 것을 밝히오. 그래서 살아 있음을 기뻐하지 않고 죽은 것을 역겨워하지도 않소. 처음과 끝이 되풀이되어 집착할 수 없음을 알고 있기 때문이오."94)

(1)의 단락에서 河伯은 가을 홍수가 넘쳐 강물이 끝없이 크고 넓어진 것을 보고 스스로 아름답다고 여겼다가 大海를 보고 자기가 얼마나 醜한가를 깨닫는다. 여기서 美와 醜의 개념은 '크기[大]'와 관계되는 것이다. 이때 이 크기는 단순히 양적인 것이 아니라 정신적인 경계의 은유이며 또한 최소 시공간의 원리에 의해서 나누어지는 층의 위계를 나타낸다고 보아야 할 것이다. 우물 안 개구리나 여름 벌레는 그들의 작은 시공간에 사로잡혀 있다. 정신적인 경계의 예가 되는 曲士도 마찬가지다.

(2)에서는 공간의 은유를 통해서 다층의 경계가 있음을 보여주고 있다. '사람/만물/중국/사해/천지'라는 공간적 크기의 위계는 다름 아닌 정신 경계의 위계를 은유하고 있다. (1)과 (2)를 종합해 볼 때 우리는 일단 다음과 같이 결론을 취할 수 있다. 즉 작은 것에 비해 큰 것(시간과 공간)은 아름답다. 큰 것에 비해 작은 것은 추하

---

94) "秋水時至, 百川灌河, (중략) 於是焉, 河伯欣然自喜, 以天下之美爲盡在己. 順流而東行, 至於北海, 東面而視, 不見水端, (중략) 北海若曰「井蠅不可以語於海者, 拘於虛也. 夏蟲不可以語於氷者, 篤於時也. 曲士不可以語於道者, 束於敎也. 今爾出於崖涘, 觀於大海. 乃知爾醜, (중략) 計四海之在天地之間也, 不似礨空之在大澤乎? 計中國之在海內, 不似稊米之在太倉乎? 號物之數謂之萬, 人處一焉.」(중략) 河伯曰:「然則吾大天地而小毫末, 可乎?」北海若曰:「否, (중략) 是故大知觀於遠近, 故小而不寡, 大而不多, 知量无窮. 證曏今故, 故遙而不悶, 掇而不跂. 知時无止. 察乎盈虛, 故得而不喜, 失而不憂, 知分之无常也. 明乎坦塗, 故生而不說, 死而不禍, 知終始之不可故也.」"「秋水」

다. 가장 작은 것에서 가장 큰 것까지는 여러 층위로 나눌 수 있다. 정신에 있어서도 점진적으로 상향하는 위계의 다층적 경계가 있다. 보다 낮은 단계의 경계에서는 보다 높은 경계의 아름다움(크기)을 알 수 없다.

이러한 결론에 의한다면 우리는 장자의 美를 경계의 美라고 불러도 좋겠다. 각 경계마다 그보다 낮은 경계에서는 알 수 없는 고유하고 창발적인 美가 있다. 모든 경계는 그 경계의 크기에 상응하는 '최소 시공의 觀'에 의해 주객이 만나서 각각의 그 최소 시공에 상응하는 세계를 만들어 낸다. 주객이 만나서 이루어 내는 세계가 바로 경계이다.

그러나 (3)의 단락을 검토해 본다면 위의 결론들은 부분적인 진리만을 가지고 있을 뿐임을 곧 알게 된다. 우선 큰 것이 아름답다는 결론은 속단이며 잠시 보류해야만 한다. 왜냐하면 전체의 위계상에서 보면 모든 美醜 혹은 美惡, 즉 크기는 상대적이어서 크다 작다의 규정은 무한히 연기될 수밖에 없기 때문이다. 그래서 천지와 털끝을 크기로 나누려는 하백에 대해 북해약은 '안 되오'라고 말하는 것이다. 위계의 처음과 끝, 혹은 그중 어느 하나라도 결정되어 있을 때 그것이 고정점이 되어 美醜의 상대성은 정연한 위계의 질서를 가질 수 있다. 그러나 시공은 처음부터 처음도 없고 끝도 없이 무궁하다. 여기서 美醜의 판단은 끝없이 연기될 수밖에 없다. 그러나 바로 이 자리, 이러한 무궁을 깨닫는 데서 참된 지혜가 출발된다. 크기의 위계상에서 경계 상승을 추구할 때는 보다 낮은 경계는 보다 높은 경계에 의해서 부정되어야 한다. 그러나 최고의 지혜는 크기의 위계 속에 추구되는 경계의 상승을 전복시

킨다. 그것은 무궁을 부정하지 않고 받아들임으로써 상승의 방향을
전복시켜서 일체의 모든 경계들에 대한 긍정으로 확산된다. 무궁은
방향이 없다. 모든 방향의 위계를 무너뜨리고 일체를 받아들임, 이
것이 장자의 궁극적 경계이다. 무궁은 또한 無이다. 따라서 궁극의
경계는 경계가 없다. 그래서 장자는 이를 "(모든 것을) 무한한(혹은
무의) 경계에 놓아둔다(故寓諸無竟)."(「齊物論」)고 하는 것이다. 이
경계가 없는 경계, 이 경계에서 모든 상대적인 美醜(크기)를 넘어
선 장자의 美가 드러난다. 이 경계가 없는 경계가 진정한 '大'이며
또한 그것은 '一'이며, 심미적으로 드러난 大美이며, 장자의 궁극
적 실재이다.

> 그러므로 만물은 하나이다. 아름다우면 신기하다 하고 추악하면 썩어 냄새
> 가 난다고 한다. 썩어 냄새가 나는 것이 다시 변화해서 신기하게 되고 신기한
> 것이 다시 변화하여 썩어 냄새가 나게 되는 법이다. 때문에 천하는 하나의 氣
> 로 통한다고 한다. 그래서 성인은 '하나[一]'를 귀하게 여긴다.95)

'무궁한 시공의 觀'에 의하여 볼 때 결국 모든 것은 '하나의 기
[一氣]'의 약동치는 흐름, 그 과정 전체임을 알 수 있게 된다. 그
리하여 만물이 '하나'임을 알게 될 때 美醜의 대대관계와 상호 전
환을 넘어선 '참다운 미'[大美]를 얻게 된다.

'무궁한 시공의 觀'을 얻는다는 것, 겹겹이 싸인 존재의 차원을
돌파하여 궁극의 차원에 이르기 위해서는 마치 꿈속의 꿈속의 꿈
속의 …… 꿈으로부터 깨어나는 연속적인 지평의 돌파, 깨달음(깨

---

95) "故萬物一也. 是其所美者爲神奇, 其所惡者爲臭腐. 臭腐復化爲神奇, 神奇復化爲臭腐.
　　故日:「通天下一氣耳」. 聖人故貴一." 「知北遊」

어남)이 있지 않으면 안 된다. 우물 안의 개구리 차원에서 하백의 차원, 그리고 북해약의 차원 더 나아가 天地의 차원으로 돌파해 나가는 정신의 觀이 열려야 하는 것이다.

지성과 아름다움의 향수는 상응한다고 하는 것이 일반적인 생각이다.96) 소위 "아는 만큼 보인다."는 것이다. 그러나 이 테제는 노장에게 오면 수정되어야 한다. 즉 아는 만큼 보이는 것이 아니라 깨달은 만큼 보이게 된다. '아는 것[知]'과 '깨달음[覺]'은 매우 다를 뿐만 아니라 정반대의 방향일 수 있다. 아는 것은 주객이 대립된 가운데 일어나는 인식이라면 깨달음은 주객의 화해 속에 일어나는 심미적 느낌이다.97) 아는 것은 더하기의 양식이지만 깨달음은 빼기의 양식이다(爲學日益, 爲道日損). 아는 것은 빈 틈[虛]을 메우는 것이고 깨달음은 틈을 넓히는 것이다. 장자의 미는 깨달음의 미다. 그리하여 小覺을 넘어선 궁극적 깨달음[大覺]의 미란 다름 아닌 물화와 소요의 경계이며, 궁극적 실재의 드러남이며, 이는 다름 아닌 장자가 향유하고자 하는 심미적 인생이다.

이후 전개되는 중국의 예술 미학에서 나타나는 '境界', '意象', '意境' 등의 개념들의 뿌리는 이러한 장자의 심미 정신이다. 주객이 만나서 이루어 내는 장자의 境界美는 情景融合 혹은 情景交融 등의 이름으로 바뀌면서 중국 예술의 근본 원리를 이루게 된다. 사람과 경물의 교감, 융합의 추구는 장자 경계 개념의 예술학적

---

96) 今道友信, 『美論』, (백기수 역, 정음사, 1977, pp.32 – 33).

97) 張岱年은 말한다. "서양 철학가들은 我와 非我의 분별을 '나의 자각'으로 여겼으며, 중국 철학가들은 我와 非我를 융합하는 것이 '나의 자각'이라고 여겼다."(『中國哲學大綱 上』, 김백희 역, 까치, 1997, p.39.) 여기서 我와 非我의 구별은 인식이고 我와 非我의 융합은 깨달음이다.

발전의 선상에 있는 것이다. 불교의 경계가 일반적으로 외적 대상을 의미하는 것과는 달리 장자의 경계는 대상의 자리가 아니다. 그렇다고 주관의 배타적 영역도 아니다. 대상과 주관이 만나는 자리, 대상과 주관이 만나서 드러나는 새로운 실재 속에 경계가 있다.[98] 李澤厚는 다음과 같이 말하고 있다.

> 정리(情理) 구조에서 상상적 진실은 추리와 감각을 대체하여, 이지적인 주관적 의식은 이미 보이지 않고, 일체의 사고의 흔적, 일체의 부호성·상징물이나 혹은 각종 은유·직유는 모두 존재하지 않을 뿐만 아니라, 심지어는 주관적인 정감까지도 보이지 않는다. 왜냐하면 그것은 이미 완전히 객관 경물 속에 융화되었기 때문이다. 그러므로 그것은 일종의 순수하게 객관적인 시각적 도상인 것처럼 나타나는데 이것이 (중략) "寓情於景" "情景交融" "畵中有詩, 詩中有畵" "無我之境" (중략) 그러므로 중국 시사는 항상 영화 화면이나 영화 몽타주처럼 매우 객관적이고, 또 매우 주관적이다.[99]

至人이란 다름 아닌 이러한 심미적·시적 경계에서 노니는 시인이다. 李澤厚가 말하는 시적 경계들은 장자의 물아일체, 물화의 시학적 변용이다. 情景交融은 이미 형이상학적인 명제이다. 동양 미학의 깊이는 거기에 닿고 있다.[100]

경계와 유사한 개념으로 劉勰은 『文心雕龍』에서 '意象'을 제시하고 있다. 意象은 意(주관)와 象(객관)이 만난 것이다. 이후 등장한 '意境'이란 개념도 동일한 구조이다. 唐代의 權德興는 "무릇

---

<ol start="98">
<li>'境界 美學'의 뿌리는 장자에게 있다. 李澤厚는 다음과 같이 말하고 있다. "장자 미학의 중요한 특질은, 미를 고찰함에 있어서 하나의 대상으로부터 시작하는 것이 아니라 대상과 주체 사이에 구성되어 있는 모종의 경계로부터 미를 고찰한다는 것이다."(李澤厚, 『中國美學史』, p.278.)</li>
<li>李澤厚, 『華夏美學』, p.222.</li>
<li>王夫之 역시 "정과 경은 이름은 둘이지만 실상은 떨어질 수 없는 것이다(情景名爲二, 而實不可離)."라고 말하고 있다. 劉若愚 『中國의 文學理論』(이장우 역) 117쪽에서 재인용.</li>
</ol>

부와 시는 의와 경이 만나서 이루어지는 것이다(凡所賦詩, 皆意與境會)."라고 선언하고 있음을 볼 수 있다. 이 만남이 경계를 이룬다.101) 중국의 畵論과 詩論의 중심 문제인 정경융합의 전통은 또한 장자의 '깨달음의 美'라는 측면을 상속받고 있다. 그 美는 단순한 주관적 美가 아니라 오랜 수련을 통한 깨달음에 의해서 삶이 그 경계에 이르면 체험할 수 있는 구체적 보편성을 가지는 美이다.

장자 철학의 妙處이며 가장 다양한 해석과 오해와 난해함이 집중되어 있는 개념이 無이다. 無에 대해서 무엇인가 말할 수 없다면 장자에 대해서 우리가 할 수 있는 말이 없다. 있다 할지라도 그것은 껍데기에 불과하다. 장자는 차라리 無의 철학자라 불림이 마땅하다. 『장자』에서 쓰이고 있는 '無' 字의 용례는 매우 다양하다. 단순한 부정사로서의 無 이외에도 無己, 無知, 無爲, 無欲, 非有非無, 無窮, 無始, 無待, 無言, 無名, 無極, 無有, 無情, 無用, 無心 등등으로 쓰일 뿐만 아니라 독립된 명사로서 쓰이고도 있다. 無는 노장 사상의 핵심으로 진입하는 코드일 뿐만 아니라 동양 미학의 핵심 코드이기도 하다.102)

---

101) 이러한 정경 융합은 위진 시대 인격 풍모와 자연 경물이 직접 연관되는 것으로 묘사되는 『世說新語』의 인물평을 통해서 점차 구체화된다. 예컨대 "당시 사람들은 왕우군(왕희지)을 평하길, 표표하기 마치 흐르는 구름과 같고, 나는 모습이 마치 놀란 용과 같다고 했다(時人目王右, 軍飄如遊雲, 矯若驚龍)". "왕공이 태위를 평하길, 웅장하고 기이하기가 큰 산이 높이 솟은 것 같고, 우뚝선 모습은 천길 벼랑 같구나, 라고 했다(王公目太尉, 岩岩淸峙, 壁立千仞)." 등과 같이 자연 경물을 빌려서 한 인간의 풍모를 절묘하게 표현해 낸다.

102) 이는 노자에게 있어서도 마찬가지다. 山縣三千雄은 서구의 신비주의와 노자의 신비주의를 비교하면서 서구의 신비주의는 실재의 탐구에 있어서 의식의 세계를 상승시키고 그 극한에서 神과 만나는 데 반하여 노자에게 있어서는 의식의 들판을 하강시켜 한없이 넓은 '無'를 발견하고 있는데 그것이 바로 谷神이라고 하였다(山縣三千雄, 『神秘家と 神秘思想』, 創文社, 1981, p.105). 여기서 谷神이란 가장 낮은 곳에서 모든 것을 수용할 수

본고에서는 장자의 無란 진공이 아니라 무형무한의 有이며, 내재적이고 심원하며 풍부한 무규정의 有라고 이미 규정한 바 있다. 이것은 無가 모든 것[有]을 生起시킨다는 의미이다. 따라서 無는 生起의 門이며 존재의 門이다. 이를 노자는 '玄'이라고 했으며, 衆妙之門이라고 했다. 장자는 「庚桑楚」편에서 天門이라 하고 있다. "천문이란 무유이며 만물은 이 무유에서 생겨난다(天門者無有也, 萬物出乎無有)." 여기서 無有는 '비어 있음'으로서의 無이며 有를 생기시키는 기능을 강조하는 말이다. 이러한 無를 본고에서는 '없음의 중심' 혹은 '빈 중심'으로 표현한 바 있다. 이 '빈 중심'은 다름 아닌 모든 개체를 생동하는 기화 우주의 전체와 이어 주는 제유적 구멍이다. 이 없음의 중심을 통해서 일체의 존재들은 상호 연결망을 형성하고 차이성을 보존한 채 동일성으로 조직되는 유기체적 통합성을 가지게 된다. 이러할 때 '무'는 '생성하는 무'이다. 만약 이 없음의 중심, 생성하는 무가 없다면 모든 존재들은 서로 내적 연관을 가지지 못한 채 떠다니는 환유의 존재들이 되고 말 것이다. 장자가 말하는 天地의 大美란 이렇게 無를 통하여 제유적으로 결합된 제유의 美이다. 그리하여 장자가 "있음을 보는 자는 옛적의 군자라는 사람들이고 없음을 보는 자는 천지의 벗(覩有者, 昔之君子. 覩無者, 天地之友)."(「在宥」)라고 말할 때 이 無는 天地의 大美로 통하는 통로인 것이다.

이 無를 몸에 체득한 것이 물화이다. 물화에 의해 주객이 화해하여 기화 우주의 무궁한 변화의 전체와 함께 한다. 경계와 깨달

---

있는 텅 빈 그러나 무한한 생성력을 가진 無의 은유이다.

음의 미를 말하면서 앞에서도 언급한 것과 같이 장자의 물화는 중국 예술 정신의 妙境으로서 情景交融, 無我之境, 以物觀物 등으로 발전한다. 예컨대, 王國維(1877~1927)는 중국 시의 경계를 有我之境과 無我之境으로 나눈다. 有我之境은 '나의 자리에서 사물을 보는 것(以我觀物)'이어서 사물들이 자아의 정감과 색조에 물든 채 나타난다. 반면에 無我之境은 '사물의 자리에서 사물을 보는 것(以物觀物)'이며 그리하여 무엇이 사물이고 무엇이 자아인지 구별할 수 없는 융합의 경계다.103) 無我之境의 詩는 李澤厚의 말처럼 객관적이면서 동시에 주관적이다. 여기서는 정서가 사물에 의해서 일어나고 사물은 정서에 의해서 보이는 양 방향의 작용이 즉각적으로 일어난다.104)

明末淸初의 탁월한 화가 石濤는 그의 일생 동안의 창작 활동을 두 개의 단계로 나누었다. 하나는 "산천이 나에게서 태를 벗는(山川脫胎於予)" 단계이고, 다른 하나는 "내가 산천에서 태를 벗는(予脫胎於山川)" 단계이다.105) "산천이 나에게서 태를 벗는" 단계에는 산천이라는 자연이 자아화되는 것이다. 서양 미학의 개념으로는 감정이입이며, 동양 미학의 용법으로 하자면 자아의 감정의 시선으로 경물을 보는 '以我觀物'이다. "내가 산천에서 태를 벗는" 단계는 석도 자신의 말로는 "산천이 나와 더불어 정신으로 만나 자취

---

103) "有我之境, 以我觀物, 故物皆著我之色彩. 無我之境, 以物觀物, 故不知何者爲我, 何者爲物." 왕국유, 『人間詞話』 3. 이러한 분류는 "以物觀物, 性也, 以我觀物, 情也."(『皇極經世緖言』)라고 한 邵雍 견해의 계승이며 그 뿌리는 장자의 物我一體, 物化에 닿아 있다.

104) 유협, 앞의 책, "情以物興 (……) 物以情觀."

105) 葛路, 『中國古代繪畫理論發達史』, (강관식 역, 『중국회화이론사』, 미진사, 1997), p.433. 그리고 김용옥 역, 『石濤畫論』, 통나무, 1992, p.111 참조.

로 화하는 것(山川與予神遇而跡化也)"이다. 이는 물아가 혼연일체를 이룬 주관과 객관이 동일화된 경지이며 자아가 경물의 기운과 우주의 운치 속에 녹아 들어가는 '以物觀物'이며 物化의 경계이다. 이러한 혼연일체 속에는 나오는 것이 石濤의 일획론(一畫論)이다. 혼연일체 속에서 나오는 일 획 속에 만 획이 다 들어 있다. 온 우주가 담기는 것이다. "일획은 뭇 있음의 뿌리요, 모든 이미지의 근본이다(一畫者, 衆有之本, 萬象之根)."

蘇軾이 흠모해 마지않았던 송대의 文與可는 대나무를 그리면 "멍하니 나를 잃고 대나무가 되었다(嗒然遺其身, 其身與竹化)."고 했고 나대경(羅大經)은 풀벌레를 그리면서 "모르겠다. 내가 풀벌레가 된 건가? 풀벌레가 내가 된 건가?(不知我之爲草蟲耶, 草蟲之爲我耶?)"라고 했다.106) 이러한 예술적 경계들은 장자의 妙處를 예술 정신 속에 이어받은 것이다. "몽상가가 말을 할 때, 누가 말하는 것인가? 그인가, 세계인가?"107)라는 상상력의 철학자 바슐라르의 말은 이러한 경계에 접근하는 자의 당황스러움을 잘 표현해 주고 있다. 장자의 無는 이러한 예술적 경계를 가능하게 해 주는 묘처이다. 無는 이후 중국 산수화의 여백 속에서 가장 탁월하게 표현되고 실현된다.

물아일체를 추구하는 장자의 심미적 경계는 올바른 물아 관계의 결론이다. 올바른 물아 관계가 가질 수 있는 함의는 매우 깊다. 우리들의 삶의 과정이란 근본적으로 물아 관계의 과정이기 때문이다. 잘못된 물아 관계에 의해서 야기된 가장 심각한 현대의 문제는 생

---

106) 張法, 앞의 책, p.399.
107) 바슐라르, 앞의 책, p.209.

태계 붕괴의 문제이다. 따라서 장자의 심미적 물아 관계는 오늘날 생태학적 환경 문제에 대해서 매우 중요한 시사점을 제공하고 있다.

## 3. 심미적 실재관의 생태학적 함의

근대란 좀 단순화해서 말하자면, 서유럽의 특수한 문명이 제국주의적 지배를 통해 보편화된 시대이며 현대까지 지속되고 있는 지배적 문명이다. 그 문명은 경쟁, 지배, 소유, 확대를 미덕으로 하는 남성적 특성이 극대화된 문명이다. 그 문명은 한 손에는 과학기술을 한 손에는 자본주의 시장을 움켜쥐고 있다. 그러나 이제 이러한 문명이 위기에 이르렀다는 것은 도처에서 감지할 수 있는 낯익은 징후이다. 상품화된 인간, 가공할만한 살상 무기들, 자원의 고갈, 오염된 환경, 파괴된 자연, 기후의 급변, 그리고 그 속에서 우리들의 삶이 파괴되어 가고 있는 것은 어제오늘의 일이 아니다. 근대란 것이 극복의 대상일 때, 우리는 그 근대에 의해서 철저히 소외되고 억압되었던 동양적 가치에 다시 주목해 보는 것은 단순한 회고적 취미가 아니다. 동양적 가치는 근대라는 권력의 억압을 벗어나서 제대로 한 번 반성되고 음미되어야 한다. 그러할 때 우리는 그 속에서 근대가 생산한 위기를 극복할 많은 지혜를 찾을 수 있다. 바로 그 동양적 가치의 핵심에 장자가 있다.

근현대 문명의 모순과 문제점이 집약적으로 드러나고 있는 것이 환경의 문제이다. 이제 환경의 문제는 매우 총체적인 문제이며 근원적인 반성을 요구하는 문명사적 전환점이 되고 있다. 만약 '철학함'이 비록 미네르바의 부엉이처럼 황혼을 날지라도 그 시대의 고뇌를 담아내야 한다면 이 시대의 '철학함'이란 어떤 식으로든 간에 환경 문제에 대한 함의를 담아내야 할 것이다.

환경 문제의 근원성은 그 현실적 파괴의 심각성 이전에 그것이 결국 물아의 문제이기 때문이다. 그것은 우리가 세계를 어떻게 경험하느냐 하는 매우 근원적인 세계관의 문제이며 세계에 대한 인간의 위상 정립의 문제이다. 그렇다면 이러한 문제는 장자가 고민했던 문제와 그 기본 틀을 공유한다. 물아의 문제를 현대의 담론 속에서 살핀다면 자아와 타자의 문제, 인간과 자연의 문제, 중심과 주변의 문제 등의 사뭇 복잡한 그물망 속에 놓이게 된다. 바로 이러한 문제들은 다름 아닌 장자 철학의 중심 문제들이다.

오늘날 물아 문제에 대한 새로운 전망과 환경에 대한 새로운 담론으로 부각되고 있는 것이 생태학이다. 현대의 생태학적 담론은 다양한 형태로 나타나고 있지만 장자 철학과의 깊은 연관을 가진 것으로는 '심층생태학(deep ecology)'과 '생태페미니즘(eco-faminism)'이 있다. 장자의 사유는 심층생태학, 생태페미니즘과 깊은 공통적 토대를 가진다. 나는 이러한 그 공통적 토대 위에 이루어지는 사유를 '생태학적 상상력'이라고 부르고자 한다. 그러나 이러한 현대의 생태학 담론과 연결시키고자 한다면 장자가 가진 생태학적 사유는 '심미적 생태학'이라는 다른 이름에 더욱 어울릴 것이다.

심층생태학의 대표적인 사상가인 카프라에 따르면 "깊은 생태적 자각이란 모든 현상들의 근본적인 상호 의존성을 인식하며, 개인과 사회로 구성되는 우리들이 모두 자연의 순환적 과정들 속에 깊숙

이 묻혀 있다는(그리고 궁극적으로 거기에 의존해 있다는) 사실을 인식한다."[108] '생태학(ecology)'이란 용어는 1870년 독일의 생물학자 에네스트 헤켈(Ernet Haeckel)이 처음 사용한 것이다. 돕슨(A. Dobson)에 따르면 이 새로운 학문인 생태학이 가지는 함의는 동물과 식물계들의 상호 관련성과 상호 의존성의 발견에 있다.[109] 세계에 대한 상호 관련성, 상호 의존성의 깊은 이해는 실로 생태학적 상상력의 가장 근저에 있는 토대이다. 이러한 상호 의존성에 대한 이해는 근대 과학이 기초하고 있는 환원주의를 전복시킨다. 근대 과학의 기본 전략은 세계는 기본적인 요소들로 구성되어 있으며, 따라서 이 기본적인 요소로의 환원을 통해 세계를 이해할 수 있다는 것이다. 그러나 생태학적 상상력에 의하면 세계를 세계이게 하는 것은 실체적인 요소들이 아니라 관계이다. 세계는 관계의 연결망을 통해 세계로 드러난다. 만약 우리가 그 세계를 요소로 환원하게 되면 관계가 사라지고 세계도 사라진다. 관계는 실체에 앞서는 것이다. 장자의 도는 바로 이 연결망이다. 도는 실체론적으로 본다면 無이지만 일체의 것을 大通하게 하는 '생성하는 무'이며 '빈 중심'이며 제유적인 '관계'이다. 그리하여 그것은 생명의 대연쇄를 가능하게 한다. 이러한 생명의 대연쇄를 장자는 天均 혹은 天和라 하고 있다.

　이러한 연결망적 세계의 이해는 자아중심주의, 인간중심주의를 해체한다. 거미줄 같은 연결망 속에서 하나의 지배적인 중심이란 존재하지 않는다. 돕슨은 상호 의존성이라는 생태학의 원리가 가지

---

108) 카프라, 앞의 책, p.22.
109) A. Dobson, *Green Political Thought*, (정용화 옮김, 『녹색 정치 사상』, 민음사, 1994), p.55.

는 더 깊은 함의는 '반인간중심주의'라는 데 동의하고 있다.[110] 그리하여 생태학적 상상력은 인간중심주의에서 생태중심주의로 넘어간다. 「달생」편에 매우 흥미로운 우화가 나오고 있다.

> 옛날 (어떤) 새가 있었는데 날아와 노나라 교외에 멈추었다. 노나라 임금은 좋아하며 소, 돼지, 양을 갖추어 대접하고, 구소의 음악을 연주하여 새를 즐겁게 해 주었다. 새는 걱정하고 슬퍼하며 눈이 어지러워져 전혀 먹지도 마시려 하지도 않았다. 이것을 (인간이) 자신을 보양하는 방법으로 새를 보양하는 것[以己養養鳥]이라 한다. 만약 저 새를 키우는 방법으로 새를 보양[以鳥養養鳥]하려면 깊은 숲에 살게 하고, 강이나 호수에 떠 있게 하며 제멋대로 먹게 하여 새의 본성에 따라 유유히 노닐게 하는 것뿐이다.[111]

생태학적 상상력은 '以己養養鳥'에서 '以鳥養養鳥'로의 전환이다. 전자가 인간중심주의라고 한다면 후자는 생태중심주의라고 할 것이다. 분명 장자는 여기서 인간중심주의의 어리석음을 경고하고 생태중심주의 발상을 전환할 것을 권하고 있다. 장자가 말하는 생태중심주의란 다름 아닌 무위자연, 그것일 따름이다.

그리하여 생태중심주의란 인간 혹은 하나의 중심이 아니라 다양한 생물 종의 多중심을 인정한다. 사실 어떤 생태계 내의 안정성은 그 체계 내의 다양성이 갖는 한 기능이다. 식물·동물계가 (생태계가 부여한 한계 내에서) 더 다양할수록 그 체계는 더욱 안정적이다.[112] 장자는 천하는 하나의 기로 통한다(通天下一氣耳)고 하

---

110) 돕슨, 앞의 책, p.57.

111) "昔者有鳥, 止於魯郊, 魯君說之, 爲具太牢而饗之, 奏九韶以樂之, 鳥乃始憂悲眩視, 不敢飮食. 此之謂以己養養鳥也. 若夫以鳥養養鳥者, 宜棲之深林, 浮之江湖, 食之以委蛇, (委蛇而處), 則(安)平陸而已矣." 괄호 부분은 陳鼓應이 王先謙說에 따라서 보충한 것이다. 여기서는 이 부분을 빼고 안동림의 해석을 따랐다.

112) 돕슨, 앞의 책, p.39.

면서도 그 氣의 무궁무진한 변화와 그 변화가 만들어 내는 다양성을 긍정한다. 예컨대 「寓言」 편에서 "만물은 모두 종자[種]이다. 형체가 다르므로 서로 이어져 있다(萬物皆種也. 以不同形相禪)."라 하고 있고, 또한 「天地」 편에서는 "不同同之之謂大"라 하고 있음을 볼 수 있다. 곽상은 「천지」 편의 구절을 "만물은 만 가지 형체를 가져서 각각 나누어진 분수에서 그치고 남을 억지로 나와 같게 하지 않으므로 이에 큼을 이룰 뿐이다."[113]로 새기고 있으며 陳鼓應은 "같지 않은 것의 융합을 곧 大라 한다."[114]고 번역하고 있다. 반면 안동림은 "(갖가지 것을) 서로 같지 않은 채 그대로 같게 만들면 大라 한다."[115]로 번역한다. 곽상은 것이 다양성과 차이성을 지나치게 강조하고 있다면 陳鼓應은 동일성으로 일방적으로 해석하고 있다. 반면 안동림의 번역은 차이성 위의 동일성을 세심하게 드러낸다. 안동림의 번역이 장자의 원의에 가깝다고 필자는 생각한다. 장자는 단순한 다양성의 다중심을 주장하는 것이 아니다. 장자에게 있어서 만물은 하나하나가 중심이면서 동시에 전체의 중심[無]과 이어져 있다. 부버의 다음 말은 매우 의미심장하다. "참된 공동체는 사람들이 서로를 위하는 감정을 가지는 데서 이루어지는 것은 아니다. (물론 이러한 감정이 없이는 이루어지지도 않지만) 참된 공동체는 다음과 같은 두 가지의 것, 즉 모든 사람이 하나의 살아 있는 중심에 대하여 살아 있는 상호 관계에 들어서는 일, 그리고 그들끼리 서로 살아 있는 관계에 들어섬으로써 이루어

---

113) "萬物萬形, 各止其分, 不引彼以同我, 乃成大耳." 郭慶藩, 앞의 책, p.408.

114) 陳鼓應, 『莊子今注今譯』, p.299.

115) 안동림 역주, 『莊子』, p.311.

진다."116) 부버의 말에서 '사람'을 '모든 사물'로 바꾼다면 여기서 장자의 세계가 나타난다. 다만 그 '살아 있는 중심'이 실체적인 신이나 신적 존재가 아니라 '빈 중심'이어서, 이 가운데서 '그들끼리 서로 살아 있는 관계에 들어섬'이 가능하게 된다는 점을 덧붙여야 하리라. 이것이 제유의 구조임을 본고에서는 여러 번 제시하였다.

차이성과 동일성은 자발성과 상응성 혹은 독립성과 관계성 등으로 옮겨질 수 있다. 장자가 "攖寧"(「大宗師」)이라고 할 때, '寧'이 독립성을 말한다면 '攖'은 얽혀 있는 관계성을 말한다. 독립성(자발성)과 관계성(상응성)이라는 모순적인 것이 동시에 가능한 관계가 제유이다. 이러한 제유의 구조는 연결망으로 이어진 세계 전체가 바로 유기체임을 말하고 있다. 즉 생명이다. 생명 유기체야말로 각 부분들이 독립성과 관계성을 동시에 가지는 체계이다. 생태학적 상상력이란 세계라는 실재의 중심에 생명이 놓여 있음을 깨닫는 것이다. 아니 실재, 바로 그것이 생명임을 느끼는 것이다. 장자의 우주는 攖寧으로 이루어진 유기체이다. 이러한 것을 가능하게 하는 것이 無라는 '빈 중심'의 기능[無爲]이다. 장자에게 있어서 세계는 어디에 한정되어 있지도 않고, 사물을 초월해 있지도 않은 道라는 無의 연결망을 통해 제유적으로 통합되어 있는 것이다. 그것은 하나의 참된 유기체의 구조임을 이미 앞에서 살펴보았다. 이 연결망을 통하여 유기체는 모든 부분들이 '사귀는 일 없이 사귀고' 있는 것이다. 현대 심층생태학자들의 주장 속에서는 無에 대한 사유가 강조되어 있지 않다. 심층생태학이 세계에 대한 좀 더 깊은

---

116) 부버, 앞의 책, p.61.

이해를 얻기 위해서는 장자의 無에 대한 깨달음을 받아들일 필요가 있을 것이다.

세계가 하나의 유기체일 때 여기에 마음 혹은 정신의 문제가 등장한다. 생물학자이자 매력적인 사상가인 베이트슨은 정신이란 상호 반응하는 부분 또는 구성 요소들의 집합체라고 보고 있다. 그에 따르면 정신적 과정이란 생물의 시스템 현상, 즉 생명의 과정 그 자체이다. 이러한 정신적 과정들은 생물이 고등신경계를 발생시키기 훨씬 전부터 시작된 특정한 복잡성의 필연적이고 피할 수 없는 귀결이다. 따라서 모든 수준의 생물에서 나타나는 생물시스템의 조직행동은 정신적인 행동이다. 생물과 그 환경 사이에서 일어나는 상호 작용은 인지적 또는 정신적 상호 작용이다.[117] 장자에게 있어서 精－神이란 기의 복잡성의 증대에 따라 생기는 필연적인 기화의 과정이다. 기가 몸을 이룬다고 할 때 정신이란 몸의 생명 활동 그 자체이다. 우주도 기로 이루어진 하나의 몸이며 우주도 정신적 과정 속에 있다. 그리하여 연결망 속의 모든 것들이 상호 정신적 교류를 한다(獨與天地精神往來). 우주 전체의 이러한 정신적 교류를 인정하느냐 하지 않느냐는 문제, 소위 영성(spirituality)을 인정하느냐 인정하지 않느냐의 문제다. 이것은 오늘날 생태주의 내에서도 매우 민감한 사안이다. 독일 녹색당은 오늘날 위기가 산업사회에서의 '영성적인 퇴보'와 '영성적인 빈곤'에 상당한 원인이 있음을 지적하고 있다. 그리하여 그들의 '포괄적인 생태주의'란 바로 그 본질에 있어서 영성적이라는 점을 강조한다. 이에 대해서 카프

---

117) Gregory Bateson, *Mind and Nature*, (박지동 옮김, 『정신과 자연』, 까치, 1990, pp.112－116. 그리고 카프라, 앞의 책, pp.128－129 참조.

라는 녹색정치에 있어서 영성적 측면이란 우리가 자연에 속해 있다는 전일적인 의식과 모든 현상의 상호 연관성인데 이는 미국 원주민, 도교, 불교의 전통과 유사하다고 말하고 있다.[118] 장자의 철학은 바로 이 영성의 철학, 정신의 사유이다.

세계가 제유적 관계라고 할 때, 제유적이라는 것은 전체 속에 부분이 들어 있을 뿐만 아니라 부분 속에 전체가 들어 있는 구조이며, 이를 형식논리적으로 볼 때 역설이 발생된다. 이러한 역설이 발생하는 이유는 그것이 자기되먹임 구조를 가지기 때문이다. 그러나 자기되먹임, 순환이야말로 생명의 논리이며, 생명의 운동이다. 형식논리는 직선의 논리이며 이는 그 바탕에 직선적 시간관·세계관이 깔려 있다. 아리스토텔레스 이후의 목적론적 세계관이나 근대 과학의 기계적 세계관이나 모두 직선적 시간관에 바탕하고 있다. 생태학자 베리 커머너에 의하면 생태권에서는 모든 결과는 또한 원인이다. 처음과 끝이 이어지는 원의 구조가 생태계의 구조이다. 여기서 인간은 생명의 원을 깨뜨려서 그 끝없는 순환을 인공적인 직선적 사건들로 바꿔 놓았다.[119] 그 직선의 끝이 지금의 고갈된 지구이며, 붕괴된 생태계이다. 이미 오래전에 노자는 "되돌아오는 것(순환 패턴)이 도의 움직임(反者道之動)"이라고 하였다. 이러한 순환성에 대한 인식은 장자에게서도 마찬가지다. 「至樂」 편에서 "만물은 모두 기에서 나와 기로 돌아간다(萬物皆出於機, 皆入於

---

118) F. Capra & C. Spretnak, *Green Politics*, (강석찬 옮김, 『녹색정치』, 정신세계사, 1990, pp.96－98). 여기에 기술된 녹색당의 태도는 80년대 초반의 상황이다. 카프라가 본고를 쓰던 당시와 지금의 녹색당은 이념과 전략에서 많은 차이를 가지고 있다.

119) 베리 커머너, 『원은 닫혀야 한다－자연과 인간의 기술』, 송상용 역, 전파과학사, 1980, p.13.

機)."라고 하고 있으며 「우언」에서는 "처음과 끝이 마치 고리처럼 연결되어 있음(始卒若環)"을 말하고 있다. 생태학적 상상력이란 자연의 순환성에 대한 깊은 통찰이다.

그러나 생태학적 상상력에서 무엇보다 중요한 것은 인간 욕망의 문제이다. 이것은 소유, 규모의 문제와 닿아 있다. 서구 근대 문명은 거칠게 말하자면, 근본적으로 지식을 통하여 타자를 지배 소유하고자 하는 문명이다. 소유와 지배를 확대하고자 하는 자본주의적 욕망에 의해 작동되는 확대 지향의 문명이다. 이러한 확대 지향성은 그 문명이 지극히 남성적(陽, 융의 술어를 빌린다면 animus)임을 보여주고 있다. 이러한 남성적 문명에 대응되는 여성적(陰, anima) 문명을 상정해 보는 것은 가능하고도 유익하다. 남성적 문명이 욕망의 확대, 규모의 확대 지향성, 딱딱함, 경쟁, 지배, 소유를 특성으로 한다면 여성적 문명은 욕망의 줄임과 소박, '작은 것이 아름답다'는 규모의 축소 지향성, 부드러움, 양보, 관용, 사랑, 겸허 등을 덕목으로 한다. 그리고 무엇보다도 여성적 문명이 가지는 덕목의 핵심은 생명성이다. 父子관계가 이념적이고 제도적으로 규정된 관계라면, 母子관계는 자연적이고 생성적·생명적 관계임은 분명하다. 이러한 여성적 특성을 전형적으로 보여주고 있는 것이 노자의 문명관이다. 『노자』에 나타나고 있는 母, 牝, 雌, 陰, 水, 谷, 門 등은 여성성의 메타포들이며 "生而不有, 爲而不恃, 長而不宰"(10장, 51장), "常使民無知無欲"(3장), "見素抱樸, 少私寡欲"(19장), "天下之至柔, 馳騁天下之至堅."(43장) 등의 구절들은 위에서 언급한 여성적 문명의 덕목들을 가장 전위적으로 담지하고 있다. 노자의 시대와 오늘의 시대가 연속성이 있다면 그것은 다름 아닌 남성성의 문명이라는 연속성이다. 프롬에 따르면 모성적 신뢰감이나 따스함은 인류 역사 과정 속에서 점차 상실되고 대신 부친적인 죄의식, 항문적 억압, 권위주의적 도덕률이 지배적으로 되어 갔다. 프로테스탄티즘의 남성적 성격을 계승한 자본주의는 그 부계사회의 극점에 있다. 그리하여 그는 새로운 건전한 사회란 반드시 모계사회적 문화가 재현되도록 하려는 의지를 상실하지 말아야 함을 강조한다.[120]

오늘날 생태페미니즘은 남성에 의한 여성의 억압·지배가 인간에 의한 자연의 파괴와 상응하고 있음을 보여주고 있다. 실제로 근대 자연과학의 실험은 자연의 여성스런 비밀을 발견하거나 벗겨내는 방법이었으며, 자연을 여성으로 보는 것은 단순한 유비 이상이었다. 근대 과학의 출발점에 서 있는 베이컨이 그의 유작에『시간의 남성적 기원(*Temporis Partus Masculus*)』라는 제목을 붙이고 '우주에 대한 인간 지배력의 대회복'이라는 부제를 붙인 것은 우연이 아니다.[121] 생태페미니스트들의 주장을 요약하면 다음과 같다.[122] 첫째, 대개 남성보다는 여성에 의해서 보다 근본적으로 소유되고 혹은 표현된다는 의미에서 여성적인 가치와 행동방식이 존재한다고 주장한다. 그런데 여성적인 가치가 역사적으로 가부장제에 의해 과소평가되어 왔으며 그것의 긍정적인 재평가를 옹호하는 것이 생태학적 페미니스트들의 과업이다. 둘째, 자연에 대한 지배가 여성

---

120) M. Jay, *The Dialectical Imagination*, (황재우 역, 『변증법적 상상력』, 돌벼개, 1980, pp.156 – 159).

121) 정화열, 앞의 책, p.184.

122) 이 요약은 돕슨에 따른 것이다. 돕슨의 앞의 책, pp.226 – 227 참조.

에 대한 지배와 관련이 있으며 두 경우에 있어 지배의 구조와 논리가 유사하다는 것이다. 셋째, 여성이 남성보다 자연에 더 가까우며 따라서, 환경과 관계 맺는 지속가능한 방식을 개발하는 일에 관한 한, 여성이 잠재적으로 전위에 있다는 것이다. 여성적 가치와 그 억압, 그리고 자연의 관계에 대해서 노자는 현대의 그 어느 생태페미니스트보다 근원적인 전복을 꾀하고 있다.[123]

장자는 노자의 여성적 가치를 표면적으로는 크게 계승하고 있는 것 같지는 않다. 「대종사」편의 '氣母'라는 표현은 분명 여성이 가지는 생성력을 상징하고 있지만 노자에서 볼 수 있는 것과 같은 다양한 상징들과 여성적 가치에 대한 구체적인 언급들을 찾아보기 어렵다. 그러나 우리가 좀 더 주의 깊게 살펴본다면 노자의 여성적 가치는 장자에게 와서 심미적 가치로 내면화되고 있음을 찾아볼 수 있다. 심미적 느낌, 시적 몽상, 그것은 그 무엇보다도 장자의 세계다. 바슐라르는 그의 책 『몽상의 시학』에서 "시적 몽상은 아니마의 표지"라고 보고 있다. 아니마(anima)란 융에 의해서 우리 정신의 여성적 성격에 붙여진 이름이다. 大鵬의 비상, 濠梁의 일화, 天籟, 심재의 경계, 胡蝶夢의 우화 등등에서 우리는 시적 몽상을 읽을 수 있다. 진정한 의미의 가장 시적인 정신은 여성적인 정신이다. 그리하여 몽상의 심연에서 울려 나오는 바슐라르의 다음의 말은 바로 장자에게도 적용될 수 있다.

시적 몽상은 우리에게 세계의 세계를 보여준다. 시적인 몽상은 우주적인 몽

---

123) 졸고, 「老子철학에 있어서 '反'과 '弱'에 관한 연구」, 부산대 석사학위논문, 1994, pp.76 - 78 참조.

시적 몽상 속에 열리는 세계, 그것이 장자의 심미적 실재이다. 세계와 나의 시적인 만남, 이것은 생태학적 상상력이 도달할 수 있는 궁극의 경계이다. 가장 미세한 작은 존재인 鯤(물고기 알)이 가장 거대한 대붕과 한 몸으로 관통될 때, 만물과 더불어 아름다운 봄을 이룬다(與物爲春)고 할 때 이는 바로 시적인 만남을 의미하는 것이다. 내가 장자인지 나비인지 모르겠다고 할 때 그는 심미적 몽상 속에 들어서 있는 것이다. 이 속에서 일체의 만물이 서로 느낌으로 감응하는 세계(濠梁의 일화), 그리하여 일체가 氣의 놀이(鴻濛의 우화)가 되는 세계, 그리하여 天地大美에 참여하는 것, 이것이 심미적으로 드러나는 장자의 실재인 것이다. 이 속에서 비로소 物과 我는 서로 해치지 않고 상생하는 관계에 들어서게 되는 것이다. 그리하여 장자는 말한다. "성인은 사물에 잘 순응하기 때문에 사물을 손상하지 않고 사물 역시 (성인을) 손상할 수 없는 것이다. 다만 사물을 손상하지 않는 자라야 세상 사람과 서로 맞이하고 보낼 수가 있다."[125]

노자의 여성적 세계관은 장자에 와서 심미적·시적 세계관으로 발전하면서 오늘날 생태학적 상상력이 도달할 수 있는 경계를 선취하고 있다. 노자는 67장에서 그가 가진 정신의 보배를 '자애로움'과 '검소함'과 '남보다 앞서지 않는 것' 세 가지를 들고 있

---

124) 바슐라르, 『몽상의 시학』(김현 역), p.22.
125) "聖人處物不傷物, 不傷物者, 物亦不能傷也. 唯無所傷者, 爲能與人相將迎." 「知北遊」

다.126) 여기서 자애로움은 그의 여성적 윤리가 필연적으로 도달하게 되는 덕목이다. 최근 정화열은 생태철학의 윤리로서 여성적 윤리를 강조하면서 '보살핌'의 윤리, '배려'의 윤리를 내세우고 있다.127) 그에 따르면 여성적인 배려의 윤리는 자녀에 대한 '부모의 책임'과 비슷하다. 이것은 '모든 책임 있는 행위의 원형'이다. 어머니의 책임, 즉 '헌신적인 배려'는 자기주장이 아니며 오히려 자기 초월적인 것이다. 그리하여 그는 배려는 관계적인 동시에 타율적이며 자아중심적이 아니라 타자중심적이라고 주장한다. 그러나 이러한 배려의 윤리 속에는 암암리에 자연에 대한 인간의 우월감, 인간의 주도적 역할 등이 감추어져 있다. 인간이 부모라면 자연은 아이인 셈이다. 이것은 생태학적 상상력이 극복의 대상으로 여기는 인간에 의한 자연의 지배라는 物我 관계의 틀과 구조적으로 크게 다르지 않으며 쉽사리 지배의 논리에 동화될 가능성이 있다. 그의 '타자중심적'이라는 것 역시 자아의 배려 아래 성립하는 것일 뿐이다.128) 이러한 이해 위에서 우리는 장자의 다음 구절을 이해할 수 있게 된다.

> 옛날의 至人은 인을 (일시적인) 길로서 빌려 쓰고 의를 주막 삼아 의탁했을 뿐 아무 구속이 없는 소요의 빔에서 노닐며, 검소한 식사를 하고, 베풀지 않는 경계에 있었다. 소요하면 무위하고, 검소하면 (몸을) 보양하기 쉽고, 베풀

---

126) "我有三寶, 持而保之, 一曰慈, 二曰儉, 三曰不敢爲天下先." 『노자』 67장.

127) 정화열, 앞의 책, pp.198 - 200 참조.

128) 노자의 慈 역시 이러한 혐의로부터 완전히 자유롭지 못하다. 慈의 덕목은 "天地不仁", "聖人不仁"이라는 그의 또 다른 테제와 충돌할 가능성조차 있다. 이는 아무래도 노자가 정치적 성격을 다분히 지니고 있었기 때문일 것이다. 사실 『노자』라는 텍스트는 고도의 정치론의 텍스트라고도 볼 수 있다. 이러한 점이 韓非子에 의해서 그의 철학이 쉽사리 전제주의적 정치 논리로 변질될 수 있었던 요소일지도 모른다.

지 않으면 낭비하지 않게 된다. 옛날에는 이러한 것을 진리를 터득한 노닒이
라 했다.[129]

  '소요의 빔'이란 '없음'이라는 중심이며 구멍이다. 여기에서 일체
가 제유적 연결망 속에서 만난다. 그러나 '베풀지 않는 경계'란 무
엇인가? 이는 일단 유가의 인의에 대한 반정립이며, "천지는 어질
지 않아서 만물을 풀로 만든 개처럼 여긴다. 성인은 어질지 않아
서 백성을 풀로 된 개처럼 여긴다."[130]라는 노자 사상의 계승이다.
이는 참된 타자와의 관계가 자아 우위를 바탕으로 한 '타자중심'이
나 타자에 대한 베풂이 아님을 말해준다. 장자의 심미적·시적 세
계관은 物我의 동등한 관계 속에서 성립하는 온전한 의미의 생태
중심주의이다. 천지만물과 나는 동등한 자격의 관계로, 함께 생성
속에 있는 것이다(天地與我并生, 萬物與我爲一). 어느 쪽이 우위
에 있는 것이 아니다. 物과 我는 동일한 一氣일 뿐이다. 세계와
내가 같은 차원에서 서로 氣化하고 감응할 때 여기에 장자의 심미
적 경계, 심미적 실재[天地大美]가 드러나는 것이며, 이러할 때 物
我의 올바른 관계가 성립하는 것이다. 이것이 '진리를 터득한 노
닒'이다. 이 점은 지금의 심층생태학이 아직 분명하게 보여주지 못
한 점이며 어쩌면 심층생태학이 궁극적으로 지향할 바를 선취하고
있는 것인지도 모른다.

---

129) "古之至人, 假道於仁, 託宿於義, 以遊逍遙之墟, 食於苟簡之田, 立於不貸之圃. 逍遙,
    无爲也. 苟簡, 易養也. 不貸, 无出也. 古者謂是采眞之遊." 「天運」
130) "天地不仁, 以萬物爲芻狗. 聖人不仁, 以百姓爲芻狗" 5장.

# 제6장 결론

장자의 철학은 현실의 고통 위에서 출발한다. 현실적 고통으로부터의 해방이야말로 장자 철학을 관통하는 문제의식이다. 이는 중국 철학의 바탕을 憂患意識에 두는 唐君毅, 牟宗三 등의 오래된 견해와 합치한다. 다만 장자는 이러한 고통의 원인이 세계에 대한 잘못된 이해, 잘못된 물아 관계에 근거하고 있음을 깨닫고, 인생 문제를 해결하기 위하여 형이상학적 질문을 제기한다. 물아 문제는 매우 심각한 실재론적이고 존재론적인 질문을 내포하고 있다. 여기에 우리가 장자의 실재관을 살펴야 할 이유가 있다.

모든 고통과 번뇌의 원인이 잘못된 물아 관계에 기인한다. 잘못된 물아 관계란 실재를 파편화하여 그 '드러난 것'[有], 부분에만 집착하는 언어·지식·인식 때문에 형성된다. 잘못된 物我관계란 잘못된 실재관에 따른 것이다. 이러한 잘못된 물아 관계를 근원적으로 해결할 수 있는 길이 참된 실재의 인식이다. 그런데 참된 실재의 인식은 일반적인 인식을 통해서는 불가능하다. 장자는 그것을 심미적 만남, 미학적 관계 속에서 발견한다. 심미 체험은 이성적 인식보다 앞서면서 훨씬 근원적이다. 또한 물아 문제의 해결에서 훨씬 전위적이다. 그리하여 장자의 실재관은 미학적으로 직조된 심미적 성격을 띠게 된다. 본 글은 이러한 실재관이 가지는 심미적 성격을 기술하고자 하였다.

장자에게 있어서 참된 실재로 여겨지는 道란 물아의 올바른 심미적 관계를 가능하게 하는 정의 불가능한 총체적 無이며, 無無이며, 無無無이다. 그것은 언표가 불가능한 자리이기도 하다. 언표 불가능한 것을 언어화하고자 하는 데 장자의 언어철학적 긴장이 있다. 장자는 왜 언표가 불가능한 것을 굳이 말하려고 하는가? 이에 대한 대답은 간명하다. 장자는 우리에게 말할 수 없는 그 무엇에 대해서 무엇인가 메시지를 주려 하는 것이다. 그 메시지란 다름 아닌 참된 실재에 대한 깨달음, 올바른 물아 관계에 대한 깨달음이다. 이러한 깨달음을 위해서 장자는 이중의 전략을 짬으로써 독자로 하여금 편견과 언어의 지평을 넘어가게 한다.

우선 세계에 관한 편협한 관점을 전체에 대한 참된 관점으로 믿게 될 때, 그것은 物과 我 양쪽을 왜곡하고 해치게 된다. 장자는 관점주의 – 상대주의적 논변을 통해 이러한 成心과 成見을 해체시키고자 한다. 그리하여 우리가 참이라고 믿는 것들이 하나의 관점에 불과함을 깨닫게 한다. 이러한 관점주의는 장자의 길로 들어서는 첫 관문이다. 여기에서 장자는 상대주의자다. 그러나 장자는 상대주의를 넘어서 있다.

두 번째 관문은 성심을 해체하기 위해 사용된 언어를 다시 해체하는 것이다. 왜냐하면 참된 깨달음의 자리인 물아의 진정한 만남이란 언어를 넘어서 있는 것이기 때문이다. 그리하여 '스스로를 해체시키는 언어'라는 역설적인 장자의 언어와 우리는 만나게 된다. 이러한 언어를 장자는 弔詭라고 하였다. 弔詭는 언어를 넘어선 차

원으로 들어가는 문, 두 번째 관문이다. 이 문을 통하여 상대주의
적 관점과 실재를 가리는 언어의 베일을 돌파하여 무궁하고 참된
실재의 진상과 직면할 수 있다. 장자의 궁극적 실재를 만나기 위
해서 우리는 無(언어)라는 개념조차 사라진 無(실재) 속에 들어서
야 한다. 이 관문을 넘어갈 때 우리는 칸트가 물 자체라고 불렀고
현대의 정신분석학자 라캉이 실재계라고 이름한 바로 그 실재의
세계로 진입하게 된다. 그 실재를 노자와 장자는 '自然', '스스로
그러함'이라고 하였다.

　라캉의 분류를 적용시킨다면 無는 상징계에 난 구멍이다. 이 구
멍을 통해 실재계가 현현한다. 근대 서구 문화는 실재계에 대해서
지나친 알레르기 반응을 보이고 있는 것 같다. 그들은 그들이 건
설한 이 인공의 사회적 현실은 실재의 침입으로 인해 언제든지 찢
길 수 있는 취약한 상징적 그물망에 지나지 않음을 걱정하고 있으
며, 그리하여 상징적 언어를 넘어선 실재와의 만남이 광기를 유발
시킬 수 있음을 염려한다. 그러나 장자는 이 실재와의 만남이 광
기를 야기하는 것이 아니라 정신적 자유인 소요의 시작임을, 至美
와 至樂의 자리임을 가르쳐 주고 있다.

　모든 것은 그 無[없음]를 통해서 온전하게 실재하게 된다. 그것
은 모든 것의 중심이다. 그것을 통하여 부분으로 단절되고 고립된
환유적인 세계의 조각들이 한순간에 감응하면서 온전히 제유적 연
결망(전체)으로 춤추게 된다. 전체와의 연결망을 잃고 고립된 부분
은 참된 실재가 아니라 하나의 추상에 불과하다. '없음이라는 중
심'을 통하여 부분과 전체가 화해하고 주체와 세계가 감응하고 융
합한다. 이러한 연결망으로 열리는 온전한 전체의 전일적 춤[天地

大美], 그것이 장자의 심미적 경계이며 이 경계에서 궁극적 실재가 드러난다. 이는 별다른 것이 아니라 있는 그대로의 如如한 세계, 바로 그것이다. 천하는 있는 그대로의 천하에 있는 그대로 감추어져 있다. 동시에 있는 그대로 드러나 있는 것이다. 이것이 장자의 실재이다. 장자의 道는 이러한 실재이다.

그러나 여기서 명백히 해 두어야 할 것은 물 자체라는 것이 이미 있고 각각의 관문을 돌파하여 이러한 물 자체에로 점차 나아가게 된다는 것이 아니라는 점이다. 관점의 각 단계, 각 관문마다. 저마다에 상응하는 실재가 있을 뿐이다. 이를테면 첫 번째 관문을 돌파하지 못한 成心의 단계에서는 그 성심에 상응하는 만큼의 실재가 있을 뿐이다. 그 이상의 경계에서 드러나는 실재는 그 이하의 경계에서는 존재하지 않는 것이다. 그 이상의 경계에서 드러나는 실재가 가질 수 있는 실재성, 객관성, 보편성은 그 경계에 이르렀을 때, 즉 그 경계를 체험함으로써만이 확보된다. 이를 '경계적 보편성', '경계적 객관성'이라고 명명할 수 있겠다.

경계에는 다양한 층이 있다. 각 층에는 그 층의 실재를 가능하게 하는 최소 시공을 갖는다. 각 층의 실재는 그 층에 상응하는 '최소 시공의 觀'에 따라 상응해서 나타난다. 이를 장자는 「추수」편의 우물 안 개구리, 하백, 북해약 등의 우화를 통해 잘 보여주고 있다. 개구리, 하백, 북해약으로 은유되고 있는 모든 관문을 다 돌파한 경계란 '무한한 시공의 觀'을 통해 드러나는 '무한한 시공'이다. 이 경계에서 부분과 전체가 화해하여 전체 속에 부분이 있고 부분 속에 전체가 있는 제유적이고 전일적인 유기체적 실재가 드러나고, 시공을 觀하는 관찰자 자신까지도 융합된 전체로서의 실재가 드러나는 것이다. 「지북유」편에서 光曜가 '없음조차 없어지는 경계'[無無]라고 한 것은 이를 가리키는 것이다. 여기에서는 모든 것이 분리된 대상성을 상실하고 서로의 '內'로 직접적으로 서로 감응하는 무궁한 연결망으로 나타난다. 濠梁의 우화에서 피라미와 장자의 感通은 그 하나의 예증이다. 우리는 이 우화에서 혜자와 장자의 대화 가운데 장자가 "근본으로 되돌아 가 봅시다."라고 한 말에 주의를 기울일 필요가 있다. 장자가 돌아가고자 하는 그 근본은 단지 대화의 시작점을 지시할 뿐만 아니라 감응의 연결망을 가능하게 하는 경계로의 돌입을 지시하는 것이기도 한 것이다.

이러한 실재는 『장자』속에서 天籟로 상징되기도 한다. 天籟의 경계는 제유적 연결망의 구조로 세계와 자아가 서로 감응하는 지극히 심미적인 경계의 은유이다. 본고에서는 이러한 장자의 심미적 구조를 궁극적으로 '和'와 '與物(constacy)'의 구조 속에서 해명하고자 하였다. 和는 공감과 창조성 양면의 구조로 이루어져 있으며 이는 장자에게 있어서 심미 체험인 물아일체의 구조이기도 하다. 그 和의 구조는 또한 '與物'의 통사 구조로 드러난다. 그것은 物의 부정도 아니고 物의 자아화 혹은 지배도 아니라 있는 그대로의 物에 대한 무한한 긍정이며, 함께 있음이다. 단순히 병렬되는 것이 아니라 심미적 융합 속에 함께 있음이다. 각자 있는 그대로 있으면서(地籟) 심미적 융합 속에 관통되는 것(天籟)이다. 이를 통해 地籟와 天籟의 합치, 美와 眞의 일치에로 나아감으로써 자유와 필연의 합일이 이루어지게 된다. 이것이 장자가 바라보는 실재의 모습이다. 이러한 주관과 객관의 화해, 美와 眞의 합일은 이후 中國文藝에서 '再現'과 '表現'의 대립을 넘어서게 하는 길이 되었다.

‘재현’과 ‘표현’은 대체로 주객분립, 物我對待의 서양 문화 전통에서 발전한 것이다. 결국 장자는 이러한 합일 속에서 잘못된 물아 관계에서 야기된 고통을 해소시켜 버린 대자유를 얻고자 하는 것이다.

그러나 이 모든 논의의 바탕에 氣가 있음을 잊지 말아야 한다. 氣야말로 장자 자연학의 바탕이면서 동시에 모든 논의의 전제조건이다. 세계는 근본적으로 하나의 氣이며, 무궁한 氣의 聚散의 율동 속에 있다. 그리하여 모든 존재는 고립된 실체들이 아니라 氣化의 우주적 흐름 속에 이루어진 결절인 ‘흐르는 몸[流體]’이다. 세계도 주체도 氣의 흐름이다. 그리하여 기는 주객 화해의 가능 조건이며 논리적 근거가 된다. 동양의 산수화에 나타난 散點透視는 이러한 기의 흐름을 실현하고 있는 투시법이다. 설리반(Michael Sullivan)은 이를 ‘이동하는 시점’이라고 명명하고 서양 미술에서는 현대에 이르도록 이루어 본 적이 없는, 공간적인 요소에 시간적인 요소를 결합한 4차원적인 종합이라고 평가한다.[131] 이러한 이동하는 시점, 이를 위해서 주체, 즉 시점은 고정된 것이 아니라 흐름이어야 한다. 이러한 散點透視에는 풍경도 이를 보는 주체도 모두 끊임없이 변화하면서 흐르고 있는 氣라는 사실이 전제된다. 흘러가면서 이루어지는 多視點은 一氣라는 총체성 속에 이루어지는 氣化의 역동성의 표현이다. 이 一氣라는 총체성의 다른 이름이 無이다. 그것은 무한 잠재성의 有이며, 실현된 모든 有 속에 스며들어 있는 무한 잠재성인 제유의 구멍이다. 이 無는 동아시아의 산수화 속에서 여백으로 이미지화되고 있다.

---

131) 마이클 설리반, 『중국미술사』, (김경자·김기주 역, 지식산업사, 1999), p.155.

氣의 복잡성의 증대 속에 창발적으로 나타나는 것이 精神이다. 정신이란 氣의 두 가지 양태인 精과 神을 통합한 말이다. 精이란 생명을 함장하고 있는 가능태로서의 氣이며, 神은 精의 신묘한 작용성이다. 그리하여 정신은 氣의 복잡성이 증대된 것으로서의 유기체가 환경과 상호 작용하는 활동이다. 장자에게 있어서 天地도 유기체이다. 따라서 천지 우주도 정신을 가진다. 주체로서 나의 정신이 이 天地精神과 합일하는 것이 소요이며, 이는 氣의 놀이[遊]이기도 하다. 부분 속에 전체가, 전체가 부분 속에 상호 표현되는 一氣의 역동적인 춤이다. 精神이 氣의 놀이에 참여함, 즉 소요란 주객의 분리를 잊고 이 역동적 氣의 춤이 된다는 것이다.

이러한 장자의 사유는 단순히 주관적이고 심리적인 유희가 아니다. 그것은 매우 구체적이고 현실적인 고통을 해결하고자 하는 적극적인 인생론적 함의를 가진다. 왜곡된 자아를 초월[無己, 無情]함으로써 자아와 타자, 인간과 자연 사이의 왜곡을 통한 일체의 지배와 폭력을 종식시키고자 하는 것이다. 나아가서 어찌할 수 없음의 '不得已'한 命을 자유의 소요 속에 해소시킴으로써 오히려 생명의 가치를 긍정하고 고양시키고자 하는 것이다.

물론 그의 해결책은 정치적인 적극적 행위를 추구하지 않는다. 따라서 실천이 제거된 사변이라는 비판으로부터 자유롭지 못하다. 우리는 노장 사상이 魏晋 시대의 玄學이나 隱逸主義 등을 통해서 현실로부터 유리되어 갔던 역사적 기억을 가지고 있다. 유감스럽게도 그것은 별로 역사적 변혁의 힘이 되지 못했다. 그러나 또 한편에서 보면 더 나은 사회를 추구하며 사회를 변혁시키고자 했던 정치적 운동이 과연 인간에게 더 나은 사회, 더 나은 행복을 주었는지도 반성해 보아야 한다. 진보라는 신화 속에 추진되었던 실천들이 오히려 우리의 삶을 더 척박하고 더 고통스럽게 만들지는 않았는지 살펴보아야 한다. 정치적 실천 의지는 쉽사리 지배 의지, 권력의 의지로 바뀌지는 않았는지, 아니 처음부터 그것은 타자에 대한 지배·권력과 동전의 양면을 이루고 있지는 않은지. 이러한 현상은 인간과 자연 사이에 더욱 현저하게 나타난다. 인간이 자연에 대해서 무엇인가를 하면 할수록 자연을 해치게 된다. 심지어 '보살핌'과 '배려'의 행위조차도 그러한 함정을 벗어나지 못한다. 새에게 돼지와 양요리를 대접하고 구소의 음악을 들려주었던 노나라 임금의 배려가 그러하다. 배려가 새를 해친다. 자연을 살리는 길은 자연을 '스스로 그러하게' 두면 된다. 그리하여 인간 자신조차도 그러한 자연이 되어야 한다. 그러하기 위해서는 우선 우리 속에 겹겹이 쌓아 왔던, 그리하여 가짜 자아를 형성하고 있는 인위적 욕망의 껍질들을 벗겨 나가야 한다. 이러한 욕망의 껍질이 모두 제거되었을 때 우리는 일체의 만물과 天地大美 속에 들어설 수 있게 되는 것이다. 그러할 때 비로소 진정하게 자아와 타자, 인간과 자연, 物과 我 사이의 폭력과 고통이 사라지고 생명의 즐거움[至樂, 天樂]이 열리는 것이다. 이런 측면에서 장자의 철학은 그 수동성 가운데 적극적인 인생론적 함의와 사회적·정치적 의의를 갖는다 하겠다.

본고는 또한 장자의 사유를 통하여 근대성을 극복하기 위한 기초적 분석을 수행하고자 하는 부차적인 목표를 가지고 있다. 여기에는 근대 문명을 건설한 바로 그 장본인인 서구인들에 의해서 제기되고 있는 근대의 극복이라는 탈근대주의가 한계가 있다는 인식이 전제되어 있다. 중심의 聖을 해체하고 소위 '포스트모더니즘'이라는 이름으로 등장한 탈근대담론은 오늘날 문화의 각 분야를 가로지르며 제어되지 않는, 자유로운 개체의 욕망을 전시하고 있다. 그리하여 모든 욕망이 차이성이라는 이름으로 긍정된다. 이러한 현상은 포스트모더니즘이 자본주의적 권력을 해체하는 것이 아니라 오히려 자본주의적 욕망의 가장 완전한 형태의 실현이 아닌지 의심하게 만든다.

권력, 이데올로기 등과 같은 실체적인 有의 중심을 강조하고 강요하는 근대의 은유적 동일성도 아니고, 그 모든 중심을 해체해 버리고 상호 단절된 개체들의 자유로운 세속적 욕망의 운동을 인정하는 탈근대 담론의 환유적 차이성도 아니라, 無라는 비실체적 중심을 통해 자발적인 차이성 속에 있는 모든 개체들이 차이성을 잃지 않은 채 유기적 연결망의 전체로 감응하고 통합되는 장자의 제유적인 차이성 - 동일성이야말로 오늘날의 物我 관계를 해결하는 전망이 될 수 있으며, 생태학적 상상력의 한 전형을 제시하고 있다.

그러나 여기에서는 근대성의 성격과 탈근대 담론의 특성에 대해 본격적인 분석은 하지 않았고, 다만 이러한 논의들을 위하여 장자의 실재관을 살펴봄으로써 그 기초적인 검토를 행한 셈이다. 이후 특히 환경 문제에 대해서 이러한 논의를 더욱 깊이 있게 천착해 볼 필요가 있을 것이다. 이는 매우 유익한 탐구가 될 것이다. 이러한 의미에서 『장자』라는 텍스트는 가장 낡은 텍스트이면서 동시에 가장 새로운 텍스트이다. 『장자』에 대해 숱하게 이루어져 왔던 해석의 역사에도 불구하고 『장자』 속에는 아직도 측량할 수 없는 해석학적 여백을 가지고 있다. 그 여백은 '지금 여기'에서 우리를 기다리고 있다.

# 참고문헌

## 1) 원전, 주석서류


『禮記』, 富山房 漢文大系

『周易』, 富山房 漢文大系

『左傳』, 富山房 漢文大系

『管子纂詁』, 富山房 漢文大系

『荀子』, 富山房 漢文大系

『呂氏春秋』, 富山房 漢文大系

焦竑, 『莊子翼』, 富山房 漢文大系

焦竑, 『老子翼』, 富山房 漢文大系

王弼, 『老子道德經注』, 欽定四庫全書

『莊子內篇憨山註』, 臺北: 新文豐出版公司 印行, 1996.

曹礎基・黃蘭發 點校, 『南華眞經注疏』, 北京: 中華書局, 1998.

陳鼓應, 『老子註釋及評介』, 香港: 中華書局, 1987.

陳鼓應, 『莊子今注今譯』, 北京: 中華書局, 1994.

福永光司(譯注), 『莊子』, 東京: 朝日新聞社, 1973.

안동림(역주), 『莊子』, 서울: 현암사, 1996.

김달진(역주), 『莊子』, 서울: 현암사, 1971.

Burton Watson, *The Complete Works of Chuang-Tzu*, Columbia University Press. 1968.

林希逸, 『莊子鬳齋口義校注』, 北京: 中華書局, 1997.

郭慶藩, 『莊子集釋』, 臺北: 中華書局, 1978.

福永光司, 老子, 東京: 朝日新聞社, 1968.

毛德富 外 主編, 『世說新語』, 鄭州: 中州古籍出版社, 1996.

劉勰, 『文心雕龍』(최동호 역, 서울: 민음사, 2000).

『中國美學思想彙編 上·下集』, 臺北: 成均出版社, 1983.
『白虎通疏證』, 北京: 中華書局, 1994.
許愼, 『說文解字』, 北京: 中和書局, 1994.
郭靄春(主編), 『黃帝內經素問校注』, 北京: 人民衛生出版社, 1995.
『黃帝內經·靈樞』, 홍원식 역, 서울: 전통문화연구회, 1999.
王聘珍撰, 『大戴禮記解詁』, 北京: 中華書局, 1989.
『中國哲學史資料選輯』, 魏晉隋唐之部  上, 中國社會科學院哲學硏究
        所中國哲學史硏究室編, 北京: 中華書局, 1990.


## 2) 老莊 관련 단행본 연구서류

구본명, 『중국 사상의 원류 체계』, 서울: 대왕사, 1980.
김용옥, 『동양학 어떻게 할 것인가』, 서울: 통나무, 1987.
김용옥, 『老子 哲學 이것이다』, 서울: 통나무, 1989.
김용옥, 『도올 논문집』, 서울: 통나무, 1991.
김충열, 『老莊哲學講義』, 서울: 예문서원, 1995.
김충열, 『中國哲學散稿 I』, 서울: 온누리, 1988.
김항배, 『莊子哲學精解』, 서울: 불광출판사, 1992.
김형효, 『데리다와 老莊의 독법』, 성남: 한국정신문화연구원, 1994.
박이문, 『老莊思想 - 哲學的 해석』, 서울: 문학과 지성, 1980.
송영배, 『中國社會思想史』, 서울: 한길사, 1989.
송항룡, 『東洋哲學의 문제들』, 서울: 여강출판사, 1984.
이강수, 『노자와 장자』, 서울: 길, 1997.
한국 동양 철학회, 『동양 철학의 본체론과 인성론』, 서울: 연세대출판
        부, 1984.
한응섭, 『중국 도가의 음악 사상』, 서울: 서광사, 1997.
郭沫若, 『十批判書』, (조성을 역, 『中國古代思想史』, 서울: 까치, 1991).
關鋒, 『莊子內篇講解和批判』, 北京: 中華書局, 1962.
金觀濤·劉青峯, 『問題與方法集』, (김수중 외 역, 『중국문화의 시스템
        론적 해석』, 서울: 천지, 1994).

金白鉉, 『莊子哲學中「天人之際」研究』, 臺北: 文史哲出版社, 1986.

唐君毅, 『中國哲學原論 原道篇』 卷一, 臺北: 學生書局, 1984.

董光璧, 『當代新道家』, (이석명 역, 『道家를 찾아가는 과학자들』, 서울: 예문서원, 1994).

鄧啓耀, 『中國神話的思惟結構』, 重慶: 重慶出版社, 1996.

羅嘉昌·鄭家棟 主編, 『場與有』, 北京: 東方出版社, 1994.

勞思光, 『中國哲學史 古代篇』(정인재 역, 서울: 탐구당, 1987).

车宗三, 『中國哲學十九講』, (정인재 외 역, 『中國哲學特講』, 서울: 형설출판사, 1993).

车宗三, 『才性與玄理』, 臺北: 學生書局, 1983.

方東美, 『中國人生哲學』, (정인재 역, 『中國人의 生哲學』, 서울: 탐구당, 1984).

方東美, 『原始儒家道家哲學』, (남상호 역, 『원시 유가 도가 철학』, 서울: 서광사, 1999).

方立天, 『中國古代哲學問題發展史』, 北京: 中華書局, 1992.

徐克謙, 『莊子哲學新探』, 北京: 中華書局, 2005.

徐復觀, 『中國人性論史·先秦篇』, 臺北: 商務印書館, 1985.

徐復觀, 『中國藝術精神』(권덕주 역, 서울: 동문선, 1993).

徐小躍, 『禪與老莊』, 南京: 浙江人民出版社, 1991.

葉舒憲, 『莊子的文化解析』, 武漢: 湖北人民出版社, 1997.

孫以楷·甄長松, 『莊子通論』, 北京: 東方出版社, 1995.

施昌東, 『先秦諸子美學思想述評』, 北京: 中華書局, 1990.

深圳大學國學研究所 主編, 『中國文化與中國哲學』, 北京: 東方出版社, 1992.

楊蔭瀏, 『중국 고대 음악사』, 이창숙 옮김, 솔, 1999.

楊榮國, 『中國古代思想史』, 香港: 三聯書店.

嚴靈峯·王弼, 『老子微旨例略·老子重說糾繆(合刊)』, 臺北: 無求備齋, 1956.

嚴靈峯, 『老莊研究』, 香港: 亞州出版, 1959.

吳康, 『老莊研究』, 臺北: 商務印書館, 1987.

王凱, 『逍遙游』, 武昌: 武漢大學出版社, 2004.

王德有, 『以道觀之』, 北京: 人民出版社, 1998.

王生平, 『天人合一與神人合一』, 石家庄: 河北人民出版社, 1989.

王煜, 『老莊思想論集』, 臺北: 聯經出版事業公司, 1981.

王治心, 『中國宗敎思想史』, (전명용, 『중국종교사상사』, 서울: 이론과
　　　　실천, 1988).

劉坤生, 『莊子哲學本旨論稿』, 汕實: 汕實大學出版社, 1998.

劉紹瑾, 『莊子與中國美學』, 廣州: 廣東高等敎育出版社, 1992.

劉笑敢, 『莊子哲學及其演變』, (최진석 옮김, 『莊子哲學』, 서울: 소나
　　　　무, 1990).

劉學智, 『中國哲學的歷程』, 西安: 陝西人民出版社, 1993.

呂洞賓, 『太乙金華宗旨』(이윤희 외 역, 서울: 여강출판사, 1996).

李澤厚, 『中國古代思想史』, 合肥: 安徽文藝出版社, 1994.

李澤厚(主編), 『中國美學史』(권덕주 외 옮김, 서울: 대한교과서주식회
　　　　사, 1992).

李澤厚, 『美的歷程』, 北京: 文物出版社, 1994.

李澤厚, 『華夏美學』(권호 옮김, 서울: 동문선, 1990).

任繼愈(主編), 『中國哲學史』, (이문주 외 옮김, 서울: 청년사, 1989).

任繼愈(主編), 『中國文化史知識叢書』, (권덕주 역, 『중국의 유가와 도가』,
　　　　서울: 동아출판사, 1993).

張岱年, 『中國哲學大綱』, (김백희 옮김. 서울: 까치글방, 1998).

張岱年, 『思想 文化 道德』, 巴蜀書社, 成都: 1992.

張立文(主編), 『道』, 北京: 中國人民大學出版社, 1989.

張立文(主編), 『氣』, 北京: 中國人民大學出版社, 1990.

張法, 『中西美學與文化精神』, (유중화 외 역, 『동양과 서양, 그리고 미
　　　　학』, 서울: 푸른숲, 1999).

蔣錫昌, 『莊子哲學』, 上海: 上海書店, 1992.

張成秋, 『先秦道家思想硏究』, 臺北: 中華書局, 1971.

張揚明, 『老子學術思想』, 臺北: 黎明文化事業公司, 1980.

程發靭(主編), 『六十年來之國學 第四冊 子學之部』, 臺北: 正中書局,
　　　　1977.

鄭世根, 『莊子氣化論』, 臺北: 學生書局, 1993년.

周桂鈿, 『中國傳統哲學』, (문재곤 외 역, 『강좌 중국철학』, 서울: 예문
　　서원, 1993).
中國哲學史研究 編輯部, 『中國哲學主要範疇概念簡釋』, 杭州: 浙江人
　　民出版社, 1988.
陳鼓應, 『老莊新論』, 上海: 上海古籍出版社, 1992.
陳鼓應, 『易傳與道家思想』, 北京: 三聯書店, 1996.
崔大華, 『莊學研究』, 北京: 人民出版社, 1997.
崔宜明, 『生存與知慧』, 上海: 上海人民出版社, 1997.
包兆會, 『莊子生存論美學研究』, 南京: 南京大學出版社, 2004.
馮友蘭, A Short History of Chinese Philosopy, (정인재 역, 『中國哲學史』, 서
　　울: 형설출판사, 1981).
馮友蘭, 『中國哲學史』, 臺北: 商務印書館, 1936.
馮友蘭, The Spirit of Chinese Philosophy. (tr. Hughes, Boston Bescon Press,
　　1988).
馮契, 『中國古代哲學的羅輯發展 上冊』, 上海: 上海人民出版社, 1995.
皮朝綱, 『中國古代文藝美學概要』, 四川省社會科學院出版社, 1986.
叶舒憲, 『莊子的文化解析』, 武漢: 湖北人民出版社, 1997.
叶舒憲, 『中國神話哲學』, 中國社會科學出版社, 1993.
胡適, 『中國古代哲學史』, (송긍섭 외 역, 서울: 대한교과서주식회사,
　　1990).
胡哲敷, 『老莊哲學』, 臺北: 臺灣中華書局, 1973.
侯外爐(主編), 『中國哲學史』, (양재혁 역, 서울: 일월서각, 1988).
加納喜光, 『中國醫學の誕生』, (한국철학사상연구회 옮김, 『중국의학과
　　철학』, 서울: 여강, 1993).
加地伸行, 『中國論理學史研究』, 東京: 研文出版社, 1983.
丸山敏秋, 『氣－論語からニーユサインスまて』, (박희준 역, 『기란 무
　　엇인가』, 서울: 정신세계사, 1989).
根本誠, 『中國古典思想の研究』, 東京: 現代アジア出版社, 1967.
金谷治 외, 『中國文化叢書 第二券 思想史』, (조성을, 『중국사상사』,
　　서울: 이론과 실천, 1900).
內山俊彦, 『中國古代思想史における自然認識』, 東京: 創文社, 1987.

大濱皓, 『老子の哲學』, 東京: 勁草書房, 1983.

大濱皓, 『莊子の哲學』, 東京: 勁草書房, 1975.

福永光司, 『莊子－古代中國の實存主義』, (임헌규 외 역, 『난세의 철학』, 서울: 민족사, 1993).

森三樹三郎, 『無の思想』, 東京: 講談社, 1984.

山縣三千雄, 『神秘家と 神秘思想』, 東京: 創文社, 1981.

上野直明, 『中國古代思想史論』, 東京: 成文堂, 1980.

小柳司氣太, 『老莊思想と道敎』, (김락필 역, 『노장사상과 도교』, 서울: 시인사, 1988).

中村元, 『東洋人の思惟方法2』, (김지견 옮김, 『중국인의 사유방법』, 서울: 까치, 1990).

赤塚忠 外, 『中國文化叢書 第三券 思想槪論』, (조성을 역, 『中國 思想 槪論』, 서울: 이론과 실천, 1987).

赤塚忠 外, 『講座東洋思想 券3 中國思想Ⅱ 道家と道敎』, 東京: 東京大學, 1967.

池田知久, 『老莊思想』, 東京: 放送大學敎育振興會, 1996.

板野長八, 『中國古代における人間觀の展開』, 東京: 岩波書店, 1972.

이시다 히데미, 『氣』, (이동철 역, 서울: 열린책들, 2000).

Arthur C. Danto, *Mysticism and Morality*, NY: Basic Book, 1972.

Benjamin I. Schwartz, *The World of Thought in Ancient China*( 나성 역, 『중국고대사상의 세계』, 서울: 살림, 1996).

Chang Chung－yuan, *Cretivity and Taoism, N.Y., Harper & Row, 1970.*

F. G. Mote, Intellectual Foundation of China, (권미숙 역, 『中國의 문명의 哲學的 기초』, 서울: 인간사랑, 1991).

H. G. Creel, *Chinese Thought,* The new American Library Inc. 1953.

H. Welch, *Taoism －the Parting of the Way*, (윤찬원 역, 『老子와 道敎』, 서울: 서광사, 1990).

Joseph Needham, *Science and Civilization in China,* (*이석호 외 역, 『中國의 과학과 문명Ⅱ』, 서울: 을유문화사, 1988).*

Koller J. M., *Oriental Philosophies*, NY: Charles Scribnen's Sons, 1970.

Marcel Granet, The Religion of the Chinese People, tr. Maurice Freedman, New York, Harper & Row, 1997.

Max Kaltenmark, *Lao tseu le taoisme*, (장원철 옮김, 『노자와 도교』, 서울: 까치, 1993).

Sarah Allan, *The Way of Water and Sprouts of Virtue*, (오만종 역, 『공자와 노자 그들은 물에서 무엇을 보았는가』, 서울: 예문서원, 1999).


## 3) 그 외 참고 단행본

김기곤, 『욕막의 인간학』, 부산: 세종문화출판사, 1997.

김상환, 『해체론 시대의 철학』, 서울: 문학과지성사, 1996.

김태길, 『윤리학』, 서울: 박영사, 1964.

김형효, 『구조주의의 사유체계와 사상』, 서울: 인간사랑, 1994.

안형관, 『화이트헤드 철학의 이해』, 대구: 이문출판사, 1988.

윤내현, 『商周史』, 서울: 민음사, 1986.

정해창 외 공저, 『동서양의 실재관』, 성남: 한국정신문화연구원, 1994.

정화열, 『몸의 정치』, 서울: 민음사, 1999.

조요한, 『예술철학』, 서울: 경문사, 1980.

한국화이트헤드학회, 『창조성의 형이상학』, 서울: 동과서, 1998.

한국화이트헤드학회, 『화이트헤드연구 – 화이트헤드와 현대문명』, 제2집, 서울: 동과서, 1999.

葛路, 『中國古代繪畵理論發達史』, (강관식 역, 『중국회화이론사』, 서울: 미진사, 1997).

劉若佑, *Chinese Theories of Literature*, (이장우 역, 『중국의 문학이론』, 서울: 명문당, 1994).

張法, 『中西美學與文化精神』, (유중화 외 역, 『동양과 서양, 그리고 미학』, 서울: 푸른숲, 1999).

許進雄, 『中國古代社會』, (홍희 역, 서울: 동문선, 1991).

今道友信, 『美論』, (백기수 역, 서울: 정음사, 1977).

竹內敏雄, 『미학 예술학 사전』, 서울: 미진사, 1990.

이시다 히데미, 『氣, 흐르는 신체』, (이동철 옮김, 서울: 열린책들, 2000).

베리 커머너, 『원은 닫혀야 한다—자연과 인간의 기술』, 송상용 역, 서울: 전파과학사, 1980.

A. Dobson, *Green Political Thought*, (정용화 옮김, 『녹색 정치 사상』, 서울: 민음사, 1994).

Alan Wallace, *Choosing Reality*, (홍동선 역, 『과학과 불교의 실재 인식』, 서울: 범양사, 1997).

A. N. Whitehead, *Adventures of Ideas*, (오영환 역, 『관념의 모험』, 서울: 한길사, 1996).

A. N. Whitehead, *Process and Reality*, (오영환 역, 『과정과 실재』, 서울: 민음사, 1996).

C. G. Jung, 『원형과 무의식』, 한국융연구원C. G. 융저작번역위원회 옮김, 솔, 2002.

E. Cassirer, *An Essay on Man*, (최명관 역, 『인간이란 무엇인가』, 서울: 전망, 1997).

E. F, Schumacher, *Small is Beautiful,* (원종익 역, 『작은 것이 아름답다』, 서울: 원음사, 1992).

Erich Jantsch, *The Selt−organization Universe*, (홍동선 역, 『자기조직하는 우주』, 서울: 범양사, 1993).

F. Capra, *The Turning Point,* (이성범 외 역, 『새로운 과학과 문명의 전환』, 서울: 범양사, 1991).

F. Capra, *The Web of Life*, (김용정 외 역, 『생명의 그물』, 서울: 범양사, 1998).

F. Capra, 『탁월한 지혜』, (홍동선 옮김, 범양사, 1993).

F. Capra & C. Spretnak, *Green Politics*, (강석찬 옮김, 『녹색정치』, 서울: 정신세계사, 1990).

Gaston Bachelard, 『몽상의 시학』, (김현 역, 서울: 기린원, 1995).

George MacDonald Ross, *Leibniz*, (홍윤기 옮김, 『라이프니쯔』, 서울: 문경출판).

George Lakoff & Mark Johnson, *Metaphors We Live By*, (노양진, 나익주 역, 『삶으로서의 은유』, 서울: 서광사, 1995).

Gregory Bateson, *Mind and Nature*, (박지동 옮김, 『정신과 자연』, 서울:

까치, 1990).

H. R. Maturana & F, Varela, *Der Baum der Erkenntnis*, (최영호, 『인식의 나무』, 서울: 자작아카데미, 1995).

H. White, *Metahistory: The Historical Imagination in 19th Century Europe*, (천형균 역, 『19세기 유럽의 역사적 상상력』, 서울: 문학과지성사, 1991).

I. Prigogine & I. Stengers, *Order out of Chaos―man's new dialogue with nature*, (신국조 역, 『혼돈으로부터의 질서』, 서울: 정음사, 1989).

Jeremy Rifkin, *Entropy*, (김용정 역, 『엔트로피 Ⅰ』, 서울: 원음사, 1989).

J. huizinga, *Homo Ludens*, (김윤수 옮김, 『호모 루덴스』, 서울: 까치, 1987).

James Cahill, *Chinese Painting*, (조선미 역, 『중국회화사』, 서울: 열화당, 1993).

John Briggs & F. David Peat, *Turbulent Mirror*, (김광태 외 역, 『혼돈의 과학』, 서울: 범양사, 1990).

John K. Fairbank 외 공저, *East Asia Tradition and Transformation*, (김한규 외 역, 『동양문화사상, 서울: 을유문화사, 1998).

Madan Sarup, (임헌규 편역, 『데리다와 푸꼬, 그리고 포스트모더니즘』, 서울: 인간사랑, 1999).

M. Eliade, *The Sacred and the Profane*, (이동하 역, 『성과 속 ― 종교의 본질』, 서울: 학민사, 1983).

Martin Buber, *Ich und Du*, (표재명 역, 『나와 너』, 서울: 문예출판사, 1979).

M. Jay, *The Dialectical Imagination*, (황재우 역, 『변증법적 상상력』, 서울: 돌벼개, 1980).

Michel Serres, *Hernes Ⅳ La Distribution,* (이규현 역, 『헤르메스』, 서울: 민음사, 1999).

Michael Sullivan, *The Arts of China*, (김경자 · 김기주 역, 『중국미술사』, 서울: 지식산업사, 1999).

N. Hartman, *Aesthetik*, (전원배 역, 『美學』. 서울: 을유문화사, 1983).

Nicholas Rescher, *G. W. Leibniz's Monadology*, Pittsburgh, University of Pittsburgh Press, 1991.

R. G. Collingwood, *The Idea of Nature,* London, Oxford University Press, 1965.

Roman Jakobson, 『문학 속의 언어학』, (신문수 편역, 서울: 문학과지성사, 1989).

Sean Sayers, *Reality and Reason,* NY. Basil Blackwell, 1985.

Slavoj Žižek, *Looking Awry*, (김소연・유재희 역, 『삐딱하게 보기』, 서울: 시각과 언어, 1995).

Susrn Haack, *Philosophy of Logic,* (김효명 역, 『論理 哲學』, 서울: 종로서적, 1986).

Virigil C. Aldrich, *Philosophy of Art*, (오병남 옮김, 『藝術哲學』, 서울: 종로서적, 1987).


## 4) 참고 논문


구모룡, 「한국문학비평과 유기적 전통」, 한국문학논총 제20집, 1997.

김만겸, 「장자 철학의 자아관」, 영남대 박사학위논문, 1997.

김항배, 「莊子의 知識論」, 『도교학 연구』(9), 1992. 5.

김성구, 「하이젠베르크의 불확정성 원리」, 『과학사상』 17호, 1996년 여름.

김승동, 「道德經에 나타난 老子의 道에 관한 硏究」, 부산대학교, 인문논총 제26집 1984.

김용옥, The Philosophy of Wang Fu-Chich(1619-1692), Harvard University 1982.

김유신, 「전체론에 대한 과학철학적 접근」, 『과학사상』 23호, 1997 겨울.

김형효, 「J, Derrida와 莊子」, 『정신문화연구』(45), 1991.

김형효, 「老子와 莊子의 思惟文法」 『정신문화연구』(53), 1993.

박원재, 「몸에 대한 장자의 비판적 기호학」, 『도가철학』 창간호, 한국도가철학회, 1999.

송영배, 「장자에서의 이념적 명분논리와 부정의 자유의식의 문제」, 『대동문화연구』 25집, 성균관대학교 대동문화연구원, 1990.

유인희, 「동서 자연관의 비교 연구」 육사논문집(13) 75. 9.

윤자정, 「화이트헤드의 유기체 철학 내에서의 미적 경험에 대한 연구」, 1996, 서울대 박사학위논문.

이강수, 「莊子의 自然論」, 『철학연구』, 고려대, 1983.

이광세, 「로티와 장자 - 반표상주의, 다원주의 및 대화의 개념」 『철학과 현실』(27), 1995, 겨울.

이광세, 「로티와 동양사상」, 『과학사상』, 22호, 범양사, 1997 가을.

이기동, 「莊子 사상의 체계적 이해」, 『인문과학』(21), 성균관대, 1991.

이완재, 「道家思想의 現代的 意義」, 『아세아학보』 제8집, 아세아학술 연구원, 1970. 9.

이지훈, 「은유와 주름」, 『제10회 한국 철학자 대회보』, 1997.

이지훈, 「제유의 우주 - 장자, 스피노자, 라이프니츠」, 『도가철학』 제2 집, 2000.

이지훈, 「라이프니츠와 17세기 유기체 개념의 형성」, 『한민족 철학자 대회 1999―한민족과 2000년대의 철학』, 한민족 철학자대회 대 회보 2권, 독수리사, 1999.

이진우, 「포스트모더니즘과 자연의 인식」, 『신생』 제4호, 2000년 여 름·가을 합본호.

임수무, 「莊子의 功夫論」, 『동서문화』 29집, 계명대학교 인문과학연구 소, 1997.

임홍빈, 「부정의 양상」, 『서울대 교양과정부 논문집(인문·사회)』(5), 1973.

정세근, 「노장과 그 주석가들의 자연 개념의 형성과 변천」 (한국도교문 화학회 『도교문화연구』, 제13집, 1999).

정세근, 「장자의 기화우주론: 음양론」, 충북대학교 인문학연구소 별책 제15집, 1997.

조민환, 「노장의 미학 사상에 관한 연구」, 성균관대 박사학위논문, 1990.

주은우, 「현대성의 시각체제에 대한 연구」, 서울대, 박사학위논문, 1992.

唐君毅, 「論中西哲學中本體觀念之一種變遷」, 『文哲月刊』, 1936. 1.

方東美, "The World and the Individual in Chinese Metaphysics", philosophy east & west, V.14 N2 July, 1964.

北溟, 「언어구조상에서 본 中國 哲學」(김일환 역, 『동양철학연구』 9집, 1988).

成復旺,「道家的超越哲學與中國文藝的超越精神」,『道家文化研究』第八輯, 上海: 上海古籍出版社, 1995.

顔世安,「生命, 自然, 道」,『道家文化研究』 第一輯, 上海: 上海古籍出版社, 1992.

鄔昆如, 否定詞在道德經中所扮演的角色, 哲學與文化 第八卷 十期, 1981.

王玟,「從接受美學看莊子」,『道家文化研究』, 第五輯, 上海: 上海古籍出版社, 1994.

王世舜・王傋,「莊子氣論發微」,『道家文化研究』, 第八輯, 上海: 上海古籍出版社, 1995.

王中江,「存在自然論」,『道家文化研究』 第九輯, 上海: 上海古籍出版社, 1995.

劉昌元,「莊子的觀點主義」,『道家文化研究』(第六輯), 上海: 上海古籍出版社, 1995.

莊萬壽,「莊子語言符號與"副墨之子"章之解析」,『道家文化研究』(第五輯), 上海: 上海古籍出版社, 1994.

Chung−ying Cheng, "Nature and function of Skepticism in Chinese philosophy", *Philosophy East and West*, V.27 N.2, (April) 1977.

David C. Yu, "The creation myth and its symbolism in classical Taoism", *Philosophy East and West*, V.31 N.4, (October) 1981.

D. L. Hall, "Process and anarchy—A Taoist vision of creativity", *Philosophy Eest & West* V.28 N.3, 1978.

Harold Coward, "Taoism and Jung", *Philosophy East and West*, V.46 N.4(October) 1996.

Robert E. Allinson, "On the question of relativism in the Chuang−tzu", *Philosophy East and West*, V.30 N.1, (january) 1989.

Wayne Mcevilly, "Synchronicity and the I Ching", *Philosophy East and West*, V.18 N.3(July), 1968.

이성희,「莊子의 해체적 전략」,『철학세계』 9輯, 부산대학교, 1998.

이성희,「莊子의 실재론」,『道敎와 自然』, 道敎文化研究 13輯, 동과서, 1999.

이성희, 「莊子 철학의 미학적 구조」, 『道家哲學』 第2輯, 韓國道家哲
　　　學會, 2000.

이성희, 「장자 철학의 氣論的 토대」, 『鮮山 金勝東 敎授 華甲記念論叢』,
　　　2000.

이성희, 「노자철학에 있어서의 ‘反’과 ‘弱’에 관한 연구」, 부산대 석사
　　　학위논문, 1994.

**■ 약  력**

부산대학교 철학과에서 노자 연구로 석사 학위, 장자 연구로 박사 학위 취득
1989년『문예중앙』신인상을 수상하면서 시인 등단
시 계간지『신생』편집위원
한국해양대 외 다수 학교 출강

**■ 주요논문 및 저서**

『무의 미학』(새미)
『미술관에서 릴케를 만나다』(컬처라인)
『동양명화감상』(니케)

**■ 공저**

『상생의 철학』(동녘)
『세계고전오디세이』(천년의시작)
『21세기 문학의 동양시학적 모색』(새미)
『21세기 문학의 유기론적 대안』(새미)



# 빈 중심의 아름다움

# 莊子의 심미적 실재관



초판인쇄 | 2008년 12월 15일
초판발행 | 2008년 12월 20일

지은이 | 이성희
펴낸이 | 채종준
펴낸곳 | 한국학술정보㈜
주  소 | 경기도 파주시 교하읍 문발리 513-5 파주출판문화정보산업단지
전  화 | 031) 908-3181(대표)
팩  스 | 031) 908-3189
홈페이지 | http://www.kstudy.com
E-mail | 출판사업부  publish@kstudy.com

등  록 | 제일사 115호(2000. 6. 19)
가  격 | 29,000원

ISBN  978-89-534-9223-3 93100 (Paper Book)
      978-89-534-9224-0 98100 (e-Book)